电网工程项目管理
理论与实践

吴至复　编著

中国电力出版社
CHINA ELECTRIC POWER PRESS

内 容 提 要

工程项目管理是一项极为复杂的系统工程，本书在学习工程项目管理的理论和相关法规的基础上，结合电网工程实际，对工程项目管理体系建设，工程进度、安全、质量、技术、造价管理，工程现场业主、监理、施工项目部标准化建设实践等进行了总结。

全书共分 9 章，分别为工程项目管理的基本理论与相关法规；电网工程项目特征及其管理体系建设实践；工程项目进度管理的理论与实践；工程项目安全管理的理论与实践；工程项目质量管理的理论与实践；工程项目技术管理的理论与实践；工程项目造价管理的理论与实践；现场"3 个项目部"标准化建设实践；工程项目管理理论前沿与实践展望。

本书适合电力建设、设计、科研、施工、工程管理咨询等单位从事工程项目管理的相关人员阅读参考，也可作为相关院校工程项目管理课程的教材使用。

图书在版编目（CIP）数据

电网工程项目管理理论与实践 / 吴至复编著.

北京：中国电力出版社，2025.7. -- ISBN 978-7-5239-0089-5

Ⅰ.F416.61

中国国家版本馆CIP数据核字第 2025LB4008 号

出版发行：中国电力出版社

地　　址：北京市东城区北京站西街 19 号（邮政编码 100005）

网　　址：http://www.cepp.sgcc.com.cn

责任编辑：杨　扬（010-63412524）

责任校对：黄　蓓　常燕昆

装帧设计：赵丽媛

责任印制：杨晓东

印　　刷：北京雁林吉兆印刷有限公司

版　　次：2025 年 7 月第一版

印　　次：2025 年 7 月北京第一次印刷

开　　本：710 毫米×1000 毫米　16 开本

印　　张：19.75

字　　数：330 千字

定　　价：98.00 元

前　　言

　　近 20 年来，先后在电网企业总部、子公司，工程现场从事工程项目管理工作，先后参与企业集团基建管理体系、制度体系、相关政策、改革方案、配套措施的研究与实践，让我深切体会到，工程项目管理是一项极为复杂的系统工程，做好项目管理需要具备 4 种思维：一是以系统化的思维去思考问题、研究问题、解决问题；二是以开放的思维去博采众长、沟通交流、协调推进；三是以全过程管理的思维去抓好管理策划、措施落实、总结评价；四是以精益化的思维去锚关键、控细节、塑精品。

　　回首过往有感触，沉淀学习向未来。利用业余时间，我对工程项目管理的理论和相关法规进行了系统化的再学习，在此基础上，结合电网工程实际，对工程项目管理体系建设，工程进度、安全、质量、技术、造价管理，工程现场业主、监理、施工项目部标准化建设实践进行总结，剖析典型问题，提炼核心理念，归纳管理重点，探索方法改进，形成本书。

　　值此新书付梓之际，谨向各位致以诚挚谢意。衷心感谢各位领导和同事长期以来的关心与指导，同时也对为本书进行专业审核把关的各位专家表示诚挚的谢意。本书凝聚着本领域各位同仁多年来的集体智慧结晶，我只是作为代表进行了总结和展望，其中若有疏漏不当之处，还请诸位同行多多批评指正。

编　者

2024 年 12 月于北京

目　　录

第一章

工程项目管理的基本理论与相关法规

第一节　项目及项目管理的基本概念

一、项目的基本概念

（一）项目的定义

项目是作为管理对象，在一定约束条件下（时间、资源、质量标准）完成的，具有明确目标的独特性一次性任务。

（二）项目的特征

（1）一次性。项目有明确的起点和终点。

（2）目标明确性。具有特定的、明确的预期目标。

（3）独特性。每个项目都是独特的，且整体上不具重复性，具有在关键特性上独一无二的特性。

（4）开发和实施的渐进性。任何项目都会经历概念、开发、实施、结束这样的过程。

（5）整体性。项目是由若干相互关联、相互依赖的子过程组成的整体，是一个相互关联的系统。

（6）组织的临时性和开放性。项目实施组织是一次性临时组织，同时要加强与政府相关部门、社会组织、参与各方的广泛沟通，确保项目的顺利实施。

（7）成果的不可逆转性。项目完成后形成的成果无论成败，都是不可逆转的。

（三）项目的分类

（1）按专业分。包括工业项目、农业项目、教育项目、工程项目、科研项目等。

（2）按项目规模分。包括大型项目、中型项目、小型项目（不同国家、不同行业的划分标准不同）等。

（3）按项目的复杂程度分。包括复杂项目和简单项目。

（4）按项目的结果分。包括产品项目、服务项目等。

（四）项目的生命周期

项目的推进一般要经历概念（启动）阶段、开发（规划）阶段、实施阶段、收尾（结束）阶段，称为项目的生命周期。

二、项目管理的基本概念

（一）项目管理的定义

项目管理是项目管理者在有限资源约束条件下，运用系统理论和方法对项目及其资源进行计划、组织、指挥、协调、控制，旨在实现项目的特定目标的管理行为。

（二）项目管理的目标

项目管理目标是项目管理工作的具体化指标。每个项目任务本身就是一个目标。为了高效率地完成项目任务，管理者必须将项目任务分解成许多具体的指标。每个项目都有质量、成本、工期 3 个基本的管理目标，还有安全、环保等目标。项目管理这些目标要层层分解去落实，但各项管理目标必须协调一致，不能互相矛盾。

（三）项目管理的主要内容

1. 范围管理

范围管理是指为了实现项目目标，对项目的工作内容进行控制的管理过程，它包括范围的界定、范围的规划、范围的调整等。范围管理是项目管理的基础，它确定了完成项目需要做些什么，不需要做什么。没有确定项目的范围，就无法界定需要完成哪些工作。范围管理的重要工作之一是创建工作分解结构（Work Breakdown Structure，WBS），它能有效和完整地分解项目。

2. 进度管理

进度管理是指为了确保项目最终的按时完成的一系列管理过程。通常采取在里程碑节点计划内，应用约束理论、弹性控制原理制定项目进度计划，通过对计划执行过程的跟踪、纠偏、调整，如此不断循环，最终实现进度目标。进度管理是项目管理的主线，进度控制与安全、质量、费用目标之间相互约束，并涉及工期、造价、质量合格率、技术、外部环境、人员技术水平、项目管理等诸多因素的关联影响。因此，进度控制是项目综合控制的集中反映。

3．造价管理

造价管理是指为了保证完成项目的实际成本、费用不超过预算成本、费用的管理过程。包括资源计划、费用估计、费用预算、费用控制过程。

4．质量管理

质量管理是指为了确保项目达到客户所规定的质量要求所实施的一系列管理过程。包括质量规划、质量保证、质量控制等过程。质量管理遵循 PDCA 循环，即计划（Plan）、实施（Do）、检查（Check）、处理（Act）4 个阶段不断循环，通过收集、整理质量数据，分析、发现质量问题，及时采取措施，预防和纠正质量问题。

5．人力资源管理

人力资源管理是指为了保证所有项目关系人的能力和积极性都得到最有效地发挥和利用所做的一系列管理措施。它包括组织的规划、团队的组建、团队建设、团队管理运行等一系列工作。

6．沟通管理

沟通管理是指为了确保项目顺利开展和信息的合理收集和传输所需要实施的一系列措施，它包括沟通规划、内外部协调、信息传输、信息归档等。

7．风险管理

风险管理是指对项目可能遇到各种不确定因素进行风险规划、识别、估计、评价、应对、监控等阶段的管理。它包括风险识别、风险量化、制订对策、风险控制等。安全管理是风险管理的重要组成，包括安全计划和安全控制两方面的活动。

8．采购管理

采购管理是指为了从项目实施组织之外获得所需资源或服务所采取的一系列管理措施。一般将参与单位的选择过程称为招标，而将材料设备供应的选择过程称为采购。广义地说，招标和采购过程都可以称为采购。它包括采购计划、采购与征购、资源的选择以及合同的管理等工作。

9．利益相关方管理

利益相关方管理是指为确保项目有序组织实施，对参与项目实施全过程有关工作的相关各方进行组织、指挥、控制、评价、考核等管理活动，确保各方按照合同或协议约定履行相关职责，共同保障项目目标如期实现。

10. 集成管理

集成管理是指为确保项目各项工作能够有机地协调和配合所展开的综合性和全局性的项目管理工作和过程。集成管理包括项目集成计划的制订、项目集成计划的实施、项目变动的总体控制等。

（四）项目生命周期各阶段的核心工作

1. 概念（启动）阶段

（1）明确需求、策划项目。

（2）调查研究、收集数据。

（3）确立目标。

（4）进行可行性研究。

（5）明确合作关系。

（6）确定风险等级。

（7）拟定战略方案。

（8）进行资源测算。

（9）提出组建项目组方案。

（10）提出项目建议书。

（11）获准进入下一阶段。

2. 开发（规划）阶段

（1）确定项目组主要成员。

（2）项目最终产品的范围界定。

（3）实施方案研究。

（4）项目质量标准的确定。

（5）项目的资源保证。

（6）项目的环境保证。

（7）主计划的制定。

（8）项目经费及现金流量预算。

（9）项目的工作结构分解。

（10）项目政策与程序的制定。

（11）风险评估。

（12）确定项目有效性。

（13）提出项目概要报告。

（14）获准进入下一阶段。

3．实施阶段

（1）建立项目组织。

（2）建立与完善项目联络渠道。

（3）实施项目激励机制。

（4）建立项目工作包，细化各项技术需求。

（5）建立项目信息控制系统。

（6）执行 WBS 的各项工作。

（7）获得订购物品及服务。

（8）指导/监督/预测/控制：质量、进度、成本。

（9）解决实施中的问题。

4．收尾（结束）阶段

（1）最终产品的完成。

（2）评估与验收。

（3）清算最后账务。

（4）项目评估。

（5）文档总结。

（6）资源清理。

（7）转换产品责任者。

（8）解散项目组。

第二节　工程项目管理的基础理论

工程项目是最普遍、最典型、最为重要的项目类型，项目管理的手段和方法在工程建设领域有着广阔的应用空间。

一、工程项目的基本概念

（一）工程项目的定义

工程项目是指为达到预期的目标，投入一定的资本，在一定的约束条件下，经过决策与实施的必要程序从而形成固定资产的一次性事业，是在一个总体设计及总概算范围内，由一个或者若干个互有联系的单项工程组成的，建设中实行统一核算、统一管理的投资建设工程。

《建设工程项目管理规范》（GB/T 50326—2017）中将工程项目定义为：为完成依法立项的新建、扩建、改建等各类工程而进行的、有起止日期的、达到规定要求的一组相互关联的受控活动组成的特定过程，包括策划、勘察、设计、采购、施工、试运行、竣工验收和考核评价等阶段。

通俗地讲，工程项目一般是指为某种特定目的而进行投资的含有建筑或安装工程的各类建设项目。

（二）工程项目的基本特征

工程（建设）项目除具有一般项目的特征外，还有比一般项目更独特的特征，如：产品固定（地理位置、使用功能等）；生产具有流动性；生产具有外部性；建设周期长；耐用期限长；整体功能强；协作性强；等等。

（三）工程项目的分类

工程项目种类繁多，为适应科学管理的需要，可从不同角度进行分类，比如：按专业分，可分为建筑工程项目、公路工程项目、电网工程项目等；按建设性质分，可分为新建项目、扩建项目、改建项目、恢复项目、迁建项目等；按投资来源分，可分为国家预算内拨款项目、国内贷款、利用外资项目、自筹项目、BOT项目等；按管理主体分，可分为建设项目、设计项目、施工项目、工程咨询项目等；按照结构层次分，可分为单项工程、单位工程、分部工程、分项工程等；还可以按照经济类型、建设规模等，进行项目类型划分。

二、工程项目管理的基本概念

（一）工程项目管理的定义

工程项目管理是指应用项目管理的理论、观点、方法，对工程建设项目的决策和实施的全过程进行全面管理的行为。

（二）工程项目管理的时间范畴

工程项目管理的时间范畴为从项目核准至项目建设投产的管理过程，通过项目策划和项目控制以达到项目的成本、质量、进度等目标，并对最终目标进行评价。

建设项目全寿命周期除工程项目管理时间范畴外，还包括运行维护直至退役的全过程。

（三）工程项目管理的主体范畴

工程项目管理的主体范畴包括业主方的项目管理、项目总承包方的项目管理、设计方的项目管理、施工承包方的项目管理、供货方的项目管理等。

（四）工程项目管理的目标体系

工程项目管理目标包括进度（工期）、质量（功能）、费用（投资、成本）3个最主要的基本目标，还有安全、环保、技术创新等目标。

工程项目管理目标体系是指对项目管理主要目标描述由抽象到具体，并逐层分解形成的一个完整的管理目标体系。

（五）工程项目管理的基本任务

工程项目管理的基本任务是以目标管理为导向，运用计划、组织、指挥、协调、控制、监督等手段，对工程项目实施安全管理、投资控制、进度控制、质量控制、合同管理、沟通与信息管理、组织和协调等管理行为。

工程项目管理任务分解，通常用责任分工矩阵的方式明确项目管理部门、项目管理人员的职责。

（六）工程项目管理的基本方法

工程项目管理基本采用全过程管理方法，如图1-1所示。通过项目管理策划明确目标，通过过程管控确保目标顺利实现，通过综合评价形成闭环反馈。

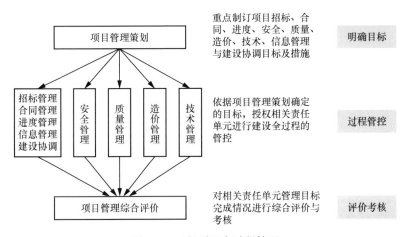

图1-1　工程项目全过程管理

工程项目管理策划要在充分收集并整合相关信息的基础上，针对项目决策和实施的内容进行组织、管理、经济和技术方面的科学分析和论证，形成项目管理的纲领性文件。重点内容包括组织管理策划、进度管理策划、安全管理策划、质量管理策划、造价管理策划、信息管理策划等。管理策划只是第一步，更为关键的是通过过程管控，使策划要求如期落地，策划目标如期实现。

（1）组织管理策划。优化配置人力资源，强化队伍管理措施。

（2）进度管理策划。进度计划及其控制措施。

（3）安全管理策划。安全目标、危险点分析、安全措施。

（4）质量管理策划。质量目标、控制措施。

（5）造价管理策划。合同策划、过程成本控制目标及措施。

（6）信息管理策划。归档目录、过程信息管理要求。

三、工程项目的基本建设程序

工程项目的建设程序习惯称为基本建设程序，是指工程建设项目全过程所必须经历的各阶段，其顺序不能颠倒，但可以合理地交叉进行。目前，我国大中型基本建设程序大体分策划决策阶段和项目实施两大阶段。其中项目策划决策阶段主要包括项目建议书、可行性研究、报批可行性研究报告；项目实施阶段包括编制设计文件、建设准备、编制建设计划和建设年度计划、建设实施、投产前准备工作、竣工验收交付等。

工程项目基本建设程序见表 1-1。

表 1-1　　　　　　　　工程项目基本建设程序

实施阶段	基本程序
策划决策阶段	项目建议书
	可行性研究
	报批可行性研究报告
项目实施阶段	编制设计文件
	建设准备
	编制建设计划和建设年度计划
	建设实施
	投产前准备工作
	竣工验收交付使用

（一）项目建议书

建设单位向国家提出要求建设某一工程项目的建议文件。包括拟投资兴建某工程项目、开发某产品，并论证兴建本项目的必要性、可行性以及兴建的目的、要求、计划等内容。

（二）可行性研究

项目建议书一经批准，便可着手进行可行性研究。它是对建设项目技术上和经济上是否可行而进行的科学分析和论证，为项目决策提供科学依据。可行性研究的主要任务是通过多方案的比较，推荐最佳方案。

可行性研究一般由有资格的咨询机构编制。为保证可行性研究的质量，国家和各行业都颁发了编制可行性研究的深度和规定。

国家规定，工程项目环评、地质灾害、水土保持等实行专项评估。

（三）报批可行性研究报告

可行性研究报告是确定建设项目、编制设计文件的主要依据，可行性研究报告批准后，不得随意修改或变更。

国家规定，企业投资项目须报送项目申请报告核准或备案。

（四）编制设计文件

可行性研究报告批准后，委托设计单位进行初步设计和施工图纸设计。

国家规定，施工图设计文件应当经县级以上人民政府建设行政主管部门或其他有关部门进行安全和强制性标准执行情况审查，对于工程主要包括消防、建筑施工图纸等审查。

（五）建设准备

为了保证施工顺利进行，必须做好各项建设准备工作。主要包括建设选址意见、建设用地批准、规划许可、征地、拆迁、设备、材料招标采购、委托工程监理、施工招标并签订合同，领取建设项目施工许可证，完成"四通一平"等工作。建设准备阶段不计算在建设工期内。

（六）编制建设计划和建设年度计划

根据批准总概算、建设工期等总体要求，合理编制建设项目的建设计划和建设年度计划。计划内容要与投资、材料、设备相适应；配套项目要同时安排，相互衔接。

（七）建设实施

建设实施阶段是指在具备开工条件后开工直至建设完成的阶段，主要进行安全、质量、造价、进度的控制和协调管理。

《建设工程质量管理条例》（国务院令第 279 号）规定，国家实行建设工程质量监督管理制度。

《建设工程安全生产管理条例》（国务院令第 393 号）规定，依法批准开工报告的建设工程，建设单位应当自开工报告批准之日起 15 日内，将保证安全施工的措施报送建设工程所在地的县级以上地方人民政府建设行政主管部门或者其他有关部门备案。

（八）投产前准备工作

项目投产前要进行生产准备工作，包括人员培训、有关制度和规定的制定，组织生产人员参加设备安装、调试、竣工验收，组织生产用原材料供应、生产工器具、备品备件采购等。

（九）竣工验收交付使用

照设计文件的内容全部施工完毕后，组织竣工验收，验收合格方可运营。竣工验收前要按规定完成消防、环水保等专项验收，通过政府各阶段的质量监督。

国家规定，实行竣工验收备案制。

按照《建设工程质量管理条例》（国务院令第 279 号）实行项目保修。

第三节　工程项目管理的基本模式

一、工程项目的业主管理模式

业主要根据项目的不同特点和承发包模式建立相应的业主项目管理模式，影响业主项目管理组织模式的因素主要有工程的规模和特点、项目结构、业主方管理人员的人力资源条件、合同结构、工程委托和承发包模式等。

业主项目管理的组织模式主要有业主自行管理、业主与专业咨询机构并行管理、委托项目管理公司管理等。

（一）业主自行管理模式

业主依靠自有的人力资源进行管理，相关职能部门依据职责分工进行职能管理，工程现场组建业主项目部，进行工程项目建设过程管理。

（二）业主与专业咨询机构并行管理

以业主为项目管理主体，委托一个或多个工程管理咨询公司进行并行管理。如业主负责工程建设管理的主要任务，同时委托监理公司、招标代理、造价咨询等咨询公司协助业主开展有关管理工作。

（三）委托项目管理公司管理

业主委托一个或多个工程管理咨询公司进行管理，业主方人员也参加管理，项目管理的主体是工程管理咨询公司。业主与项目管理公司签署委托管理合同，明确双方责任，业主充分授权项目管理公司进行工程项目管理，业主方人员只是在关键环节参与有关管理工作。

我国工程项目管理大多采用业主与专业咨询机构并行管理模式，如图1-2所示。

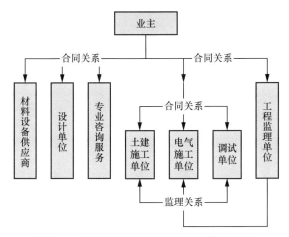

图 1-2　业主与专业咨询机构并行管理模式

二、工程项目的承发包模式

（一）设计—采购—施工分离式

1. 平行承发包

业主根据实际情况将工程项目的设计、施工和设备材料采购的任务分解后分别发包给若干设计、施工和设备材料供应商，并分别签订合同。各参建单位之间的关系是平行的，在实施中接受业主或监理公司的管理和监督。平行承发包的招标组织工作量大，合同数量多，合同的关系比较复杂，业主对合同各方的协调、组织工作量大；故投资控制难度大，工程招标批次多，需要控制多项合同的价格。但平行承发包有利于进度控制，缩短建设工期；有利于业主选择施工、设计、物资供应单位；且不同分包商之间形成一定的控制与制约机制，有利于工程质量控制。

2. 设计—招标—建造

业主委托咨询机构进行前期的各项准备工作，评估立项后再进行设计、设计阶段准备施工招标文件，随后通过招标选择施工单位，并签订合同。有关工程的分包、材料、设备采购一般由施工单位负责采购。业主指派业主代表与咨询方和施工单位联系，负责项目管理工作，国际上大部分在项目实施阶段委托咨询机构负责项目管理。这种模式的突出特点是必须按照设计—招标—建造的顺序进行，只有一个阶段结束后另一个阶段才能开始。

3. 设计总承包

业主通过招标方式选择一家设计单位或设计联合体承包一项工程项目中所包含的所有设计任务，该设计单位可以承担全部设计任务，也可以分包。这种模式的特点是，业主只组织一次设计招标、只签订一个合同、只需要与一个设计单位进行协调，故可以减轻招标工作量，有利于合同管理，有利于业主的组织与协调工作；但工程设计进度，质量控制等工作很大程度依赖于设计总承包单位的能力、经验和技术水平。

4. 施工总承包

业主通过招标方式选择一家施工单位或施工联合体承包工程项目的施工任务，招标及合同管理工作量小，组织与协调工作量小，有利于对专业施工单位的管理。施工单位可以承担全部施工任务，也可以分包，故工程质量的好坏很大程度取决于施工总承包单位的选择。施工总承包可采取概算总承包的招标方式，也可采取施工图纸设计完成后才进行施工总承包的招标方式，前者的优点是有利于业主投资控制，开工早，建设周期短。缺点是难以明确界定施工深度，对于重大变更则可能发生纠纷；后者的优点是在开工前就有较明确的合同价，有利于业主对项目总投资的早期控制；缺点是若在施工中发生设计变更，则可能发生索赔，且开工日期迟，建设周期长。

（二）设计—采购—施工一体式

设计—采购—施工一体式即工程总承包，是指从事工程总承包商受业主委托，按照合同约定对工程项目的勘察、设计、采购、施工、试运行（竣工验收）等实行全过程或若干阶段的承包。

工程总承包商按照合同约定对工程项目的质量、工期、造价等向业主负责。工程总承包商可依法将所承包工程中的部分工作发包给具有相应资质的分包商；分包商按照分包合同的约定对总承包商负责。工程总承包商一般通过公开招投标选择，实行总价承包，其具体方式、工作内容和责任等由业主与工程总承包商在合同中约定。

工程总承包的合同结构简单，组织协调工作量小，便于协调，设计、采购、施工等关系，缩短工期，有利于实现项目建设过程的集成化、系统化管理。业主可以根据项目组织策划，选择全过程或分阶段的发包模式，但对项目管理的控制力减弱，且业主选择承包方范围小，承包商风险加大，往往造成合同价格偏高。

（三）委托项目管理

工程项目管理是指从事工程项目管理的企业（以下简称工程项目管理企业）受业主委托，按照合同约定，代表业主对工程项目的组织实施进行全过程或若干阶段的管理和服务。

工程项目管理企业不直接与该工程项目的总承包商或勘察、设计、供货、施工等单位签订合同，但可以按合同约定，协助业主与工程项目的总承包商或勘察、设计、供货、施工等单位签订合同，并受业主委托监督合同的履行。

委托项目管理需业主支付较高的管理费用，计价方式一般采用成本加酬金加与风险有关的奖励或罚款的形式。

工程项目管理的具体方式及服务内容、权限、取费和责任等，由业主与工程项目管理企业在合同中约定。工程项目管理主要有项目管理服务和项目管理承包两种方式。

1. 项目管理服务

项目管理服务（PM）是指工程项目管理企业按照合同约定，在工程项目决策阶段，为业主编制可行性研究报告，进行可行性分析和项目策划；在工程项目实施阶段，为业主提供招标代理、设计管理、采购管理、施工管理和试运行（竣工验收）等服务，代表业主对工程项目进行质量、安全、进度、费用、合同、信息等管理和控制。工程项目管理企业一般应按照合同约定承担相应的管理责任。

2. 项目管理承包

项目管理承包（PMC）是指工程项目管理企业按照合同约定，除完成项目管理服务（PM）的全部工作内容外，还可以负责完成合同约定的工程初步设计（基

础工程设计）等工作。对于需要完成工程初步设计（基础工程设计）工作的工程
项目管理企业，应当具有相应的工程设计资质。项目管理承包企业一般应当按照
合同约定承担一定的管理风险和经济责任。

第四节　建设项目全寿命周期管理理论

一、建设项目全寿命周期管理的基本概念

（一）建设项目全寿命周期的概念

建设项目全寿命周期（又称建设项目寿命周期）是指从建设项目构思开始到
建设工程报废（或建设项目结束）的全过程。在全寿命周期中，建设项目经历前
期策划、设计和计划、施工及运行 4 个阶段，如图 1-3 所示。

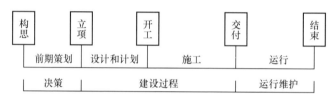

图 1-3　建设项目的全寿命周期

（二）建设项目全寿命周期的种类

对于建设项目全寿命周期的研究和界定，主要有物理寿命、功能寿命、法律
寿命及经济寿命 4 种，其具体含义及特点见表 1-2。

表 1-2　　　　　　　　建设项目全寿命周期种类的含义及特点

名　　称	含　　义	特　　点
物理寿命	在正常使用的情况下，从建设项目决策阶段到由于物理损坏而导致基本功能无法满足用户的正常使用的整段时间	因受到自然灾害、社会灾难、施工质量等各个方面的影响，建设项目物理寿命难以准确界定
功能寿命	建设项目在其决策、实施、投入使用之后到其功能不能满足业主需要之间的期限	既取决于项目内部因素又取决于外在因素，这些内、外因素具有随机性，所以建设项目的功能寿命具有不确定性
法律寿命	法律上规定的建设项目的合理使用年限	一般与土地使用权期限相一致
经济寿命	建设项目从其寿命开始，到继续使用在经济上不合理而被更新所经历的时间	由运行和维护费用的提高和使用价值的降低决定，在整个变化过程中存在着某一年份，建设项目年平均使用成本最低，称为建设项目的经济寿命（从经济观点或成本观点确定的）

（三）建设项目全寿命周期选择

从经济角度考虑，建设项目的全寿命周期应选经济寿命。因此，一般在进行项目全寿命周期费用分析时，采用经济寿命作为建设项目的全寿命周期，如图1-4所示。

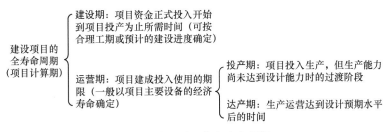

图 1-4　建设项目的全寿命周期

（四）建设项目全寿命周期管理的定义

建设项目全寿命周期管理是指对建设项目全寿命周期内各个目阶段各项活动进行全面、全过程的管理。建设项目全寿命周期管理是通过一定的组织形式，采取相应的措施与方法，对建设项目所有工作和系统的运行过程进行计划、协调、监督、控制和总结评价，以满足建设项目功能和使用要求，符合可持续发展、提高投资效益的目的。

（五）建设项目全寿命周期管理的基本特点

建设项目全寿命周期管理的各个阶段及其目标如图1-5所示。

全寿命周期管理是一个系统工程，需要系统、科学的管理，才能实现各阶段目标，确保最终目标的实现，故其具有阶段性、系统性、多主体性等特点。

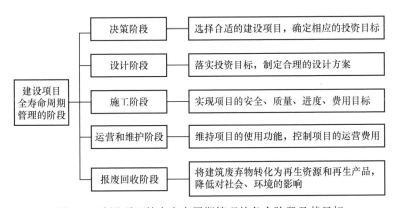

图 1-5　建设项目的全寿命周期管理的各个阶段及其目标

1. 阶段性

全寿命周期管理在不同阶段有不同的特点和目标，各阶段的管理环环相连。

2. 系统性

全寿命周期管理贯穿于建设项目全过程，具有系统性，要求各阶段工作能够良好地持续。

3. 多主体性

全寿命周期管理的参与主体多，并相互联系、相互制约。建设项目全寿命周期管理的各主体及其相互关系如图 1-6 所示。

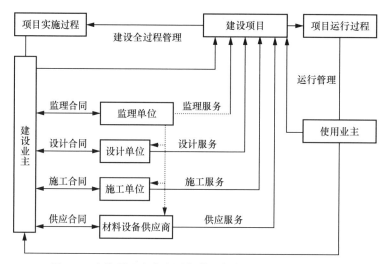

图 1-6　建设项目全寿命周期管理的各主体及其相互关系

二、建设项目全寿命周期管理的重要理念

与传统的建设项目管理相比，建设项目全寿命周期管理有着更为重要的管理理念，具体如下。

（一）注重目标体系优化，追求项目管理更高层次价值观念和品位

注重建设项目各个阶段、项目管理各个主体、项目各项管理职能、项目管理各个专业子系统的管理目标的优化，从传统的以建设过程为主体的狭义的三大目标（成本、工期、质量）演绎到更高层次的价值观念和品位，建设项目全寿命周期的六大目标（功能、时间、费用、参加者各方面满意、与环境协调、可持续发展），构成基于现实性思维、理性思维和哲学思维的目标体系结构，如图 1-7 所示，

以对全社会、对历史负责的精神进行项目建设。

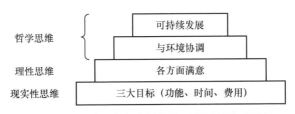

图 1-7 建设项目全寿命周期管理的目标体系结构

1. 功能管理目标

过去的质量管理只追求项目建造（施工）过程的质量、工作质量和工程实体的质量，这当然是十分重要的，是质量管理的基础。但是全寿命周期的质量目标追求的是工作质量、工程质量、最终项目功能、产品或服务质量的统一性，更能着眼于工程技术系统的整体功能、技术标准、安全性等。近年来国内外在工程质量方面提出许多新的内容，如可施工性、运行的安全性、运行和服务的可靠性、可维修性等。建设项目全寿命周期质量目标分解见表 1-3。

表 1-3 建设项目全寿命周期质量目标分解

二级分解	三级分解	说　　明
设计质量	设计标准	
	设计工作质量	
	技术标准	
	可施工性	
工程施工质量	材料质量	相关指标还可以分解到各个子体系，各个部分
	设备质量	
	施工质量体系	
	各部分工程质量	
	工程总体质量	
运行质量	工程的使用功能	
	产品或服务质量	
	运行的安全性	
	运行和服务的可靠性	
	可维修性	

（1）可施工性。包括容易制定施工计划，设计、施工成本较低，施工周期短，施工质量高，易于发包和委托工程，方便验收和投产等。

（2）运行的安全性。包括功能危险、故障模式和影响、故障分布、区域安全性分析等。

（3）运行和服务的可靠性。是指系统在特定的条件下在一段时间内可以令人满意地发挥其特定功能的能力，不仅要求系统失败的概率最小，还要求系统失败所导致的不良后果（如费用增加、人员伤亡、财产损失等）最小。可靠性可以进一步分解为基本可靠性、平均维修间隔时间、任务的可靠性、致命故障的任务时间、耐久性等指标。

（4）可维修性。指维修方便、可达、迅速、可视、经济、维修时间短、维修安全、检测诊断准确，有较好的维修和保障计划。

2. 时间管理目标

对建设项目全寿命周期管理，时间目标增加了许多新的内容，不仅包括建设期、投资回收期、维修或更新改造的周期等，还要考虑工程的设计寿命、服务寿命、产品的市场周期等。建设项目全寿命周期时间目标分解见表 1-4。

表 1-4 建设项目全寿命周期时间目标分解

二级分解	三级分解	说 明
项目基本时间	建设期	可以再细分阶段和各个子系统
	投资回收期	
	维修或更新改造的周期	
工程寿命	工程的设计寿命	
	物理服务寿命	
	经济服务寿命	
产品的市场周期	市场发展期	
	高峰期	
	衰败期	

（1）工程的设计寿命。是指由建筑的结构、材质确定的工程寿命。

（2）服务寿命。由工程能否满足外界服务需求定义，分为物理服务寿命和经济服务寿命。

（3）产品的市场周期。按照项目的产品或服务的市场周期的发展阶段，可分为市场发展期、高峰期、衰败期。

3. 费用管理目标

全寿命周期费用目标应为建设项目系统的全寿命周期的成本最小或收益最

大。包括全寿命周期成本、全寿命周期收益及全寿命周期投资回报率。其中全寿命周期成本包括建设总投资、单位生产能力投资、运行（服务）成本、维护成本、社会环境成本等目标；全寿命周期收益包括运营收益、年净收益、总收益等目标。建设项目全寿命周期费用目标结构见表1-5。

表 1-5　　　　　　　　　　　建设项目全寿命周期费用目标结构

二级分解	三级分解	说　　明
项目基本时间	建设总投资	可以进行进一步分解
	单位生产能力投资	
	运行（服务）成本	
	维护成本	
	社会环境成本	
工程寿命	运营收益	
	年净收益	
	总收益	
投资回报率	投资回报率	

在具体量化方面，需要注意：①全寿命周期费用分解结构，现在许多国家对建设总投资的分解结构有标准，但是对于运行（服务）费用和维护费用没有进一步的分解结构，而这是全寿命周期管理和费用优化的基础工作；②社会的环境成本，在现代社会，建设项目的全寿命周期的费用不仅包括自身的建设和运营费用，还应包括社会的环境成本。

4．参与者各方面满意的目标

建设项目是许多企业的"合作项目"，项目的成功必须经过项目参加者和项目相关者各方面的协调一致和努力。他们包括项目产品的用户、投资者、业主、承包商（包括设计者和供应商）、政府、所在地的周边组织、生产者、项目管理者等。他们参与项目，都有各自的目标、利益和期望。这在很大程度上决定着他们在项目中的组织行为和对项目的支持强度。项目目标系统应包容各个参加者的目标，体现各方面利益的平衡，使各方面满意，这样有助于确保项目的整体利益，有利于团结协作，克服狭隘的集团利益。人们能够具有理性思维，就能够营造平等、信任、合作的气氛，就更容易取得项目的成功。建设项目全寿命周期各方满意目标见表1-6。

表 1-6   建设项目全寿命周期各方满意目标

二级分解	三级分解	说　明
用户	产品或服务价格	可以进行进一步分解
	安全性	
	产品或服务的人性化	
投资者	投资额	
	投资回报率	
	降低投资风险	
业主	项目的整体目标	
承包商和供应商	工程价格	
	工期	
	企业形象	
	关系（信誉）	
政府	繁荣与发展地区经济	
	增加地方财力	
	改善地方形象	
	政绩显赫	
	就业和其他社会问题	
生产者	工作环境（安全、舒适、人性化）	
	工作待遇	
	工作的稳定性	
项目周边组织	保护环境	
	保护景观和文物	
	工作安置	
	拆迁安置与赔偿	
	对项目的使用要求	

5. 与环境协调的目标

与环境相协调目标用以体现项目管理者的价值观、自然观和对历史的责任感。建设项目的环境是指项目的整个环境系统的各个方面，包括政治环境、经济环境、法律环境、自然环境、社会文化和风俗习惯环境等。必须考虑建设项目在全寿命周期中与环境的系统的各个方面协调，与环境协调的目标体系应与环境的系统结构有一致性。建设项目全寿命周期与环境相协调目标见表 1-7。

表 1-7　　　　　　　　　　建设项目全寿命周期与环境相协调目标

二级分解	说　明
与政治环境协调	
与经济环境协调	
与市场环境协调	
与法律环境协调	可以进行进一步分解
与自然环境协调	
与周边环境的协调	
与上层组织的协调	
与其他方面的协调	

6. 可持续发展的目标

过去人们对城市的可持续发展，地区的可持续发展研究得比较多。而建设项目都是在一定的区域内进行的，城市的建设、地区的发展都是通过建设项目实现的，所以建设项目的可持续发展是最重要，也是最具体的。现代社会建设项目，特别是大型的或特大型的项目是社会、经济、科学和环境大系统的一部分，故而建设项目全寿命周期管理必须要求项目具有可持续发展的能力，对建设项目的可持续发展能力的评价应作为建设项目评价的重要内容和决策依据之一。建设项目的可持续发展有十分丰富的内涵，建设项目对城市/地区可持续发展贡献目标见表1-8，建设项目自身可持续发展能力目标见表1-9。项目作为人们改造自然的活动，它的可持续发展不仅体现，物质和精神的和谐，人与自然的协调。

表 1-8　　　　　　　　建设项目对城市/地区可持续发展贡献目标

二级分解	三级分解	说　明
社会发展指标	人口	
	就业结构	
	教育	
	基础设施	
	社会服务和保障	可以进行进一步分解
经济发展指标	GDP	
	地方经济	
	费用效率比	
	工业化程度	
	项目产品的人均占有量	

续表

二级分解	三级分解	说　明
环保指标	环境治理状况	
	生态指标	
	环保投资	
	碳排指标	
资源指标	资源存量	
	资源消耗指标	

表 1-9　　　　　　　　　　建设项目自身可持续发展能力目标

二级分解	三级分解	说　明
能长期地适合需求	功能的稳定性	
	可持续性	
	可维护性	
	低成本运行	
项目更新和进一步开发	功能的更新	可以进行进一步分解
	结构的更新	
	物质的更新	
防灾能力	监测预报	
	灾害防御	
	灾害损失小	
	应急反应	
	灾后恢复重建	

（二）注重责任体系构建，克服传统管理短期行为和责任盲区问题

全寿命周期管理是一项复杂的系统工程，需要从提高组织效率和减少组织运行中障碍的角度，建立建设项目全寿命周期组织责任体系和基于全寿命周期的建设项目管理协调机制，将项目管理各个职能以及各个阶段管理过程连贯起来，形成集成化的项目管理系统，及时协调解决其中的问题，共同实现全寿命周期管理目标，因此需要遵循以下原则。

1. 目标统一原则

一个组织要有效的运行，各参加者必须有明确的统一的目标，参加者在共同目标基础上形成组织。

（1）项目参加者应就总目标达成一致。这个目标应定义在项目的全寿命周期的目标系统上。

（2）在项目的全过程中顾及各方面的利益，使项目参加者各方满意。

（3）在项目的设计、合同、计划、组织管理规则等文件中贯彻总目标。

（4）为了达到统一的目标，项目的实施过程必须有统一的指挥、统一的方针和政策。

2. 责权利平衡原则

为了保证建设项目全寿命周期目标的实现，必须按照责权利平衡的原则设计项目组织责任。

（1）要求参加者（业主或承包商）关注项目的最终效益和总目标，必须使他们与最终效益与总目标相联系。

（2）在项目的实施过程中谁有决定权，决定有多大的影响，他就应承担多大的责任。

（3）项目的责权利应是连续的、一致的、可度量的。

3. 合理的组织制衡原则

长期以来人们强调在项目组织设置和运作中必须有严密的制衡，包括如下方面。

（1）权职分明。任何权力须有相应的责任和制约，应十分清楚地划定他们之间的任务和责任的界限，这是设立权力和职责的基础，如果任务界限不清会导致有任务而无人负责完成、出现推卸责任、争执权力、组织摩擦、低效率等现象。

（2）设置责任制衡和工作过程制衡。使工程活动或管理活动之间有一定的联系（即逻辑关系），使项目参加者各方的责任之间有一定的逻辑关系。

（3）加强过程的监督。包括阶段工作成果的检查、评价、监督和审计。

（4）通过组织结构、责任矩阵、项目管理规则、管理信息系统设计保持组织界面的清晰。

（5）通过其他手段达到制衡，如保险和担保等。

需要注意的是，组织制衡是有二重性的，许多业主将工程分标，以期对项目形成制衡，但往往分标过细，未考虑到过于强调组织制衡和过多的制衡措施会使项目组织结构复杂、程序烦琐，反而破坏合作气氛，容易产生"高效的低效率"，即项目的组织运作速度很快，但产出效率却很低，有许多工作和费用都在组织制衡中消耗掉了,比如:过多的责任连环造成项目组织责任的不完备、不连续和不统一,反而在责任落实时产生争执;制衡造成管理的中间过程(如中间检查、验收、审批等)太多,反而使工期延长,管理人员和费用增加,管理效率降低等。在全寿命周期项目组织中,可以通过营造诚实信用的氛围,增加市场经济中人们的行为自律,共担风险、共享权益,保证组织责任的连续性和统一性等措施减少制衡。

4. 保证组织责任的完备性

给一个组织委托一个项目任务应是完备的、统一的,自成体系,以保证全寿命周期目标和上层系统战略的实现,而不能人为地将责任分解开来由不同的组织来完成。

5. 保证组织人员和责任的连续性和统一性

由于项目存在阶段性,而组织任务和组织人员的投入又是分阶段的,是不连续的,容易使得责任体系中断,形成责任盲区,出现不负责任、短期行为等现象,所以必须保持项目管理的连续性、一致性、同一性(人员、组织、过程、信息系统)。没有组织责任体系的连续性和统一性就没有高效的项目管理系统。

(三)注重全寿命周期费用分析(LCC)方法应用,提高决策的科学性与合理性

1. 建设项目全寿命周期管理决策的层次与全寿命周期费用分析(LCC)

(1)建设项目全寿命周期管理决策包括最高层次的决策、中间层次的决策及最低层次的决策3个层次。最高层次的决策从资源分配、政治、道义、哲学等方面考虑为对象进行;中间层次的决策是对各种建设方案的选择;最低层次的决策则是对日常业务问题所作出的技术上的选择。

(2)LCC位于中间层次的决策,是在可供选择的方案和预定的系统之间进行定量的测算。

(3)运用LCC要具有长期的观点和宽广的视野,为了能有效的运用,有以下3项重要前提:①被分析的各项可供选择方案所要达到的目标应该是一致的;②有数个被认为是与目标相符的方案;③成本、收益和效率均可进行评价。

2. 建设项目全寿命周期费用分析方法的内涵

建设项目全寿命周期费用分析是为了选择有限资源的最佳使用方法和评价各种方案所必须进行的系统的分析方法,它是站在全社会角度对建设项目全寿命周期成本、收益、投资回报率的全面分析,主要分析内容包括以下3个方面。

(1)全寿命周期成本优化与控制的目标与措施分析,分析建设总投资、单位生产能力投资、运行（服务）成本、维护成本、社会环境成本等项成本的优化目标与措施。

（2）全寿命周期收益分析，主要分析建设项目预期的运营收益、年净收益、总收益等。

（3）全寿命周期投资回报率分析，分析建设项目投产后的预期投资回报率。

3. 建立建设项目全寿命周期成本的观念

在建设项目的初期就考虑项目的全寿命周期成本观念，通常，在一定功能范围内，建设项目的建设成本（C_1）与使用维护成本（C_2）存在此消彼长的关系，当功能水平逐步提高时，寿命周期成本（$C = C_1 + C_2$）呈马鞍型变化，这就需要在项目决策中合理确定项目的功能，使整个项目的全寿命周期成本最低。建设项目全寿命周期成本—功能曲线如图1-8所示。

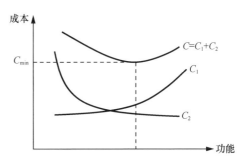

图1-8　建设项目全寿命周期成本—功能曲线

4. 建设项目全寿命周期成本优化

建设项目全寿命周期成本优化必须从系统全局进行优化，对项目各部分、各个阶段的成本进行系统优化。建设项目全寿命周期成本优化框架如图1-9所示。

建设项目成本优化要在一系列成本优化保障的基础之上，需要扩大项目决策者、管理人员、优化者普遍具有优化意识，需要有明确的优化目标，需要对寿命周期的各阶段工作内容和项目构成系统实施优化，通过优化可为实现项目全寿命周期成本最优提供决策支持和措施建议。

5. 建设项目全寿命周期成本控制

建设项目全寿命周期成本控制就是站在全社会的角度，以建设项目全寿命周期成本为控制对象，通过一定的技术和方法对建设项目全寿命周期各阶段成本、各要素成本之间的相互关系进行分析，采用相应的措施，实现建设项目全寿命周期成本最优。

建设项目全寿命周期成本控制框架如图1-10所示。

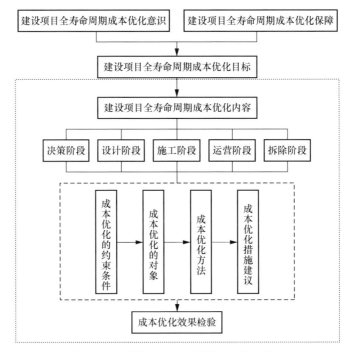

图 1-9　建设项目全寿命周期成本优化框架

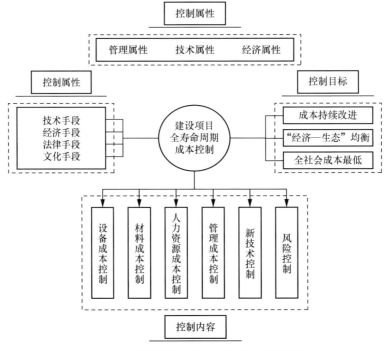

图 1-10　建设项目全寿命周期成本控制框架

（四）注重集成思想应用，提高建设项目管理的效率与效果

1. 运用集成思想，建立建设项目总的系统模型

集成是构造系统的一种理念，同时又是解决复杂系统问题、提升系统整体功能的综合方法。从企业角度，集成包括功能集成、技术集成及信息集成 3 个层次，实质上是做到战略柔性化、市场内部化、技术群体化、组织网络化、信息高效化、文化整合化。随着计算技术的发展，"集成系统"以能够由不同职能的各部门成员同时使用的计算机系统为载体。集成化管理是建设项目全寿命周期管理的重要理念之一，建设项目全寿命周期集成管理的核心就是运用集成思想，建立建设项目总的系统模型，保证管理对象和管理系统完整的内部联系，提高系统的整体协调程度，以形成一个更大范围的有机整体。建设项目总的系统模型结构如图 1-11 所示。

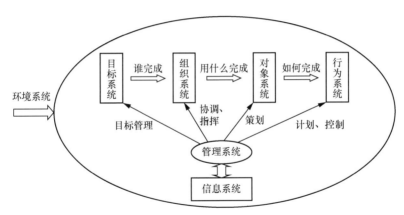

图 1-11 建设项目总的系统模型结构

2. 建设项目全寿命周期集成化管理的内涵

建设项目全寿命周期集成管理的内涵包括过程集成、管理职能集成、组织集成和信息集成。

（1）过程集成（即全寿命周期各阶段、各部分的集成）。建立建设项目全寿命周期的系统逻辑过程，将项目整个寿命期各个阶段（包括项目构思、项目的目标系统设计、可行性研究、决策、设计和计划、供应、建设实施控制、运行管理等）综合起来，形成项目的全寿命周期管理；同时，把项目各部分有机地结合在一起，保证一切目标、子系统、资源、信息、活动及组织单位结合起来，按照计划形成一个协调运行的综合体。

（2）管理职能集成（建设项目全寿命周期全部项目管理职能的集成）。以项目分解结构为主线将建设项目的成本管理、进度管理、质量管理、合同管理、资源管理、责任体系贯通起来。工程项目的系统集成要求项目管理者必须进行项目全生命期的目标管理，综合的计划，综合的控制，良好的界面管理，良好的组织协调和信息沟通。

（3）组织集成（建设项目全寿命周期组织和责任体系的集成）。通过项目的全寿命周期目标设计和全寿命周期的组织责任，消除项目组织责任的盲区和项目参加者的短期行为，使整个项目组织无障碍地沟通和运作。

（4）信息集成（建设项目全寿命周期信息的集成）。建立能够使所有项目的参加者共享的信息平台，使项目信息在项目全过程、在项目的各个组织成员和项目的各个职能管理部门之间无障碍沟通。

3. 建设项目全寿命周期集成化管理的重要作用

建设项目的全寿命周期集成管理不仅是一般的项目全过程的信息共享，也不仅是将不同的管理部门综合成一个有机的整体，而是一个新的管理理念和方法，是一个新的管理模式，是项目管理一个质的飞跃。

（1）建设项目系统的运行是整体的有联系的，只有集成才能达到系统的一致性和协调，能够实现项目的整体的最优化。全寿命周期集成管理追求项目的总目标和总效果，而不是局部优化。这个整体不仅包括整个建设过程，而且包括整个运行过程；不仅包括项目本身，而且包括项目的整个上层系统（如地区、国家），能够极大地提高项目管理的效率。现代研究表明，现代建设项目管理的效率只有通过项目的集成才能够实现。

（2）保持建设项目系统的整体性，增强全局的观念，系统地观察问题，解决问题，做全面的整体的计划和安排，减少系统失误。全寿命周期的项目管理是对整个项目从概念构思到项目期结束的"无缝隙"的项目管理。这样能够消除项目过程、项目组织、项目职能之间的障碍，实现综合管理、综合运用知识和措施，协调各方面矛盾和冲突，使各子系统正常运行。

过去人们从不同的角度研究和开发了项目管理"子系统"，这些研究和开发是分解的研究，割裂系统的内在联系。但集成化不是一般的"捆绑"，子系统的连接它们应是有机的、无障碍的，能够发挥共同作用。全寿命周期集成的重点在于工作的理念，在于一致性和连续性，必须使用统一的、连续的方法管理项目的全寿命周期。

（3）能够形成建设项目的各参加者，以及社会的各方面对建设项目信息的共享，各方面无障碍地沟通。目前国内外人们关注的全社会（包括国际社会）对建设项目信息共享，必须基于建设项目自身的全寿命周期集成化基础之上。

（4）通过全寿命周期集成管理，能够使建设项目管理更符合现代社会的需要，能够在很大程度上促进建筑生产过程的自动化和集成化。全寿命周期集成管理有利于项目管理的社会化、市场化、国际化、综合协作化，促进资源的共享和合理分配。没有集成化就没有电子商务，就无法参与国际竞争，无法形成全社会的建设项目信息平台。

第五节　工程项目管理相关法规

一、工程建设"五制"相关法规

项目法人责任制、资本金制、招投标制、工程监理制、合同制（简称"五制"）是我国工程建设管理的重要制度。"五制"的实施，对建立和完善市场经济下的项目投资体制，促进现代企业制度的实施，构建项目管理新的组织形式有着十分重要的意义。

"五制"是一个有机的整体，项目法人责任制是先有法人，后有投资项目，通过项目法人责任制建立起投资责任的约束机制，而实行资本金制又是推行项目法人责任制的基础。工程建设项目的勘察、设计、施工应实行招投标制、工程监理制和合同制，其目的是规范建设市场，降低工程造价，提高工程质量，合理利用社会资源，是微观投资管理体制改革的重大措施。

（一）项目法人责任制

项目法人责任制是指建设项目投资人必须按照法律程序和有关规定组建法人，经营性建设项目由项目法人对项目的策划、资金筹措、设计、建设实施、生产经营、归还贷款、资产增值保值和投资风险实行全过程负责的一种项目管理制度。

（二）资本金制

2019 年国务院发布了《关于加强固定资产投资项目资本金管理的通知》（国发〔2019〕26 号），通知规定，对各种经营性投资项目，包括国有单位的基本建设、技术改造、房地产开发项目和集体投资项目试行资本金制度，投资的项目必须首先落实资本金才能进行建设。

资本金制是指在项目的总投资中，除项目法人从银行或资金市场筹措的债务性资金外，还必须拥有一定比例的项目法人实交的资本金。

投资项目资本金占总投资的比例，根据不同行业和项目的经济效益等因素确定，具体规定如下：交通运输、煤炭项目，资本金比例为 35% 及以上；钢铁、邮电、化肥项目，资本金比例为 25% 及以上；电力、机电、建材、化工、石油加工、有色、轻工、纺织、商贸及其他行业的项目，资本金比例为 20% 及以上。投资项目资本金的具体比例，由项目审批单位根据投资项目的经济效益以及银行贷款意愿和评估意见等情况，在审批可行性研究报告时核定。经国务院批准，对个别情况特殊的国家重点建设项目，可以适当降低资本金比例。

（三）招投标制

招投标制是指按照《中华人民共和国招标投标法》（以下简称《招标投标法》）第三条规定范围的项目，其勘察、设计、施工、监理以及与工程建设有关的重要设备、材料等的采购必须进行招标，即强制招标。《中华人民共和国招标投标法实施条例》（2019 年）重点对招标范围、投标串标行为界定、评标中否决投标、投诉处理、法律责任追究等重点问题进行了明晰。

（1）《招标投标法》第 3 条规定，在中华人民共和国境内进行下列工程建设项目包括项目的勘察、设计、施工、监理以及与工程建设有关的重要设备、材料等的采购，必须进行招标：①大型基础设施、公用事业等关系社会公共利益、公众安全的项目；②全部或者部分使用国有资金投资或者国家融资的项目；③使用国际组织或者外国政府贷款、援助资金的项目。

（2）按照《工程建设项目招标范围和规模标准规定》，必须招标范围内的各类工程建设项目，达到下列标准之一的，必须进行招标：①施工单项合同估算价在 200 万元人民币以上的；②重要设备、材料等货物的采购，单项合同估算价在 100 万元人民币以上的；③勘察、设计、监理等服务的采购，单项合同估算价在 50 万元人民币以上的；④单项合同估算价低于第 1、2、3 项规定的标准，但项目总投资额在 3000 万元人民币以上的。

（四）工程监理制

《建设工程监理规范》（GB/T 50319—2013）明确工程监理的工程范围及工作要

求，监理的主要内容是工程质量控制、进度控制、投资控制、安全控制、合同管理、信息管理，协调有关单位的工作关系，简称为"四控制""两管理""一协调"。

工程监理制是指按照我国建筑法规定，工程监理单位受业主委托，依据有关文件和法律法规、监理合同及业主与施工单位签订的相关合同，对项目实施监督管理，同时监理单位要接受行业主管部门、政府建设行政主管部门的监督管理，即工程监理制。工程监理制是国际上通行的工程项目管理模式。

工程监理制的实施由项目建设主体二元结构（即业主与施工单位）转化成三元结构（即业主、监理单位、施工单位），形成业主、监理单位、施工单位三方以经济合同为纽带，互相合作、互相制约的体制。

工程监理属于业主方项目管理的范畴，在项目管理中具有服务性、独立性、公正性、科学性的性质。

（五）合同制

《中华人民共和国合同法》对合同的一般规定、合同的订立、合同效力、合同履行、合同变更和转让、合同权利义务终止、违约责任等方面进行了具体明确。

合同是平等主体的自然人、法人、其他组织之间设立、变更、终止民事权利义务关系的协议。合同制是通过合同规约了项目法人与投资方和参建方的关系，在项目管理上形成以项目法人为主体，项目法人向国家和各投资方负责，咨询、设计、监理、施工、物资供应等单位通过招标投标和履行经济合同为项目法人提供建设服务的项目建设管理模式。

二、工程建设综合类法规

（一）中华人民共和国建筑法

1997 年 11 月 1 日第八届全国人民代表大会常务委员会第二十八次会议通过了《中华人民共和国建筑法》，2011 年 4 月 22 日第十一届全国人民代表大会常务委员会第二十次会议提出了《关于修改〈中华人民共和国建筑法〉的决定》修正，共 8 章 85 条。

重点内容包括建筑工程施工许可、从业资格、建筑工程发包与承包、建筑工程监理、建筑安全生产管理、建筑工程质量管理等。

（二）建设工程项目管理规范

2017 年 5 月 4 日，中华人民共和国建设部和国家质量监督检验检疫总局联合发布《建设工程项目管理规范》（GB/T 50326—2017），自 2018 年 1 月 1 日起实施，共 19 章。

重点内容包括基本规定、项目管理责任制度、项目管理策划、采购与投标管理、合同管理、设计与技术管理、进度管理、质量管理、成本管理、安全生产管理、绿色建造与环境管理、资源管理、信息与知识管理、沟通管理、风险管理、收尾管理、管理绩效评价等。

（三）建设项目档案管理规范

2002 年 11 月 29 日，国家档案局发布中华人民共和国档案行业标准《国家重大建设项目文件归档要求与档案整理规范》，编号 DA/T 28—2018，2003 年 4 月 1 日起实施。

规定了国家重大建设项目（以下简称项目）档案工作的组织及职责任务，确立了建设项目文件的形成、归档要求与项目档案管理的原则、方法和要求。对项目档案的完整性、准确性、系统性以及项目文件材料的收集、整理、归档和项目档案的整理与移交等均做了规定。

三、工程建设安全质量类法规

（一）中华人民共和国安全生产法

2021 年 6 月 10 日，中华人民共和国第十三届全国人民代表大会常务委员会第二十九次会议通过《全国人民代表大会常务委员会关于修改〈中华人民共和国安全生产法〉的决定》，自 2021 年 9 月 1 日起施行，共 7 章 119 条。

重点内容包括总则、生产经营单位的安全生产保障、从业人员的安全生产权利义务、安全生产的监督管理、生产安全事故的应急救援与调查处理、法律责任、附则等。

（二）建设工程安全生产管理条例

《建设工程安全生产管理条例》经 2003 年 11 月 12 日国务院第 28 次常务会议通过，自 2004 年 2 月 1 日起施行，共 8 章 71 条。《建设工程安全生产管理条例》是对《中华人民共和国建筑法》《中华人民共和国安全生产法》相关规定的具体明确。

重点内容包括总体原则、建设单位的安全责任、勘察设计工程监理及其他有关单位的安全责任、施工单位的安全责任、监督管理、生产安全事故的应急救援和调查处理、法律责任等。

（三）生产安全事故报告和调查处理条例

《生产安全事故报告和调查处理条例》经 2007 年 3 月 28 日国务院第 172 次常务会议通过，自 2007 年 6 月 1 日起施行，共 6 章 46 条。

重点内容包括总体原则、事故报告、事故调查、事故处理、法律责任等。

（四）建设工程质量管理条例

2000 年 1 月 10 日国务院第 25 次常务会议通过，2000 年 1 月 30 日起施行，2017 年第一次修订，2019 年第二次修订，共九章八十二条。

重点内容包括总体原则、建设单位的质量责任和义务、勘察设计单位的质量责任和义务、施工单位的质量责任和义务、工程监理单位的质量责任和义务、建设工程质量保修、监督管理等。

四、工程建设用地及环保水保类法规

（一）中华人民共和国城乡规划法

《中华人民共和国城乡规划法》由中华人民共和国第十届全国人民代表大会常务委员会第三十次会议于 2007 年 10 月 28 日审议通过，2008 年 1 月 1 日起施行，原《城市规划法》同时废止。

重点内容包括总则、城乡规划的制定、城乡规划的实施、城乡规划的修改、监督检查、法律责任、附则等。

电网发展规划作为城市基础设施规划的一部分被规定为城市总体规划中的强制性内容之一，必须编制，并应满足城市总体规划的要求，符合城市发展的需要（规划法第十七条）。

（二）中华人民共和国土地管理法

1986 年 6 月 25 日中华人民共和国第六届全国人民代表大会常务委员会第十六次会议通过《中华人民共和国土地管理法》，1988 年第一次修正，2004 年第二次修正，根据 2019 年 8 月 26 日第十三届全国人民代表大会常务委员会第十二次会议《关于修改〈中华人民共和国土地管理法〉、〈中华人民共和国城市房地产管理法〉的决定》，完成第三次修正。

重点内容包括总则、土地的所有权和使用权、土地利用总体规划、耕地保护、建设用地、监督检查、法律责任、附则等。

征地就是指取得建设用地的使用权。国有建设用地可通过有偿使用和划拨两种方式取得，电力建设工程用地主要通过划拨取得。

（三）建设项目用地预审管理办法

2001 年 7 月 25 日中华人民共和国国土资源部令第 7 号发布《建设项目用地预审管理办法》，2004 年、2008 年、2016 年先后三次修订。

重点内容包括建设项目用地预审制、分级预审管理、需核准的建设项目预审所需材料、审查时限的规定、建设项目用地预审文件有效期等。

（四）中华人民共和国环境保护法

1989 年 12 月 26 日，第七届全国人民代表大会常务委员会第十一次会议通过《中华人民共和国环境保护法》，并于 2014 年 4 月 24 日通过第十二届全国人民代表大会常务委员会第八次会议修订。

重点内容包括总则、监督管理、保护和改善环境、防治污染和其他公害、信息公开和公众参与、法律责任、附则等。

以上 4 类法规重点要求详见附录 A。

第二章

电网工程项目特征及其管理体系建设实践

第一节　电网工程项目特征及管理重点

一、基本特征

电网工程项目具有其他工程项目所具有的一般特征，并具有以下所特有的基本特征。

（1）具有施工场地分散、流动性强、发散性大，协调面广的特点。

（2）施工外部环境复杂、现场存在诸多不确定性因素，工期控制不确定因素大。

（3）站址及线路走廊通道政策处理难度大，控制难度大。

（4）具有项目建设周期短的特点。

（5）具有规范性强、局部重复性的特点，为典型设计、模块化应用创造了条件。

二、建设流程

电网工程项目建设总体流程如图 2-1 所示。

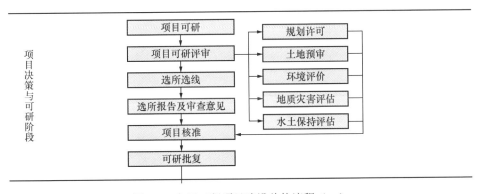

图 2-1　电网工程项目建设总体流程（一）

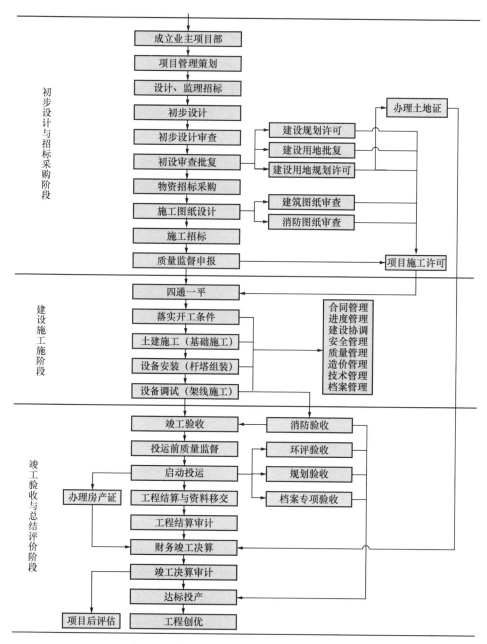

图 2-1　电网工程项目建设总体流程（二）

三、管理要点

电网工程项目的建设管理要点见表 2-1。

表 2-1		电网工程项目的建设管理要点	
序号	项目阶段	流程节点	管理要点描述
1	项目决策与可研阶段	项目可研	委托有资质的单位编制项目可行性研究报告
		项目可研评审	组织项目可行性研究初步评审，办理土地预审手续，并进行如下专项评估工作： （1）项目环境影响评价表、报告； （2）地质灾害评估报告； （3）地震评估报告； （4）水土保持评估报告
		选所选线	选址选线意见书
		选所选线审查	选所选线报告审查意见
		申请项目核准	（1）编制项目申请核准报告（包括选所选线支持性文件），报政府主管部门核准； （2）项目投资融资
		可行性研究审查批复	按照管理权限，对可行性研究报告进行审查、批复
2	初步设计与招标采购阶段	成立业主项目部	项目实施管理部门接到法人单位或建设单位的建设管理任务书，成立业主项目部，开展项目管理工作
		项目管理策划	业主项目部项目管理策划的主要内容包括： （1）根据工程规模、建设工期、参建人数等规定，按要求成立项目安全委员会； （2）编制项目管理纲要； （3）编制电网工程建设创优规划； （4）编制输变电安全文明施工总体策划； （5）编制工程建设强制性条文执行计划
		设计、监理招标	（1）设计、监理招标； （2）签订设计、监理合同及安全协议； （3）中标设计院编制电网工程设计创优实施细则
		初步设计	设计院提交项目初步设计图纸
		初步设计审查	按照管理权限组织初步设计审查
		初步设计审查意见批复	根据初步设计审查意见办理： （1）设计院出版主要设备材料招标清册及技术规范； （2）设计院出版变电站征地、线路路径图纸； （3）建设工程规划许可证； （4）建设项目用地批复； （5）建设用地规划许可； （6）土地证
		主设备招标	（1）主要设备材料报招标、定标； （2）采购合同签订、技术协议签订； （3）供应商提供设计资料； （4）主要设备设计联络会议； （5）主要设备监造、出厂验收

续表

序号	项目阶段	流程节点	管理要点描述
2	初步设计与招标采购阶段	施工图纸设计	（1）设计院出版施工图纸； （2）消防施工图纸、建筑结构施工图纸、防雷施工图纸、人民防空施工图纸送地方有资质的审图中心审查
		施工招标	（1）土建、电气及调试等满足招标条件的单项工程招标； （2）直接发包项目、招标确定的土建施工、电气安装等施工合同签订、安全合同签订
3	建设施工阶段	质量监督申报	（1）按照国务院《建设工程质量管理条例》规定，办理质量监督申报手续； （2）办理建设工程施工许可证或获得政府开工批复
		四通一平	水、电、道路、通信，基桩、场地平整、围墙施工
		落实开工条件	（1）工程项目许可申请手续办理完成； （2）四通一平一围施工完成； （3）项目施工组织设计已通过评审，项目组织管理机构和规章制度健全，管理体系人员资质符合规定要求； （4）临设、施工场地布置已完成，施工单位施工人员、施工机械已进场，并通过审查； （5）施工图已会检，图纸交付计划已落实，且交付进度满足连续施工需求； （6）主要设备已招标，主要材料已落实，设备、材料满足连续施工需求； （7）建设、设计、监理、施工单位组织机构已成立，各项管理和技术相关文件已通过评审，完成编审批手续，出版并放置在现场。相关内容已经过必要的交底和培训
		土建施工（线路基础施工）；设备安装（杆塔组装）；设备调试（架线施工）	（1）建设施工阶段合同、进度、建设协调、安全、质量、造价、技术、档案管理； （2）生产准备； （3）消防工程验收
4	竣工验收及总结评价阶段	竣工预验收	（1）施工单位三级自检和消缺工作完成； （2）施工单位整理完备工程所有竣工资料，部分重要资料已提前交付； （3）施工单位向监理单位提出书面工程项目竣工预验收申请报告，并签证齐全； （4）监理单位检查、复验、确认竣工预验收具备条件，并办理完所有应由监理工程师确认的签证资料； （5）业主项目部组织竣工预验收
		启动验收	（1）施工单位完成竣工预验收问题整改； （2）监理单位检查、复验、确认竣工预验收问题均已闭环整改； （3）建设单位提请启动委员会组织启动验收； （4）启动委员会组织启动验收

续表

序号	项目阶段	流程节点	管理要点描述
4	竣工验收及总结评价阶段	投运前质量监督	（1）通过建设单位、启动委员会组织的竣工，缺陷已消除并经监理确认； （2）消防等单项工程已通过政府主管部门验收； （3）投运前质量监督
		启动投运	（1）由试运指挥组提出的工程启动、系统调试、试运方案已经启动委员会批准；调试方案已经调度部门批准；工程验收检查组已向启动验收委员会报告，确认工程已具备启动带电条件；工程质量监督机构已对工程进行检查，已有认可文件； （2）工程竣工备案，办理房产证； （3）办理环保水保验收； （4）办理规划验收； （5）档案专项验收
		工程结算与资料移交	（1）业主项目部对工程结算进行初步审核； （2）组织施工单位及设计院移交竣工资料、竣工图纸
		工程结算审计	配合工程结算审计
		财务竣工决算	（1）核对甲供设备、材料入账情况； （2）财务决算
		竣工决算审计	财务决算审计
		竣工验收	完成所有专项验收（环保、水保、安全设施验收、职业健康评价、档案验收等）后，组织竣工验收
		达标投产	组织达标投产检查、自评分、申报工作
		工程创优	组织工程创优申报工作
		项目后评估	从目标评估、过程评估、效益评估、影响评估、持续性评估等方面对项目进行后评估

第二节　电网工程项目标准化管理体系建设实践

一、总体框架——"三横五纵"

构建电网工程项目"三横五纵"标准化管理体系，改进管理模式、方式和方法，简化、优化管理内容、方法和流程，统一管理标准与评价机制，提升电网工程项目管理水平。

电网工程项目"三横五纵"标准化管理体系的基本框架如图 2-2 所示。

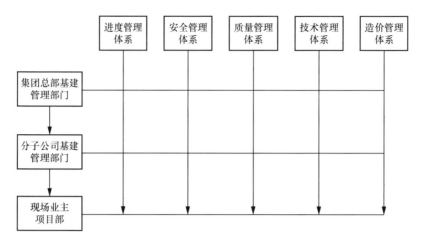

图 2-2　电网工程项目"三横五纵"标准化管理体系

（一）"三横"——三级管理

建立集团总部基建管理部门、分子公司基建部门、现场业主项目部三级管理模式，实施逐级管控。

（二）"五纵"——五大专业

将电网工程项目管理业务划分为进度管理、安全管理、质量管理、造价管理、技术管理五大专业进行管理。

二、基本内涵——"7 个标准化"

电网工程项目"三横五纵"标准化管理体系的基本内涵是标准化管理模式、标准化机构设置、标准化管理内容、标准化管理方法、标准化管理流程、标准化管理标准、标准化评价机制（"7 个标准化"）。

（一）标准化管理模式

建立电网工程项目集团总部基建管理部门、分子公司基建部门、现场业主项目部三级管理模式，统一明确各级管理定位、管理职责及逐级管理关系，实现垂直高效的专业管理。

（二）标准化机构设置

统一规范集团总部基建管理部门、分子公司基建部门、现场业主项目部的机构设置、具体职责，并将基建 5 个专业管理体系的管理职责层层落实，形成基建业务管理网络，管理网络中的每个节点都有明确的单位或个人负责。

（三）标准化管理内容

统一规范三级机构及其各个岗位各项管理职责中具体管理内容，确保纵向和横向管理界面清晰。

（四）标准化管理方法

统一规范三级管理机构各项具体管理内容的管理方法，确保各种管理方法明确、规范、先进。

（五）标准化管理流程

统一规范三级基建管理机构各项具体管理内容的管理流程，确保各项管理工作流程科学规范、简化优化，流动方向和流动速度明确。

（六）标准化管理标准

统一明确三级管理机构各项具体管理内容的管理标准，对每一项管理工作都有明确的管理标准（包含技术标准）要求，形成系统、完整、规范、客观的管理标准集合（包含技术标准）。

（七）标准化评价机制

统一明确三级管理机构各项具体管理内容的评价机制，确保评价指标或内容明确，评价方法科学先进，评价结果及时反馈。

三、5 个专业子体系

将电网工程项目管理业务划分为 5 个专业管理子体系进行管理，即进度管理体系、安全管理体系、质量管理体系、造价管理体系、技术管理体系。

标准化管理体系中的 5 个专业子体系是一个有机的整体，构成了电网工程项目标准化管理的完整体系。5 个专业子体系统一协调、共同完成电网工程项目管理的各项目标，其中项目管理体系属于综合性管理子体系。

（一）进度管理体系

进度管理包括项目管理策划、进度计划管控、招标管理、合同管理、资质管理、信息管理、建设协调、项目管理综合评价等专业化管理内容。

（二）安全管理体系

安全管理体系的管理范围主要包括项目安全策划管理、项目安全风险管理、项目安全文明施工管理、项目安全性评价管理、项目分包安全管理、项目应急安全管理、项目安全检查管理等。

（三）质量管理体系

质量管理体系按项目建设阶段可分为项目策划阶段质量管理、项目招标采购阶段质量管理、项目建设施工质量管理、项目验收阶段质量管理、项目总结评价阶段质量管理。

（四）技术管理体系

技术管理体系的管理范围主要包括技术标准管理，技术管理、设计管理、通用设计管理、通用设备管理、"两型一化"及"两型三新"管理、基建科技管理等。

（五）造价管理体系

造价管理体系的管理范围主要包括工程可行性研究估算管理、工程初步设计与概算管理、工程施工图设计与预算管理、工程建设与结算管理、工程竣工决算管理、工程定额工作管理、工程造价分析工作管理、工程造价信息管理和工程造价研究与成果管理等内容。

四、通用制度建设

（一）注重通用制度建设统筹规划——从"应对式"到"体系化"

改变过去"应对式"制度建设方式（根据工作需要，随机出台制度），通过深入梳理分析基建业务，在"三横五纵"总体框架下，对电网工程项目管理制度体系建设进行统筹规划，实现了制度管控范围的"四个全覆盖"，有效解决了规定、办法、细则、标准和不同层面制度标准之间的层次不清、交叉重复问题。

（1）管理业务全覆盖（全方位）。管理制度管控内容全面覆盖项目、安全、质量、技术、造价 5 个专业的管理业务。

（2）管控工程全覆盖（全口径）。管理制度全面适用于电网工程建设的所有工程。

（3）管理层级全覆盖（纵向到底）。管理制度管控要求全面覆盖集团总部、分子公司、现场项目部等管理层级。

（4）横向衔接全覆盖（横向到边）。管理制度中全面明确了建设与发展、财务、物资、运检、调控等相关专业的业务界面与衔接关系。

（二）注重通用制度研究质量——力求实用、好用、管用

在通用制度研究制订过程中，严格按照"实用、好用、管用"的总体要求，主要把握以下几个原则。

1. 研究起草阶段

以系统的思维进行"破"与"立"。注重剖析原制度存在问题和不足，重点分析原有制度在"实用、好用、管用"方面存在的差距，在此基础上，对组织机构设置、管理职责分工、管理流程、管理要求、监督考核等方面进行系统全面的再思考、再研究、再设计。统一明确各项制度研究制定的原则要求，确保各项制度格式统一、深度一致、不交叉重复。

2. 征求意见阶段

坚持广泛征集各层级、相关专业意见，并逐项深入讨论，确认达成了一致的修改意见。

3. 审查完善阶段

坚持三级审查把关。首先，主动邀请基层专家，对通用性和可操作性进行审查把关；其次，组织召开集团总部归口部门审查会，进行审查把关；最后，提交集团公司制度管理委员会审查把关。通过三级审查把关和修改完善，确保了制度内容的科学性和合理性。

（三）注重通用制度有效落地—试点、完善、推广、固化

集中印发全部通用制度，扎实推进试点应用和深化完善工作，建立试点研讨和跟踪反馈工作机制，注重通用制度应用分析和验证，梳理分析通用制度执行情况反馈、应用分析和验证意见建议，重点分析各单位反馈的困难、问题、意见、建议，以实事求是、务求实效为原则，组织开展通用制度相关内容的深化完善工作，确保全面建成"实用、管用、好用"的电网工程项目通用制度体系。

五、体系的拓展与深化——"六精四化"

坚持遵循电网工程项目管理工作的基本规律，继承发扬项目管理的先进经验，开拓创新贯彻新要求，赋予标准化管理、标准化建设新内涵，开启电网工程建设"六精"管理与"四化"建设（简称"六精四化"）新征程。电网工程项目"六精四化"总体架构如图 2-3 所示。

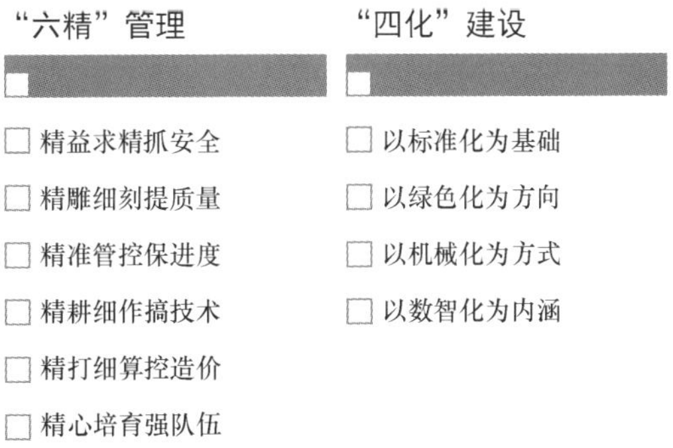

"六精"管理	"四化"建设
☐ 精益求精抓安全	☐ 以标准化为基础
☐ 精雕细刻提质量	☐ 以绿色化为方向
☐ 精准管控保进度	☐ 以机械化为方式
☐ 精耕细作搞技术	☐ 以数智化为内涵
☐ 精打细算控造价	
☐ 精心培育强队伍	

图 2-3　电网工程项目"六精四化"总体架构

（一）在专业管理上实施"六精"管理

巩固近年来专业化、标准化、规范化管理成果，基于当前专业管理体制、制度标准体系，优化三级管理模式，强化五个专业一个支撑，重点抓好"六精"管理，精益求精抓安全，精雕细刻提质量，精准管控保进度，精耕细作搞技术，精打细算控造价，精心培育强队伍，在统筹、融合、抓实上下功夫，建立统一的数字化管控平台，推动专业管理体系高效运转，建立健全"架构更加科学合理、运转更加有序高效、管控更加科学有力"的专业管理体系，推动基建管理能力水平再上新台阶。

（二）在工程建设上实施"四化"建设

巩固近年来电网工程标准化建设成果，推动"三通一标"深化完善；以标准化为基础、绿色化为方向、机械化为方式、数智化为内涵，落实绿色发展理念，推动电网绿色发展；应用现代智能建造技术，推动机械化施工升级；以数字技术赋智赋能，推动电网智能升级，全面推进"价值追求更高、方式手段更新、质量效率更优"的高质量建设，推动工程建设能力水平再上新台阶。

第三章

工程项目进度管理的理论与实践

第一节　工程项目进度管理的基本理论

一、工程项目进度管理的基本概念

（一）进度管理的定义

进度管理是指对工程项目各阶段的工作顺序及持续时间进行过程规划、实施、检查、协调及反馈等一系列活动的总称。

（二）进度管理的目标

进度管理目标是确保工程交付使用时间目标的实现，其基本任务就是进行工作结构分解，编制进度计划，以关键路线为抓手，采取有效措施控制其执行。

任何工程项目管理工作，都是围绕进度这条主线展开的，按期或是提前投产就是工程项目进度管理的基本目标，实现该基本目标与实现工程项目管理的安全、质量、造价目标密切相关，科学合理进度管控，是确保工程项目管理的安全、质量、造价目标的重要基础，盲目压缩工期往往会适得其反。

二、工程项目进度计划制定

（一）工作分解结构的基本概念

工作分解结构（Work Breakdown Structure，WBS）是现代项目管理的基石，是编制进度计划的基础。工作（Work）、分解（Breakdown）、结构（Structure）这3个单词分别代表着3个关键元素。

工作（Work）——可以产生有形结果的工作任务。

分解（Breakdown）——是一种逐步细分和分类的层级结构。

结构（Structure）——按照一定的模式组织各部分。

WBS的基本定义是以可交付成果为导向对项目要素进行的分组，归纳和定义了项目的整个工作范围、目标及其层次结构划分。

WBS 总是处于计划过程的中心，是制定进度计划、资源需求、成本预算、风险管理计划和采购计划等的重要基础；同时也是项目过程控制的重要基础，所以WBS 是一个项目管理的综合工具。

（二）工作分解结构的重要作用

工作分解结构（WBS）面向项目可交付成果展现项目全貌及各项目工作之间的相互联系，有 8 个方面的重要作用：①防止遗漏项目的可交付成果；②帮助项目经理关注项目目标和澄清职责；③建立可视化的项目可交付成果，以便估算工作量和分配工作；④帮助改进时间、成本和资源估计的准确度；⑤辅助沟通清晰的工作责任，帮助项目团队的建立和获得项目人员的承诺；⑥为绩效测量和项目控制定义一个基准；⑦为其他项目计划的制定建立框架；⑧帮助分析项目的管控风险。

（三）工作分解结构的基本方法

1. 创建WBS的4种基本方法

（1）使用指导方针。提供指导方针用于创建项目的 WBS。

（2）类比方法。参考类似项目的 WBS 创建新项目的 WBS。

（3）自上而下的方法。从项目的总体目标开始，逐级分解项目工作安排。

（4）自下而上的方法。从详细的任务开始，将识别和认可的项目任务逐级归类到上一层次，直到达到项目的总体目标。

2. 检验WBS是否科学合理的主要标准

（1）每个任务的状态和完成情况是可以量化的。

（2）明确定义了每个任务的开始和结束时间。

（3）每个任务都有一个可交付成果。

（4）工期易于估算且在可接受期限内。

（5）容易估算成本。

（6）各项任务是独立的。

（四）基于工作分解结构确定项目实施的关键路径

关键路径就是项目实施过程中的最长的或耗时最多的活动路线。进度管理的特点最主要体现在实时性，关键路径是项目进度管控的重点，如果对于影响进度的因素不予以关注，对于造成进度延误的事件不予以及时处理，关键路径就可能发生变化，进而造成总体工期的延误。

根据关键路径的含义，关键路径具有以下特点。

（1）关键路径上活动的持续时间决定项目的工期，关键路径上所有活动的持续时间加起来就是项目的工期。

（2）关键路径上的任何一个活动都是关键活动，其中任何一个活动的延迟都会导致整个项目完成时间的延迟。

（3）关键路径是从始点到终点的项目路线中耗时最长的路线，因此要想缩短项目的工期，必须在关键路径上想办法，反之，若关键路径耗时延长，则整个项目的完成工期就会延长。

（4）关键路径的耗时是可以完成项目的最短的时间量。

（5）关键路径上的活动是总时差最小的活动。

（五）以关键路径为主线编制具体进度计划

根据工程项目进度管理的特点，在完成工作分解结构、关键路径确定的基础上，在具体进度计划编制过程中，应充分考虑计划边界条件落实情况、资源配置落实情况、各种不确定因素发生可能性、各专项计划组合及衔接情况，确定好每一项工作的开始时间、结束时间及其资源配置安排，既要科学合理，也要预留一定的裕度。

借助专业软件可绘制完成工作计划列表、进度计划横道图、网络计划图等，关键路径的计算可自动完成，并可逐层细化各项计划，形成直观的图表，便于计划执行监控。

三、工程项目进度计划管控

工程项目进度管控在工程建设管理中起主导控制作用，要坚持系统化思维，基于工作分解结构（WBS）制定科学合理的进度计划，并进行层层分解、落实责任。加强工程进度计划的控制，要重点强化施工阶段进度计划关键路径的控制管理。分项工程进度计划和分标段工程进度计划必须服从工程总进度计划要求，全面监控各项子计划执行，及时制定纠偏措施和动态优化调整，强化组织、管理、技术、经济等综合措施落实，确保工程项目进度目标如期实现。

工程项目进度管控如图 3-1 所示。

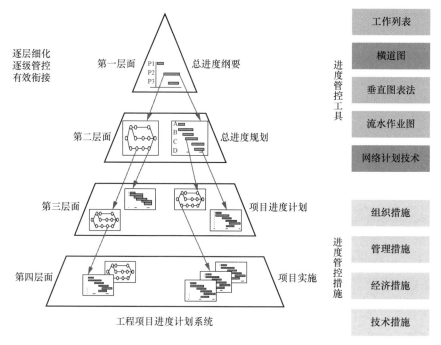

图 3-1　工程项目进度管控

（一）影响工程项目进度的主要因素

工程项目进度管理属于时间管理范畴，它贯穿了项目建设的全过程，是时间与完成工作量之间关系的最终体现。理想状态下的进度曲线如图 3-2 所示。

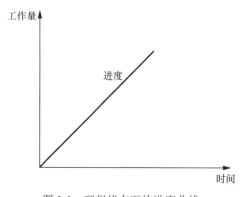

图 3-2　理想状态下的进度曲线

工程项目进度管理是工程项目管理"四控制"（安全、质量、进度、造价）要素之一，在工程项目管理体系中具有极其重要的地位。工程项目管理的最终目的体现在尽早竣工启动，使投资尽早发挥效益，简单来讲，就是要追求建设周期最短，进度最快。以施工现场进度管理为例，安全、质量、造价等体系是进度管理的有效保障，同时对进度管理有时会造成制约，安全、质量、造价管理到位能加快进度，反之会减慢进度。现实状态下的进度曲线如图 3-3 所示。

从图 3-3 中不难看出,安全、质量、造价对进度会造成一定影响,安全、质量发生事故、费用超支都会造成进度停滞,甚至返工,在保证安全、质量的前提下采取技术措施会加快进度(一般会提高造价)。

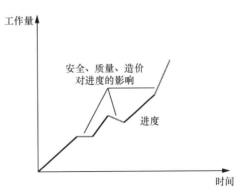

图 3-3 现实状态下的进度曲线

(二)工程项目进度控制的总体概念

工程项目进度控制,是指对工程项目建设各阶段的工作内容、工作程序、持续时间和衔接关系,根据进度总目标及资源优化配置的原则,编制计划并付诸实施,在进度计划的实施过程中检查实际进度是否按计划要求执行,对出现的偏差情况进行分析,采取补救措施或调整原计划后再付诸实施,直至工程竣工和交付使用。

(三)工程项目进度控制的对象范围

1. 工程建设全过程的进度控制

进度控制不仅包括施工阶段进度控制,还要包括设计阶段、施工准备阶段等进度控制,它涵盖了项目建设的全过程。

2. 整个项目结构的进度控制

进度控制必须实现全方位控制,也就是对组成项目的所有构成部分的进度都要进行控制。无论是土建工程,还是设备安装、给水排水、采暖通风、道路、绿化等工程,以及与这些工程相关的工作,如工程招标、施工准备等都应进行控制。

3. 影响进度的各种因素控制

影响进度的因素很多,要实现有效的进度控制,就必须对这些影响因素实施控制,采取措施减少或避免这些因素的影响。

(四)工程项目进度控制的基本原理

1. 动态控制原理

项目实施是一个动态的过程,因此进度控制随着项目的进展而不断进行。项目管理人员需要在项目各阶段制定各种层次的进度计划,并不断监控项目进度计划执行,并根据实际情况及时进行调整。

2. 系统控制原理

项目各实施主体、各阶段、各部分、各层次的计划，构成了项目的计划系统，它们之间相互联系、相互影响。每一项计划的制定和执行过程也是一个完整的系统。因此，必须用系统的理论和方法，进行全面的进度控制。

3. 封闭循环原理

项目进度控制的全过程是一种循环性的例行活动，包括编制计划、实施计划、执行检查、比较与分析、确定调整措施、修订计划、总结考核等，形成一个完整的循环系统。进度控制过程就是这种循环系统不断运行的过程。

4. 信息集控原理

信息是项目进度控制的依据，因此必须建立信息系统，及时有效地进行信息的传递和反馈。

5. 弹性可控原理

工程项目工期长、体积庞大、影响因素多而复杂。因此要求编制计划时必须留有余地，使计划有一定的弹性。

（五）工程项目进度控制的重点任务

1. 推动计划按期启动

采用各种控制手段保证项目及各个工程活动按计划及时开始。

2. 监控计划执行情况

在工程过程中记录各工程活动的开始和结束时间及完成程度。在各控制期末（如月末、季末，一个工程阶段结束）将各项目的完成程度与计划对比，确定整个项目的完成程度，并结合工期、生产成果、劳动效率、资源消耗等指标，评价项目进度执行状况。

3. 制定实施纠偏措施

对于各项活动计划执行延误的，分析其中的问题，制定并实施纠正措施。

4. 动态调整优化计划

出现进度偏差后，还要及时进行进度计划动态调整优化，根据总体计划要求、已完成状况、实际情况等，重新安排各项活动开始与结束时间，重新进行网络分析，分析纠偏措施的效果，预测新的工期状况，以保证按时完成项目的进度任务。

5. 总结进度控制工作

对工程项目进度控制工作进行总结和评价，对计划制定合理性、计划执行监督情况、计划纠偏措施实效、计划动态优化调整、整体进度计划完成情况等进行系统总结分析和评价，作为对相关单位评价考核及合同兑现依据，并为后续工程进度控制积累宝贵经验。

（六）工程项目进度控制的主要指标

1. **工期完成率**

用已经使用的工期与计划工期相比较以描述工程完成程度。比如，计划工期二年，已经进行了一年，则工期已达 50%。但通常还不能说工程进度已达 50%，因为工期与人们通常概念上的进度是不一致的。工程的效率和速度不是一个直线，通常情况下，工程项目开始时工作效率很低，进度慢，到工程中期投入最大，进度最快，而后期投入又较少，进度稍慢。所以工期使用一半，并不能表示进度达到了一半。

2. **工程量完成率**

按工程进度的结果状态数量与总体数量相比较描述进度完成比例，主要针对工程量可以量化统计的情况，如对设计工作按资料数量（图纸、规范等）、混凝土工程进度（如墙、基础、柱等，以体积计）、设备安装的吨位、管道道路的长度、预制件的数量或重量体积、运输量（以吨/千米计）、土石方（以体积或运载量计）、设备安装工作量等完成的比例。

3. **价值量完成率**

已完成工程的价值量与总体价值量相比较（或者用已完成投资与工程项目总投资相比较）描述工程进度完成情况。工程的价值量用已经完成的工作量与相应的合同价格（单价），或预算价格计算。它将不同种类的分项工程统一起来，能够较好地反映工程的进度状况。

4. **资源消耗指标**

最常用的有劳动工时、机械台班、成本的消耗等。它们有统一性和较好的可比性，即各个工程活动直到整个项目都可用它们作为指标，这样可以统一分析尺度。

（七）工程项目进度控制的综合措施

工程项目进度控制的综合性措施包括组织措施、技术措施、经济措施、管理措施等。

1. 组织措施

建立进度控制的组织体系，明确各层次的控制人员及其职责分工，建立各种有关进度控制的制度和程序。与建设项目进度有关的单位较多，组织协调是实现有效进度控制的关键。如果不能有效地与相关单位做好协调，进度控制将十分困难。

2. 技术措施

采用先进的进度计划编制技术，采用先进的方法与手段控制计划有序执行，采用先进的施工技术保证进度目标如期实现。

3. 经济措施

采用有利于进度目标实现的合同模式，在签订合同时，明确进度控制责任，保证进度计划实现所需资金，采取对工期提前给予奖励、对工期延误给予惩罚等措施，以合同管理为手段保证进度目标的实现。

4. 管理措施

通过内部管理提高进度控制水平，通过管理消除或减轻各种因素对进度的影响。

四、工程项目合同及档案管理

（一）工程项目合同管理

工程项目合同管理从合同谈判、合同订立开始，直至合同履行完毕，主要包括合同订立阶段的管理和合同履行阶段的管理两个方面。建设工程项目合同管理的内容包括工程范围、建设工期、中间交工工程的开工和竣工时间、工程质量、工程造价、技术资料交付时间、材料和设备的供应责任、拨款和结算、竣工验收、质量保修范围和质量保证期、相互协作条款等。

（二）工程项目档案管理

工程项目档案管理工作是一项基础性、专业性的工作，要充分利用好现代化的工具，科学地管理档案，维护档案的完整与安全，做好档案的利用工作，进一步发挥档案作用。

工程项目档案管理工作的核心要求是规范化和标准化。工程项目档案管理要严格按照国家档案部门制定的标准执行，高标准、高效率地开展工作，做好档案收集、整理、鉴定、统计、归类及后续档案保管工作。要开发以工程项目档案为主体的档案信息资源，为企业的生产运行和设备管理提供服务，这既是档案工作的根本宗旨和最终目的，也是实现档案自身价值的根本途径。

第二节 电网工程进度管理实践

一、核心理念与总体思路

（一）典型问题

电网工程项目进度管理面临的主要困难与问题如下。

1. 合规要求高

依法合规要求严格，手续办理项目多、难度大、周期长，需要管理者熟悉依法合规要求、工作基本流程、手续办理程序，早动手、紧推进、抢时间。

2. 建设工期紧

电网工程项目多数都是亟需投产保供，建设工期紧张，加上前期工作难度大，常常挤占了本来就很紧张的有效建设工期，需要管理者提前预判可能存在的困难，统筹优化建设进度计划安排，确保工程按期投产。

3. 建设协调难

为确保电网工程项目有序推进，内外部协调事项多，外部要加快推进各项手续办理，营造依法合规和良好的外部建设环境，内部要加强与发展、物资、调度、运检等专业部门的计划衔接、技术沟通等协调工作，需要管理者具备清晰的管理思路、良好的沟通协调能力、一盯到底的工作作风。

（二）核心理念

确保电网工程项目按期完成建设，要坚持依法合规为前提，树立统筹优化、投入优先、动态管控理念，提升进度科学管控水平。精准管控保进度的核心理念如图3-4所示。

1. 统筹优化理念

统筹考虑两个前期计划、开工投产计划、物资供应计划、停电调试计划安排；以里程碑计划为主线，统筹优化各类计划，确保各类有效衔接、有序推进。

（1）健全电网建设计划及执行统筹协同机制，形成进度精准管控合力。充分考虑前期进展、工程特点、外部环境、建设需求，统筹制定设计、评审、采购、供应、停电、手续办理、开工投产、合同结算等计划，确保各环节工程工期、衔接有序。

统筹优化理念	投入优先理念	动态管控理念
统筹考虑两个前期计划、开工投产计划、物资供应计划、停电调试计划安排	坚持队伍、装备、材料等资源保障到位作为开工建设前提条件，兵马未动粮草先行	强化计划执行管控，根据内外部条件变化，实时动态调整优化
以里程碑计划为主线，统筹优化各类计划，确保各类有效衔接、有序推进	坚持资源与计划匹配，严禁队伍超能力承载任务，严禁偷工减料，严禁盲目抢工期	加强内外部协调，为现场流水线施工创造条件，确保建设任务如期完成

图 3-4　精准管控保进度的核心理念

（2）建立建设相关专业工作年度安排、月度协调、季度推进协同机制，提高计划执行精准水平。深化两个前期（项目前期和工程前期）一体化工作机制，提升前期质效保障合规有序建设。

2. 投入优先理念

坚持队伍、装备、材料等资源保障到位作为开工建设前提条件，兵马未动粮草先行；坚持资源与计划匹配，严禁队伍超能力承载任务，严禁偷工减料，严禁盲目抢工期。

（1）深化完善资源保障协调机制，为现场安全有序高效施工创造条件。科学设置资质条件，强化履约评级应用，择优选择参建队伍。

（2）深化项目集群式管理和项目管理部建设，做好省内、省际资源调配帮扶。深化电网建设"一口对外"协调机制，发挥属地资源优势，凝聚专业合力解决建设难题。

3. 动态管控理念

强化计划执行管控，根据内外部条件变化，实时动态调整优化；加强内外部协调，为现场流水线施工创造条件，确保建设任务如期完成。

（1）建立分级联动、资源共享、统一协调的管理机制，强化专业协同，提升工作效率。

（2）加强前期关键环节管控，在深化"先签后建"基础上，积极推行"无障碍开工"，保障依法合规开工、有序建设实施。

（三）总体思路

电网工程项目进度管理的总体思路是规范开工、有序推进、均衡投产，规范开工、有序推进、均衡投产紧密关联，规范开工是前提，有序推进是过程，均衡投产是结果。

1. 规范开工——严格落实依法开工各项要求。

（1）严格落实《国务院办公厅关于加强和规范新开工项目管理的通知》（国办发〔2007〕64号）中的标准化开工八大条件，做到依法开工，具体概括如下：①符合国家产业政策、发展建设规划、土地供应政策和市场准入标准；②已经完成审批、核准或备案手续；③规划区内的项目选址和布局必须符合城乡规划，并依照城乡规划法的有关规定办理相关规划许可手续；④需要申请使用土地的项目必须依法取得用地批准手续，并已经签订国有土地有偿使用合同或取得国有土地划拨决定书；⑤已经按照建设项目环境影响评价分类管理、分级审批的规定完成环境影响评价审批；⑥已经按照规定完成固定资产投资项目节能评估和审查；⑦建筑工程开工前，建设单位依照建筑法的有关规定，已经取得施工许可证或者开工报告，并采取保证建设项目工程质量安全的具体措施；⑧符合国家法律法规的其他相关要求。

（2）在严格落实国家要求的同时，严格落实电网工程项目内部管理要求：①可研未评审，不准初设评审；②初设未评审，不准物资采购；③初设未评审，不准施工招标；④初设未评审，不准开工建设；⑤未经核准，不准开工建设；⑥环评未批复，不准开工建设；⑦新开工固定资产投资项目计划未下达，不准开工建设。

（3）根据开工计划安排，落实现场以上开工条件，有序安排开工时间。特殊情况（电网安全运行、公司发展战略）确需提前开工，要事先征得集团总部许可，并取得地方政府支持。

2. 有序推进——合理工期、科学计划、有效执行

（1）执行合理工期。具体规定如下：①110/66kV为10~13个月；②220/330kV为13~16个月；③500kV为15~18个月；④750kV为16~19个月；⑤特高压为24~20个月。

（2）科学编制进度计划。充分考虑影响因素，如可研评审及核准等前期因素、招标周期、工程地质条件、施工技术因素等。

（3）强化进度计划有效执行。根据工程实际进展进行及时调整，但调整关键路径需慎重，如确需调整，则应综合影响关键路径的各种因素进行全面平衡，并履行审批手续。

3. 均衡投产——计划均衡、动态管控、长效机制

（1）均衡投产是实现建设资源均衡配置、提高建设效率的内在要求。同时要

充分考虑不同地区气候条件，实现年内建设任务安排、建设资源配置相对均衡，而不是绝对均衡。主要是要做到建设规模均衡，同时要考虑开工规模的均衡，要实现均衡投产必须在计划编制时要充分考虑均衡投产要求，进度计划编制要留有裕度，各月度尽量均衡，避免剧烈波动。在计划编制过程中要把握如下原则：①没有核准的项目不列入上半年开工计划；②没有核准的项目不列入年度投产计划；③工程前期准备时间（可研评审至开工）不少于 6 个月；④不满足合理工期要求的编制专项报告（说明原因、安全质量及工艺保证措施）；⑤适当保留裕度，强化计划的刚性约束，合理考虑"分子分母问题"。

（2）动态做好进度计划执行管控。①深度参与前期，尤其要参与路径、站址选择，提出意见建议，与发展部门联合取得可靠的协议（明确赔偿金额）；②做建设外部环境协调，尤其要依靠政府，抓好源头，必要时搭政府开发项目的顺风车；整合公司内部发展、建设、营销、生产等专业资源，形成合力；③掌握信息，及时协调，主动破解建设过程中的制约因素；④做好舆情处理，确保安全稳定局面。

（3）在做好当年均衡投产计划安排和管控的同时，充分考虑下年度投产次序，建立均衡投产的长效机制。

（四）基本策略

为确保实现电网工程项目规范开工、有序推进、均衡投产，需要采取"六早""六统筹"的基本策略。

1. "六早"原则——超前谋划、尽早推进

电网工程建设要求高、工期紧，为确保工程有序高效推进，必须全力争取早核准、早设计、早征地、早招标、早采购、早进场（"六早"）。

（1）早核准。积极主动和政府部门沟通，加快核准进度，确保新开工项目合法化，为工程尽早开工创造条件。

（2）早设计。要求加大工程可研深度，以典型设计、标准化设计为导向，深化典型设计成果，积极推广土建专业典型设计、标准化设计，变电站、线路规范设计、统一标准、保证质量、控制投资、加快进度，实现了总体效益最大化。

（3）早征地。确保年度迎峰度夏项目和重点项目尽快开工，各建设管理单位尽早全力做好土地征用手续。

（4）早招标。招投标管理中心根据施工招标申请和物资需求尽快安排招标，尽快办理招标中心的各项手续。

（5）早采购。物资管理部门按照来年的项目实施进度计划，对照物资采购的合理周期，及时按照招标结果组织好物资的配送。

（6）早进场。各单位在不违反基本建设程序的前提下，提前做好设备、施工、监理招标和设备采购等工作，为施工单位及早进场创造条件。

2. "六统筹"原则——专业协同、一体推进

电网工程项目进度管理是一项涉及面广、系统性强、统筹要求高的综合性管理工作，需要强化建设专业和相关专业计划之间，也就是统筹进度计划与设计计划、招标计划、物资计划、停电计划、调试计划、资金计划之间的统筹协调，方可实现进度计划的有效执行。

"六统筹"原则即进度计划与设计计划统筹、进度计划与招标计划统筹、进度计划与物资计划统筹、进度计划与停电计划统筹、进度计划与调试计划统筹、进度计划与资金计划统筹。统筹计划安排后，要统筹推进计划的执行，实行工作之间的有效衔接，确保进度计划有效落实。

二、进度计划制定

（一）关键路径与总体流程

1. 关键路径

电网工程项目进度管理贯穿了项目建设的全过程，主要分为项目前期阶段（项目决策与可研阶段）、工程前期阶段（初步设计与招标采购阶段）、建设施工阶段及项目竣工验收启动阶段（启动验收及总结评价阶段）四个大的阶段。

（1）项目前期阶段。管理主体是发展部门，基建部门参与和配合立项审批、选址选线、可研评审等工作。

（2）工程前期阶段。组织初步设计及内外审工作，组织、协调招投标、初步设计内审、办理施工许可手续。

（3）项目建设实施阶段。一切工作都以项目经理为中心，项目经理组织、协调现场施工管理等工作。

（4）项目竣工验收启动阶段。参与竣工验收工作，组织消缺、启动、施工结算等工作，配合财务决算及评价工作。

2. 总体流程

电网工程项目进度管理的总体流程如图3-5所示。

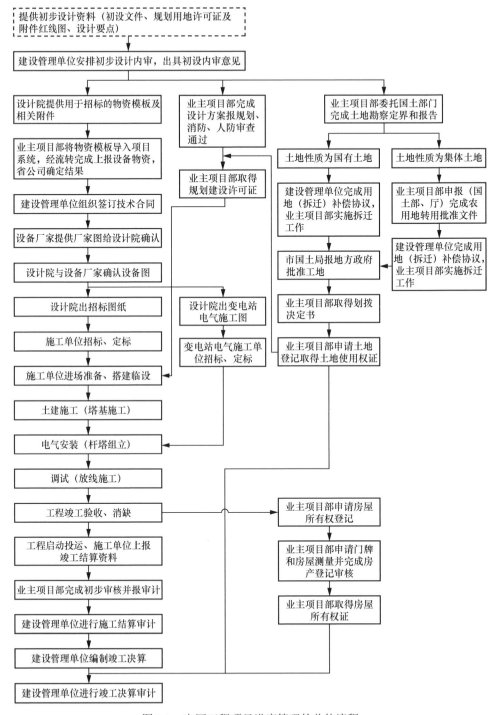

图 3-5　电网工程项目进度管理的总体流程

（二）进度计划编制与审批

应用工作分解结构（WBS）自上而下方法，对电网工程项目进度管理主流程中各项管理活动进行逐项分解细化，并落实实施主体、开始时间、结束时间和资源配置，确保各项计划有机衔接、科学合理、可操作性强，能够有效保证总体进度目标如期实现。

进度计划横道图是电网工程项目进度计划编制最常用的工具，某电网工程的进度计划横道图如图 3-6 所示。

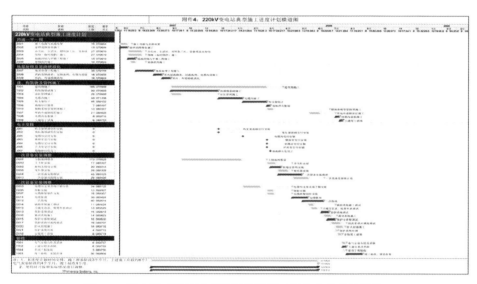

图 3-6　某电网工程的进度计划横道图（深灰色为关键路线）

在各工程项目具体进度计划编制、论证的基础上，应用工作分解结构（WBS）自下而上方法，编制各单位年度电网工程项目建设里程碑计划，纳入年度综合计划进行逐级审批。

各单位在收到审批后的年度电网工程项目建设里程碑计划后，根据审批过程调整情况，进一步优化各工程项目具体进度计划，并强化项目实施全过程各个阶段的进度管控。

三、项目前期阶段进度管控

项目前期进度管理的主体是发展部门，围绕立项工作展开，包括收资、分析、提出项目需求、审核批准，在此过程中可研的编制和各项手续的办理是关键，也是项目前期进度管理的要点。基建部门在项目前期阶段主要参与项目可研评审、选址选线，从项目建设管理的角度提出相关意见或建议，可研估算及所址条件、路径状况是需要特别关注的，将直接影响到后续工作的顺利开展，并跟踪前期手续办理进程，沟通促请发展部门尽快完善各项前期手续，为后续合法开工奠定坚实的基础。

（一）深入开展项目可研

1. 基本流程——需求分析、选所选线、可行性分析

下面以新建 220kV 及以下电网工程为例说明，330kV 及以上项目前期管理流程与之类似，只是组织工作一般由省公司负责，报集团总部审批。

（1）扎实深入做好需求分析。首先由各地市供电公司发展部门向各基层公司、相关部室、政府相关部门、开发园区收集项目建设和用电负荷需求资料，了解并熟悉各级电网的现状、存在问题和在建电网项目情况；根据掌握情况，对资料特别是负荷增长信息的可靠性、真实性进行初步审核。然后分区域进行负荷预测，分电压等级进行电力平衡，初步提出各电压等级需要新增变电容量总体规模。再根据负荷预测结论、总体建设规模需求，结合电网规划提出电网项目需求直接编制 220kV 项目需求报告，组织基层公司编制 110kV、35kV 项目需求报告，并加以汇总。最后组织各地市公司有关部门进行会审，包括项目的必要性、可行性、建设规模、接入系统的方案（或建议）等，对会审后的 220kV 项目需求进行汇总，上报省公司预审。

（2）科学合理进行选址选线。省公司预审通过后，由发展部门组织设计单位、基建部门开展选所、选线工作，要统筹考虑政府规划约束、电网规划及存量与增量科学布局、自然条件、建设难度等，进行多方案论证。

（3）深入实际做好可行性研究。由发展部门组织设计单位开展可行性研究工作，形成可研报告，上报省公司批准。

2. 主要工作成果——完成5个方面的报告及文件

项目前期可研阶段需完成的主要工作，紧紧围绕可研报告的形成、审批展开，主要形成以下 5 个报告及文件：①项目建设和用电负荷需求资料；②负荷预测数据、电力平衡数据；③项目需求报告；④可行性研究报告；⑤可研评审意见。

3. 管控重点难点——确定可靠的站址和路径

在可研阶段，基建部门要参与选址选线工作，提出专业意见；并参与变电站

站址、线路路径通道清理拆迁、赔偿相关协议谈判，在协议中要具体明确赔偿金额（若只签署原则同意类协议，在进入工程建设实施阶段再谈判价格，易出现漫天要价情况），在项目核准后进行补充。对于协议谈判困难，难以实现拆迁赔偿的，则进行站址路径优化，避免在工程建设过程中产生瓶颈制约因素。

（二）尽早取得项目核准

可行性研究报告获得批复后，便进入项目核准阶段，此阶段各项手续的办理涉及政府各行政主管部门，审批时间较长，且各项手续办理的前后顺序较为严格，环环相扣，一个环节耽误就会影响到整个项目的推进进度。

1. **基本流程——环评、用地预审、核准**

（1）办理环评和用地预审选址选线手续。以新建 220kV 电网工程为例，项目可行性研究报告经评审后，首先由基层供电公司到政府规划部门办理选址意见书及选址红线，并配合设计单位完成工程选所选线报告，报省公司批准后，地市供电公司负责委托有资质的环评单位完成环境影响评估报告，然后到省环保厅办理审批手续；同时到区（县）政府土地主管部门办理土地预审手续，如果涉及农用地，还需委托编制土地利用调整规划报告，并开展稳定性评价，经区（县）政府土地主管部门完成报告的评审、公示、听证等程序后，逐级向市、省政府土地主管部门办理土地预审手续；如果未涉及到农用地，只需经区（县）、市、省政府土地主管部门逐级审批即可完成土地预审手续的办理。

（2）组卷相关资料申请项目核准。项目环评、土地预审等通过政府相关部门的批准后，地市供电公司负责汇总材料上报省电力公司，省公司综合全省的项目打包上报省发展与改革委员会进行项目核准（跨省的重大项目需经集团总部上报国家发改委核准）。

（3）办理规划许可并开展设计。项目获得核准后，地市供电公司根据核准意见办理建设用地规划许可证，并取得站址设计要点以及线路红线设计要点；同时委托设计单位开展初步设计工作。

2. **主要工作成果——完成10个方面的报告及文件并报批**

项目前期核准阶段需办理完成的主要工作，也就是取得政府相关部门对项目的批准文件，在手续办理过程中，主要形成以下 10 个方面的报告及文件：①选址意见书和选址红线；②选所选线报告；③土地预审意见；④环评报告；⑤建设用地规划许可证；⑥所址设计要点和线路红线设计要点；⑦项目核准文件；⑧选所选线报告审查意见；⑨可研批复意见；⑩初步设计文件。项目前期阶段形成的报告或文件数量、种类较多，并不局限于上述所列内容，根据项目电压等级、站址状况以及地区差异等情况的不同，会相应增加部分手续，比如在林区及山地开展的项目，还需得到林业部门、水利部门的许可。

3. 管控重点——跟踪推进相关文件组卷和报批

办理前期手续视项目具体情况主要涉及规划、国土、环保、消防、矿产、文物、电信、军事、民用航空、航道、公路、铁路、石油天然气、林业、河道、水利等主管部门，尤其是规划、国土、环保是必不可少的重要环节，与这 3 个行政主管部门建立起长期、友好的合作关系，有助于加快前期工作进度。

四、工程前期阶段进度管控

项目核准后，项目建设任务就从发展部门移交基建部门，从组织初步设计内审开始，基建部门由参与、配合转变为主动组织、协调。从完成初步设计内审之日起，工程前期一切工作均以保障工程按期开工为目标。变电站工程对内要加快推动落实物资、土建施工招标以及基础、接地施工图，对外要加快落实施工许可手续；线路工程对内要加快落实终勘定位、物资、施工招标以及基础施工图，对外要加快路径沿线政策处理工作。物资、施工招标以及施工图纸均为系统内部工作，都属于可控范围，而施工许可手续均为外部协调工作，不确定因素较多，因此尽早办理施工许可手续，是开工之前的进度管理要点。

（一）尽快开展物资、施工招投标

1. 把握招标时机——注意招标批次及必须条件

（1）初步设计内审完成之后，设计院根据内审意见出版物资清册、技术规范书及施工招标文件，业主项目部组织物资清册、技术规范书及施工招标文件的审核工作，并及时上报招标需求。建设管理单位每月审核汇总各业主项目部的招标需求，上报省公司进行招标。

（2）物资、施工招标需求上报应充分考虑招标批次、周期，特别要注意审核物资清册、技术规范书及施工招标文件是否符合招投标规定的要求，否则会造成后续工作的延误。

2. 中标信息应用——衔接施工图设计、开工准备

（1）物资中标信息一旦发布，应及时传达给设计院，便于设计院及时收集设

备、材料厂家资料，开展施工图设计。

（2）施工中标信息一旦发布，应及时与施工单位签订施工合同，并签订安全协议，与施工单位项目经理明确开工前需完成的各项工作。

（二）全面做好现场开工准备工作

1. 及时办理施工许可手续——确保依法开工

施工许可手续办理工作是项目前期工作的延伸，是取得政府相关部门对工程建设的许可文件，是工程项目依法开工的保证，主要形成以下 7 个方面报告及文件：①施工图；②消防审核意见；③土地划拨决定书；④建设工程建设许可证；⑤拆迁许可证；⑥建设工程施工许可证；⑦土地使用权证。

2. 及时开展征地拆迁——紧密依靠属地政府推进

施工许可手续办理过程中，存在不确定的主要因素是拆迁补偿工作，受房价、地价不断上涨的影响，拆迁费用逐年递增，拆迁周期越来越长，"钉子户"出现的概率越来越高，因此，项目前期时可研估算费用必须估足。

3. 及时做好现场施工准备——四通一平及资源准备

施工准备重在落实以下几个方面的工作：①四通一平，施工临时用电、用水、通信完成接入，进站道路路基完成，场地平整工作完成（通电、通水、通信、通路、场平）；②施工人员充足，并经过培训，特殊工种需持证上岗；③施工机械、工器具齐全，并经检验合格；④监理人员到位；⑤临时设施完成，并符合安全文明施工标准化的要求。

4. 及时做好开工资料准备——策划编审、图纸会审

资料准备重在完成以下几个方面的工作：①业主项目部策划文件审批完成；②设计单位策划文件审批完成；③监理单位报审手续完成，策划文件审批完成；④施工单位报审手续完成，策划文件审批完成；⑤建设管理单位安全委员会成立，有关文件在现场备案；⑥施工图交底、会审工作完成。

五、建设施工阶段进度管控

建设施工阶段进度管理主要根据排定的项目进度实施计划有序推进工程项目的建设。

（一）施工进度管控的关键点

现场施工进度管控围绕施工工序和工艺展开，有些工序必须是串行的，而有

些则是可以并行的，合理安排交叉施工、配置各专业工种，对加快施工进度非常重要。项目经理应尽可能熟悉各类标准工艺的工序及衔接要求，才能有效推动各项施工计划有序开展，否则会引起误工、返工、窝工，甚至是引发安全质量事故，最终造成进度的延误。

1. 5个关键因素——图纸、物资、政处、工序、资源

影响施工进度管控的 5 个关键因素是建设施工阶段进度管控的重点，具体表现为：①施工图纸能否按计划交付，能否满足现场施工的需要；②设备、材料能否按合同约定期限到货；③政策处理工作是否顺利；④工序安排是否合理；⑤人员、机械投入是否满足要求。

2. 主要管控手段——统筹计划、定期协调

业主项目部要统筹项目施工进度计划、设计计划、物资供应计划、停电计划等，确保各专项计划之间有机衔接。应根据项目设计计划表、工程物资供货协调表，实时检查落实施工图纸、物资材料供应情况，并做到事前预控。针对每个具体工程项目，业主项目部每周应组织监理、施工单位召开工地例会，重点解决影响该项目现场实施进度计划执行的问题。业主项目部应组织监理、施工、设计、物资供应单位召开项目建设月度例会，重点协调解决安全管理、质量控制、工程设计、物资材料、政策处理等问题。

（二）变电站工程施工进度管控

变电站工程施工工序较多，施工单位也较多，按照建设顺序一般分为土建施工、电气安装、调试 3 个阶段。

业主项目部应按照典型施工流程，组织设计、施工、监理单位，集中审定施工进度、工程设计计划、物资供应计划、停电计划、调试计划等，并同时保障与计划匹配的现场人员、装备、材料等资源投入，确保各项工序衔接合理、有序推进。

土建施工要在确保安全质量的前提下加快推进，确保能够按期交接安装，为电气安装创造良好条件，尽量减少土建与电气安装交叉作业，避免扬尘对电气设备安装环境的影响，避免交叉作用带来的安全质量隐患。

要强化过程质量验收和试验验证，过程问题及时闭环整改，确保最终调试试验一次通过，避免应因试验不通过造成设备返厂、施工返工等情况，确保工程按期顺利投产。

1. 土建施工进度管控

（1）土建施工进度受天气影响较大，雨天、低温等都可能造成进度延误，但可以采取技术措施来降低对进度计划执行的影响。如采用钢筋混凝土结构，混凝土保养期是无法回避的问题，一般28天后可以拆除模板，气温高时保养期可以短一些，气温低时保养期要长一些，有些地区冬季气温过低时，不能开展混凝土施工；再者采用商品混凝土可以缩短搅拌、浇筑时间，采取蒸汽养护、提高混凝土标号措施可以适当缩短保养时间。混凝土保养时间到期后，为了加快进度可以采取不拆模连续施工的措施，但需要施工单位加大施工投入，准备足够多的模板。

（2）土建施工还具有劳动密集型特点，保障进度计划如期实现，需要土建施工队伍加大投入，合理配置各类工种，强化工种间互相配合。如在基础施工期间，需要配置较多的钢筋工来绑扎钢筋，配置较多的木工来制模；在墙体砌筑期间，需要配置较多的瓦工来砌砖；在墙体粉刷期间，需要配置较多的油漆工来粉刷。

（3）土建施工在工序方面应遵循以下原则：①先场平后围墙；②先地下后地上；③先土建后安装；④先主体后围护；⑤先结构后装修。尤其是地下管网施工要做好统筹安排、优先施工，最后在地上作业开展前，设计统筹出图，施工一次性做完，做好沟道间衔接贯通，避免地上施工开展后反复开挖影响工程进度和质量。

（4）土建施工要强化标准工艺执行，业主项目部要组织监理、施工单位，做好标准工艺宣贯，明确质量工艺要求。施工单位贯彻落实"样板引路、过程创优、一次成优"要求，高标准推进土建施工，避免因质量不达标返工造成的施工工期延误。

（5）土建施工具备电气安装进场条件后，应严格电气安装与土建交接验收制度，尽量减少交叉施工。工期较紧时，可以采取分步、分区域交付等方法，但需要各施工单位发扬团结协作的精神，服从业主项目部的统一指挥。

2. 电气安装进度管控

（1）电气安装进度同样受到大气、环境等外部因素的制约。主变压器、GIS安装对湿度、粉尘的要求较高，应严格按照相关规范和设备厂家的技术要求执行，落实安装环境要求。阴雨天湿度较大时，不应进行安装工作，土建施工期间粉尘较多也不应安排交叉施工，GIS安装最好搭建防尘棚，必须保持安装现场的洁净度，否则可能会影响安装质量，不利于日后的安全运行。

（2）电气安装在工序方面应遵循以下原则：①先上后下；②先内侧后外侧；③先一次后二次。严格电气安装标准工艺执行，业主、监理要监督施工单位严格按照标准工艺要求，落实安装环境及条件要求，严格安装安装程序操作，确保设备安装质量。

3. 调试工作进度管控

（1）调试工作主要是检验设计、安装工作的质量，断路器、隔离开关能否分、合到位，动作时间是否符合技术要求，保护能否正确动作，都需要通过调整、试验工作来一一验证。设计错误、安装偏差都会加长调试周期。

（2）调试工作在工序方面应遵循以下原则：①先一次后二次；②先单体后整体。业主项目部要组织监造单位、施工单位、监理单位、第三方检测单位等，扎实严格做好出厂试验、质量验收、过程试验，以保障最终调试试验进度。

（三）线路工程施工进度管控

线路工程在野外或城区施工，在进度管理上受地形、天气、政策处理工作的影响较大。

1. 确保全线进度计划顺利实施的关键

政策处理是确保全线进度计划顺利实施的关键。政策处理工作一直是制约线路工程施工进度的重大因素，基层政府、老百姓阻挠施工的情况普遍存在，原因多种多样，或是拆迁赔偿难以达成协议，或是青苗赔偿漫天要价，或是对电磁辐射的认识存在误区，可谓是五花八门，处理不当不仅会引起工程造价大幅上涨，甚至会引发社会矛盾和舆情。多数地区线路政策处理工作推进都相当困难，难以保障线路工程连续施工。高效推进政策处理工作需要落实属地供电公司责任，强化政企协同联动，争取省市政府部门的大力支持，出台有利于规范赔偿行为及标准的制度、办法，逐步通过立法程序来争取法律支持，并通过新闻媒体加强宣传力度；现场工作应依靠区县、乡镇及街道基层政府机构推进，促请政府组建政策处理班子，专人负责，以点带面；另外还应加强电网企业内部从事政策处理工作人员的培训，熟悉各项法律法规，掌握一定的谈判技巧。

2. 确保全线进度的重要环节

基础施工和运输进度是确保全线进度的重要环节。线路施工条件艰苦、作业面分散，基础施工很难使用商品混凝土，多采用自行搅拌的方式，只有部分基础临近主要公路时才有可能使用商品混凝土。多数山区线路施工，人员进出都相当困难，材料运输需要修建临时施工道路或索道，甚至靠人力或骡马运输，对施工进度的影响很大。要保障基础施工和运输进度满足总体进度要求，业主项目部要抓好设计优化，通过设计优化尽量降低施工难度，同时充分落实保障施工顺利实施的技术措施、实施方案及费用预算；要组织施工单位细化施工方案，落实基础施工、架线施工、材料运输方案及安全质量保障措施，确保进度计划如期实现。

六、竣工验收启动阶段进度管控

（一）竣工验收

1. 工程验收必须具备的前期条件

工程验收必须具备的前期条件为：①完成建设工程设计和合同约定的各项内容；②完整的技术档案和施工管理资料；③工程使用的主要材料、构配件和设备的试验报告；④建设、设计、施工、监理等单位分别签署的单位工程质量合格文件。

2. 工程验收的基本环节

工程验收的基本环节为：①施工三级自检（重要基础）；②监理初验；③业主组织竣工预验收；④启动委员会组织启动验收；⑤建设单位组织竣工验收。

施工结束，施工单位经过三级自检后报监理验收，监理验收完成后进行消缺，消缺结束报业主项目部组织竣工预验收，再次消缺结束后即可报启动委员会组织启动验收，申请启动前质量监督，施工单位根据启动验收、质量监督意见再进行消缺，确保具备启动条件。

3. 启动验收工作

要积极配合启动委员会做好启动验收工作，注意以下方面。

（1）施工单位三级自检是启动验收的基础，自检工作到位就能加快整个竣工预验收、启动验收阶段工作的进度。业主项目部应组织验收单位在进场预验收前制定详细的验收计划，施工单位根据验收计划合理安排好充足的配合人员及试验设备。验收工作开始后应严格执行验收计划，并建立竣工预验收每日例会制度，会议应完成以下几项议程：①总结当日的工作并安排好第二天的验收项目；②验收单位提出当日验收中发现需消缺的项目及要求；③设计、施工单位制订消缺计划，经会议讨论通过后由监理单位督促消缺工作，并及时提请验收单位复验；④确定需上报启动委员会明确的问题。

（2）启动验收、质量监督的依据是国家和企业的规范以及竣工图，超出规范、图纸之外的内容则应先行协商解决，如协商未果则提交启动委员会讨论研究来决定。

（3）项目经理应注意土建、变电与线路专业之间的有效衔接，妥善安排好消缺工作，加强"尾工""尾料"的管理。同时注意加强与调度部门的充分沟通，与通信、自动化、继电保护、运方、调度专业保持紧密联系、充分沟通，保证启动过程的顺畅、安全、可靠。

（二）启动投产

1. 工程启动必须具备的条件

工程启动必须具备的条件为：①工程启动、系统调试、启动方案已经批准；②工程启动验收检查结束并合格；③工程质量监督机构已对工程进行质量监督检查，已出具质量监督报告；④生产单位已完成各项生产准备工作。

2. 工程启动的基本程序

（1）启动委员会根据各参建单位汇报、验收、质量监督等实际情况确认工程是否具备带电启动条件后，由启动委员会下达工程启动带电运行命令，由试运指挥组实施启动和系统调试计划，按审查批准的调试方案和启动方案进行系统调试直至完成。

（2）启动试运行按照启动方案和系统调试方案进行。

（3）试运行完成后，应对各项设备做一次全面检查，处理发现的缺陷和异常情况，对暂时不具备处理条件而又不影响安全运行的项目，由启动验收委员会决定负责处理的单位和完成时间，并记录在案。

（4）试运行过程中，应对各项运行数据和设备的运行情况做出详细记录，由调试指挥组写出试运行报告。

（5）工程完成启动、调试、试运行和启动验收检查后，由启动委员会办理启动验收证书，具体工作由建设单位落实。

3. 启动配合工作

根据启动委员会安排做好启动配合工作。消缺一旦基本完成应立即召开启动委员会，启动委员会根据启动验收、质量监督以及消缺情况来决定是否具备启动条件，如具备启动条件，则由调度部门介绍启动调试方案，最后启动委员会确定启动时间。启动工作按启动委员会部署统一开展，启动组、抢修组各负其责，严格执行"工作票、操作票"(简称"两票")制度,严禁无票私自安排工作,遇到问题及时汇报启动委员会,切忌自作主张,特别是遇到跳闸故障时,应按照事故调查规程来开展调查工作,如实汇报所见所闻,原因不明前必须暂停启动工作。

4. 总结评价等各项工作

及时做好总结评价等各项工作。启动工程完成后,基建管理工作的中心由现场转到结(决)算、审计及评价等工作的配合上,督促施工单位提交施工结算、竣工资料并进行初步审核,协助审计、财务部门开展审计、财务决算等工作。

七、工程项目合同及档案管理

(一)抓好工程合同全过程管理

不仅要重视签订前的管理,更要重视签订后的管理。工程合同全过程管理要着重把握以下几点。

(1)增强合同管理意识,在合同中明确双方责权利,作为管理依据。

(2)严格进行合同交底,使项目管理人员全面了解合同背景、合同工作范围、合同目标、合同执行要点及特殊情况处理,指导其管理活动。

(3)加强合同执行管理,要依照合同约定进行项目管理,落实合同双方承诺。

(4)建立合同实施的保证体系,首先对在工程中合同双方的任何协商、意见、请示、指示都应落实在纸上,使工程活动有依有据;其次要建立激励约束机制,确保合同目标全面实现。

(二)抓好工程项目信息档案管理

工程项目信息档案管控,要执行工程档案管理要求,在项目启动之初做好归档目录,在项目实施过程中及时完成工程档案整理与归档。可以信息化手段为辅助,加强过程信息管控。工程项目信息管控框架如图3-7所示。

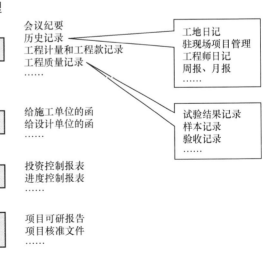

图3-7 工程项目信息管控框架

69

第四章

工程项目安全管理的理论与实践

第一节　工程项目安全管理的基本理论

一、工程项目安全管理的基本概念

（一）工程项目安全管理的定义

工程项目安全管理，是工程项目管理者为实现工程项目安全生产目标，按照一定的安全管理原则，科学地组织、指挥和协调全体参建人员安全生产的活动。

工程项目安全管理通过实施安全计划、指导、检查和考核等全过程管理，保证项目建设处于最佳安全状态。通过对项目实施安全状态的控制，减少或消除不安全的行为和不安全状态，确保项目工期、质量和费用等目标的实现。

安全管理是企业管理的重要组成部分，是整个企业综合管理水平的反映，是一门综合性的系统科学。

（二）工程项目安全管理的对象

工程项目安全管理的对象是工程项目建设过程中一切人、物、环境的状态管理与控制，它是一种动态管理，管理的目的是消除存在的各种隐患和风险，通过规范人的行为，强化对物的不安全因素的控制和管理，最大程度地预防和避免意外事故，保护人员的安全与健康。

（三）工程项目安全管理的内容

工程项目安全管理的内容可分为安全组织管理、场地与设施管理、人员行为控制和安全技术管理 4 个方面。

1. 安全组织管理

安全组织管理的重点是建立安全保证体系和安全监督体系，保障两个体系健全和有序有效运转。

2. 场地与设施管理

场地与设施管理的重点是强化安全文明施工的投入，强化安全设施配置和装备状态监测，全面实施现场安全文明施工管理，有效防范物的不安全状态。

3. 人员行为控制

人员行为控制的重点是强化安全教育培训和施工技能培训，强化施工组织和安全监督，提升全体参建人员自觉自主防范不不安全状态的意识和能力。

4. 安全技术管理

安全技术管理的重点是采用先进的施工技术和安全技术措施，压降施工安全风险并有效防范意外发生。

二、安全科学理论的发展

人类对于防范意外事故的认识与科学已经历了漫长的岁月，从宿命论到经验论，从经验论到系统论，从系统论到本质论；从无意识地被动承受到主动对策，从事后型的"亡羊补牢"到预防型的本质安全；从单因素的就事论事到安全系统工程；从事故致因理论到安全科学原理，安全科学的理论体系在不断发展和完善。追溯安全科学理论体系的发展轨迹，探讨其发展的规律和趋势，对于系统、完整和前瞻性地认识安全科学理论，以指导现代安全管理科学实践和事故预防工程具有现实的意义。

安全科学理论体系的发展经历了具有代表性的 3 个阶段：从工业社会到 20 世纪 50 年代主要发展了事故学理论；从 20 世纪 50 年代到 80 年代发展了危险分析与风险控制理论；从 20 世纪 90 年代以来，现代安全科学原理初见端倪，并在不断地发展和完善之中。

（一）事故学理论

1. 事故学理论体系

事故学理论的基本出发点是事故，以事故为研究的对象和认识的目标。在认识论上，主要是经验论与事后型的安全哲学，是建立在事故与灾难的经历上来认识安全，是一种逆式思路（从事故后果到原因事件）。事故学理论方法论的主要特征在于被动与滞后，是"亡羊补牢"的模式，突出表现为一种头痛医头、脚痛医脚、就事论事的对策方式。基于以事故为研究对象的认识，形成和发展了事故学的理论体系，主要包括以下4个方面。

（1）事故分类学。按管理要求的分类法，如加害物分类法、事故程度分类法、损失工日分类法、伤害程度与部位分类法等；按预防需要的分类法，如致因物分类法、原因体系分类法、时间规律分类法、空间特征分类法等。

（2）事故模型论。包括因果连锁模型（多米诺骨牌模型）、综合模型、轨迹交叉模型、人为失误模型、生物节律模型、事故突变模型等。

（3）事故致因理论。包括事故频发倾向论、能量意外释放论、能量转移理论、两类危险源理论、事故预测理论、线性回归理论、趋势外推理论、规范反馈理论、灾变预测法、灰色预测法等。

（4）事故预防理论。包括三E对策理论、事后型对策等。

2. 基于事故学理论的方法与对策

在事故学理论指导下，形成的方法与对策包括事故分析（调查、处理、报告等）、事故规律的研究、事后型管理模式、"三不放过"（发生事故后原因不明不放过、当事人未受到教育不放过、措施不落实不放过）原则、建立在事故统计学上致因理论研究、事后整改对策、事故赔偿机制与事故保险制度等。

3. 事故学理论的特点

事故学理论对于研究事故规律、认识事故的本质、指导事故预防具有重要的意义，在事故预防与保障人类安全生产生活中发挥了重要作用，是人类的安全活动实践的重要理论依据。但是，随着现代安全技术的发展和安全要求的不断提高，建立在统计学上的事故理论，直接从事故本身出发的研究思路和对策，其理论效果不能满足新的要求。

（二）危险分析与风险控制理论

1. 危险分析与风险控制理论体系

危险分析与风险控制理论体系以危险和隐患作为研究对象，以对事故因果性的认识为理论基础，建立了事件链的概念，以及事故系统的超前意识流和动态认识论。针对人、机、环境、管理等事故综合要素，主张采取工程技术硬手段与教育及管理软手段相结合的综合措施，提出超前防范和预先评价的概念和思路。由于研究对象和目标体系的转变，危险分析与风险控制理论发展了如下理论体系。

（1）系统分析理论。包括故障树分析理论（FTA）、事件枝分析理论（ETA）、安全检查表技术（SCL）、故障及类型影响分析理论（FMFA）等。

（2）安全评价理论。包括安全系统综合评价、安全模糊综合评价、安全灰色系统评价理论等。

（3）风险分析理论。包括风险辨识理论、风险评价理论、风险控制理论等。

（4）系统可靠性理论。包括人机可靠性理论、系统可靠性理论等。

（5）隐患控制理论。包括重大危险源理论、重大隐患控制理论、无隐患管理理论等。

2. 基于危险分析与风险控制理论的方法与对策

由于有了对事故的超前认识，在危险分析与风险控制理论指导下，形成了比事故学理论下更为有效的方法和对策，包括预期型管理模式，危险分析、危险评价、危险控制的基本方法过程，推行安全预评价的系统安全工程，"四负责"的综合责任体制，管理中的"五同时"原则（即企业各级领导或管理者在计划、布置、检查、总结、评比生产的同时，要同时计划、布置、检查、总结、评比安全），企业安全生产动态检查制度等。这些方法与对策体现了超前预防、系统综合、主动应对等特征。

3. 危险分析及隐患控制理论的特点

危险分析及隐患控制理论从事故的因果性出发，着眼于事故的前期事件的控制，实施超前和预期型的安全对策，对提高事故预防效果有着显著的意义和作用。但是在科学理论体系上，还缺乏系统性、完整性和综合性。

（三）现代安全科学原理

现代安全科学原理以安全系统作为研究对象，建立了人—物—能量—信息的安全系统要素体系，提出系统自组织的思路，确立了系统本质安全的目标。通过安全系统论、安全控制论、安全信息论、安全协同学、安全行为学、安全环境学、安全文化建设等科学理论研究，提出在本质安全化认识论基础上全面、系统、综合的安全科学理论。形成的理论体系包括安全哲学原理、安全系统论原理、安全控制论原理、安全信息论原理、安全法学原理、安全经济学原理、安全组织学原理、安全教育学原理、安全工程技术原理等，目前还在发展中的安全理论还有安全仿真理论、安全专家系统、系统灾变理论、本质安全化理论、安全文化理论等。

自组织思想和本质安全化的认识，要求从系统的本质入手，采用主动、协调、综合、全面的方法论。具体表现为，从人与机器和环境的本质安全入手，人的本质安全指不但要解决人的知识、技能、意识素质，还要从人的观念、伦理、情感、态度、认知、品德等人文素质入手，从而提出安全文化建设的思路；物和环境的本质安全化就是要采用先进的安全科学技术，推广自组织、自适应、自动控制与闭锁的安全技术；研究人、物、能量、信息的安全系统论、安全控制论和安全信息论等现代工业安全原理；技术项目中要遵循安全措施与技术设施同时设计、施工、投产的"三同时"原则；推行安全目标管理、无隐患管理、安全经济分析、危险预知活动、事故判定技术等安全系统科学方法。

三、现代安全管理的对策与方法

（一）现代安全管理的三大对策

通过人类长期的安全生产活动实践，以及安全科学与事故理论的研究和发展，人们已清楚地认识到，要有效的预防生产与生活中的事故、保障人类的安全生产和安全生活，人类有三大安全对策。

1. 安全技术对策

安全技术对策是技术系统本质安全化的重要手段，采取先进的作业技术和安全技术措施，降低安全风险，有效防范安全事故，保障生产与生活安全。

2. 安全教育对策

安全教育对策是人因安全素质的重要保障措施，通过教育培训提升人员安全意识和安全技能，保证人的安全行为，从而确保生产与生活安全。

3. 安全管理对策

安全管理对策既涉及物的因素，即对生产过程设备、设施、工具和生产环境的标准化、规范化管理，也涉及人的因素，即对作业人员行为科学管理等。

（二）现代安全管理手段与方法

现代安全管理方法，协调安全系统中的人—机—环诸因素，不仅是技术的一种补充，更是对生产人员、生产技术和生产过程的控制与协调。从传统的行政手段、经济手段，以及常规的监督检查，发展到现代的法治手段、科学手段和文化手段；从基本的标准化、规范化管理，发展到以人为本、科学管理的技巧与方法。

1. 法治手段与方法

随着人们对安全生产的越发重视，国家层面出台安全生产法律法规，推动相关主体依法落实安全责任。企业层面出台了更加严格的考核惩处办法，压紧压实各级安全责任。

2. 科学手段与方法

采用系统的思维方法和先进的技术手段，如安全管理系统工程、安全评价、风险管理、预期型管理、目标管理、无隐患管理、行为抽样技术、重大危险源评估与监控、事故判定技术、本质安全管理等，提升安全管理科学性、精准性、有效性。

3. 文化手段与方法

把标准化、规范化的要求内化于心、外化于行，形成全员训练有素的安全文化，以文化的力量培养全体员工自觉自愿的行为，促进企业安全生产水平上台阶。

四、安全管理与其他专业管理的关系

（一）安全与质量关系

从广义上说，质量包涵安全工作质量，安全概念也内涵着质量，交互作用，互为因果。安全第一、质量第一，两个"第一"并不矛盾。安全第一是从保护生产因素角度提出的，而质量第一则是从关心产品成果角度而强调的。安全为质量服务，质量需要安全保证。

（二）安全与进度关系

进度以安全为前提，生产的蛮干、乱干，在侥幸中求得的快，缺乏真实与可靠，一旦酿成不幸，非但无进度可言，反而会延误进度。进度应以安全做保障，安全就是进度，安全与进度成正比例关系。一味强调进度，置安全于不顾的做法，是极其有害的。当进度与安全发生矛盾时，暂时减缓进度来保证安全，才是正确的做法。

（三）安全与效益关系

安全与效益完全是一致的，安全促进了效益的增长。在安全管理中，投入要适度、适当，精打细算，统筹安排，既要保证安全生产，又要经济合理，还要考虑力所能及。安全技术措施的实施，定会改善劳动条件，调动职工的积极性，焕发劳动热情，带来经济效益，足以使原来的投入得以补偿。单纯为了省钱而忽视安全生产，或单纯追求不惜资金的盲目高标准，都不可取。

"安全就是效益"，在施工生产实践中，重视安全并采取有效安全防范措施的企业，防止和减少了事故的发生，为施工生产的正常进行提供了保障，必然带来企业效益的增加。反之忽视安全，在安全方面缺乏足够的投入，事故经常发生，施工生产必然受到破坏，这时候企业得到的是负效益。

五、安全管理计划

（一）安全管理计划的基本内涵

安全管理计划简称安全计划或安全策划，是为完成安全工作任务而制定的，是指未来行动的方案。它具有 3 个明显的特征，即安全计划必须与未来行动有关、必须与资源配置相关、必须由某个机构负责实施。

所以，完整的安全管理计划要安排清楚"干什么""如何干"（要有资源投入保障）及"谁来干"。

（二）安全管理计划的编制原则

安全管理计划是进行安全控制和管理的指南，是考核安全控制和管理工作的依据。安全计划编制必须遵循实事求是的基本原则，计划制定的好坏，取决于它和客观相符合的程度。

所以，企业所制定的安全管理计划必须符合安全生产的客观规律，符合企业的实际情况。既要保证目标能够实现，还要具有较好的可操作性。

（三）安全管理计划的主要内容

针对项目的特点进行安全策划，规划安全作业目标，确定安全技术措施，最终所形成的文件称为安全管理计划。安全管理计划应在项目开始实施前制定，在项目实施过程中不断加以调整和完善。主要内容如下。

（1）项目基本情况。包括项目的基本情况，可能存在的主要不安全因素等。

（2）安全管理目标。明确安全控制和管理的总目标及子目标，且目标应具体化。

（3）安全管理程序。明确安全控制和管理的工作过程和安全事故的处理过程。

（4）安全组织机构。包括安全组织机构形式，安全组织机构的组成及职责权限，根据组织机构状况，明确不同组织层次、各相关人员的职责和权限，进行责任分工。

（5）安全规章制度。包括安全管理制度、操作规程等规章制度的建立，应遵循的安全类法律法规、标准等。

（6）资源配置方案。针对项目特点，提出安全管理和控制所必需的材料、设施等资源要求和具体的配置方案。

（7）安全技术措施。针对可能存在的不安全因素，确定采取相应的技术措施。

（8）检查评价机制。明确安全检查评价方法和评价标准。

（9）安全奖惩制度。明确安全奖惩标准和方法。

六、安全管理措施

安全管理措施是安全管理的方法与手段，管理的重点是对施工生产各因素状态的约束与控制。根据施工生产的特点，安全管理措施带有鲜明的行业特色。

管理不善是造成工程项目施工现场伤亡事故的主要原因之一，对工程项目施工现场伤亡事故统计分析表明，有89%都不是技术解决不了造成的，都是因违章或管理不到位所致。工程项目安全管控的重点是落实安全管理责任，强化全员培训，制定并落实有效措施，确保安全目标的实现。

工程项目安全管控总体思路框架如图4-1所示。

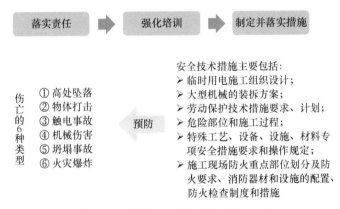

图4-1　工程项目安全管控总体思路框架

（一）建立安全责任制并监督落实

在企业层面，建立完善以企业主要负责人为首的安全生产领导组织，有组织、有领导地开展安全管理活动，承担组织、领导安全生产的责任。建立健全各级人员安全生产责任制度，明确各级人员的安全责任，抓制度落实、抓责任落实，定期检查安全责任落实情况。

在项目层面，建立完善以项目负责人为首的安全生产领导组织，有组织、有领导地开展安全管理活动，承担组织、领导安全生产的责任。建立健全各级人员安全生产责任制度，明确各级人员的安全责任，抓制度落实、抓责任落实，定期检查安全责任落实情况。

企业主要负责人和项目负责人分别是企业和工程项目安全管理第一责任人，企业各级职能部门及人员、项目管理各岗位在各自业务范围内，对实现安全生产的要求负责，全员承担安全生产责任，建立安全生产责任制，确保安全生产责任做到横向到边、人人负责，凡事有人负责。

（二）强化全员有效安全教育与培训

　　进行安全教育培训，能增强人的安全生产意识，提高安全生产知识，有效地防止人的不安全行为，减少人的失误。安全教育培训是进行人的行为控制的重要方法和手段。因此，进行安全教育培训要强化全员有效培训，内容合理有针对性，形式灵活多样注重实效，形成安全教育培训制度。

　　1. 临时人员是安全教育的重点

　　临时人员未接受教育进入现场作业引发安全事故的教训较多。临时性人员须正式签订劳动合同，接受入场教育后，才可进入施工现场和劳动岗位。

　　2. 安全培训目标保障安全作业

　　进行安全教育培训，不仅要使操作者掌握安全生产知识，而且能正确、认真地在作业过程中表现出安全的行为。安全教育的内容根据实际需要而确定。新工人入场前应完成三级安全教育。安全意识教育的内容应随安全生产的形势变化确定，可结合近期发生的事故，坚定掌握安全知识与技能的决心，进行增强安全意识、接受事故教训的教育。受季节、自然变化影响时，针对由于这种变化而出现生产环境、作业条件的变化进行的教育，其目的在于增强安全意识，控制人的行为，尽快地适应变化，减少人为失误。采用新技术、新设备、新材料、新工艺之前，应对有关人员进行安全知识、技能、意识的全面安全教育，提高操作者自身的安全技能和安全操作的自觉性。

　　3. 建立健全安全教育培训制度

　　企业要结合实际建立全员有效的安全教育培训制度，加强安全教育培训管理，增强安全教育实效。安全教育培训内容上要求系统全面、重点突出，抓住关键反复教育、反复实践，养成自觉采用安全操作方法的习惯。安全教育培训对象是全员，分级分类开展有针对性的培训，使每个受教育的人，了解自己岗位的安全职责、安全技能要求、安全行为习惯，树立坚持安全操作方法的信心与决心，养成安全操作的良好习惯。建立企业全员安全培训记录台账，清楚地记录进行各种形式、不同内容的安全教育的时间、内容等。

（三）开展安全检查并监督闭环整改

安全检查是发现不安全行为和不安全状态的重要途径，是消除事故隐患，落实整改措施，防止事故伤害，改善劳动条件的重要方法。

1. 安全检查形式

安全检查形式包括一般性检查、定期检查、专业检查、季节性检查、特殊检查。

2. 安全检查内容

安全检查内容包括查思想、查管理、查制度、查现场、查隐患、查事故处理。

3. 安全检查组织

成立由第一责任人任组长，业务部门及人员参加的安全检查小组。

4. 安全检查准备

安全检查准备包括思想准备、业务准备、工具准备。

5. 安全检查方法

安全检查方法包括一般检查方法和安全检查表法。

6. 整改"三定"原则

整改"三定"原则即安全检查后，针对存在的问题，做到定具体整改责任人、定解决与改正的具体措施、定消除危险因素的整改时间。

7. 闭环整改提升

牵头单位组织有关单位做好检查发现问题的逐一闭环整改，对于反复发生的共性问题，研究建立长效机制，推动安全管理水平持续提升。

（四）推行作业标准化严控作业风险

作业标准化是科学地规范人的作业行为，控制人的不安全行为，减少人为失误。

1. 制定作业标准原则

企业可以组织技术人员、管理人员、操作人员，根据标准化场景操作的具体条件制定作业标准，并经过反复实践、反复修订后加以固化。作业标准必须符合施工生产和作业环境的实际情况，简洁明了、便于操作，符合人机学要求。

2. 明确操作程序和步骤

对怎样操作、操作质量标准、操作阶段目的、完成操作后物的状态等做出具体规定。

七、安全双重预防机制

（一）双重预防机制的基本概念

安全双重预防机制是指通过风险分级管控和隐患排查治理两道防线，实现事故的源头预防和过程控制，最终降低事故发生的概率。

（二）双重预防机制的基本构成

安全双重预防机制构成要素主要是两重防线。

1. 第一重防线。风险分级管控

（1）风险识别。全面辨识生产工艺、设备设施、作业环境、人员行为中的危险源。

（2）风险评估。采用定性或定量方法（如事故树分析、故障树分析）确定风险等级（红、橙、黄、蓝 4 级）。

（3）风险控制。通过技术改进、管理优化、应急措施等降低风险，设置风险公告栏和岗位告知卡。

2. 第二重防线：隐患排查治理

（1）隐患分级。分为公司级、专业级等，针对不同层级制定排查计划。

（2）闭环管理。包括排查、整改、复查验收、统计分析等环节，确保隐患动态清零。

（三）实施步骤与关键措施

1. 结合企业实际制定实施方案

明确目标、任务分工、时间节点，结合企业实际选择风险评估方法。

2. 开展全员培训并强化责任落实

通过培训提升员工风险辨识能力，将风险管控责任纳入全员安全生产责任制，全面推进实施方案落地见效。

3. 强化数智化支撑

采用智慧化平台（如风险四色分布图、隐患排查 App）实现动态监控和数据管理。

4. 持续改进提升

定期评估风险管控效果，更新风险数据库，优化管控措施。

（四）主要作用与重要意义

1. 预防关口前移

通过风险预判和隐患治理，将事故消灭在萌芽阶段，降低事故概率。

2. 提升管理水平

推动企业标准化、精细化管理，强化全员安全意识和参与度。

3. 强化合规管理与责任落实

满足《安全生产法》要求，压实企业主体责任，规避法律风险。

第二节　电网工程项目安全管理实践

一、核心理念与总体思路

（一）典型问题

近年来，在电网建设资源逐年递减的情况下，顺利完成了逐年递增的电网建设任务，总体上保持了安全平稳局面。但从近年来电网工程项目发生的安全事故（事件）发生的直接原因和间接原因分析来看，电网工程项目安全管理仍面临下列困难与问题。

1. 安全保证体系持续"弱化"但未坚决夯实

施工单位本质安全水平持续下降，尤其是技能人才断层，核心作业能力虚化，没人会干就自然出现没人会管局面，作业管理能力严重不足。多数施工企业不愿意投入技能人才队伍建设，不愿意花大成本去"养人"，觉得"以包代管"省事，作业层班组以分包队伍为主组建，作业安全水平完全依赖分包队伍能力，有的班组里没有一个"明白人"，现场野蛮施工使得安全处于失控状态。

2. 安全监督体系持续"加码"但实效性很差

各级单位都对安全工作高度重视，安全制度、措施、要求层层叠加，到基层执行层面都不知道安全管理的重点和抓手，各类安全检查、督查、视频监控，更是让基层疲于应付，该抓的重点没抓住，管住计划、管住人员、管住风险全面失控。

3. 安全事故事件越发"低级"但教训未汲取

近年来发生了很多年都未发生的、非常低级、不应该发生的安全事故事件，如跨越架拆除安全事故、近电作业触电安全事故，作业人员稍有安全常识、监督人员能够有效管住安全风险，这些事故都是可以避免的，究其深层次原因就是安全保证体系太弱、安全监督体系失效，相关教训未深刻汲取，低级事故事件还在重复发生，值得深刻反思。

（二）核心理念

对于电网工程项目而言，安全第一是具体的而不是抽象的，安全是最大的政治、最大的发展、最大的效益，是一切工作的前提、基础和关键，要树牢以人为本、主动预防、"四全"动态管控理念，确保安全稳定局面。

精益求精抓安全的核心理念如图 4-2 所示。

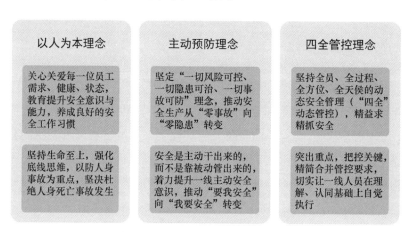

图 4-2 精益求精抓安全的核心理念

1. 以人为本理念

关心关爱每一位员工需求、健康、状态，教育提升安全意识与能力，养成良好的安全工作习惯；坚持生命至上，强化底线思维，以防人身事故为重点，坚决杜绝人身死亡事故发生。

建立统一的作业培训准入机制，着力提升一线人员"我要安全"的意识和能力，同时强化作业现场长期实践培训，进而养成良好的行为规范，这是夯实基建安全基础的关键。

2. 主动预防理念

坚定"一切风险可控、一切隐患可治、一切事故可防"理念，推动安全生产从"零事故"向"零隐患"转变；安全是主动干出来的，而不是靠被动管出来的，着力提升一线主动安全意识，推动"要我安全"向"我要安全"转变。

建立严格的安全投入保障机制，确保现场每个作业点人机环的安全状态。有投入才能有预防，要从安全制度、安全文化、工法创新、管理创新、数字化、人员能力等方面，保障每个现场必要的安全投入，提升安全效能。

3. 四全管控理念

坚持全员、全过程、全方位、全天候的动态安全管理（"四全"动态管控），精益求精抓安全；突出重点，把控关键，精简合并管控要求，切实让一线人员在理解、认同基础上自觉执行。

健全"四全"安全动态管控机制，确保安全责任落实"无盲区"。深化完善覆盖全员、全过程、全方位、全天候的安全管控机制、方法、手段，网格化压实各级安全责任，确保管理作业人员、作业计划、作业风险。下决心解决安全管理要求层层加码、一线疲于应付现象。深入了解一线诉求，实事求是抓关键，形成上下认同、协同发力的安全管控氛围。

（三）总体思路

1. 贯彻"安全第一、预防为主、综合治理"的安全生产方针

落实《中华人民共和国安全生产法》《建设工程安全生产管理条例》等有关安全生产的法律、法规和标准，贯彻"以人为本、生命至上"的理念，保证建设工程安全和从业人员安全健康，使施工生产过程在符合安全要求的物质条件和工作秩序下进行，对生产因素采取有效的综合管理措施，预防控制不安全因素的发展和扩大，把可能发生的事故隐患消灭在萌芽状态，以防止人身伤亡和设备事故及各种危险的发生，预防和消灭事故，防止或消除事故伤害，保护劳动者的安全与健康。

2. 严格落实各级安全生产责任制

严格落实各级安全生产责任制。压紧压实各级业主单位及参建单位安全责任，实行主要负责人负总责、分管负责人负分管安全责任和"一岗双责、党政同责"的安全生产责任制，强调管生产必须管安全，实行安全目标管理，逐层签订安全责任书，强化安全计划、布置、检查、考核、总结工作。

3. 着力强化安全保证体系和监督体系建设

着力强化安全保证体系和监督体系建设。采取综合治理的配套措施，下决心久久为功、持续发力，坚决解决安全保证体系持续"弱化"问题；优化监督体系的监督定位、监督内容、监督方式，提升监督工作实效。

4. 聚焦重点抓实"四全"动态管理

电网工程项目安全管理涉及施工生产活动的各个阶段,从开工到竣工交付使用的全部过程。既要坚持全员、全过程、全方位、全时段的动态安全管理,也要强调聚焦重点实施有效管控,重点要管住计划、管住人员、管住风险("三个管住")。

(四)总体目标

业主及参建单位、项目部基建安全管理目标,应根据下级目标高于上级目标的管理原则进行逐级细化分解,制定具体的安全管理目标。

1. 业主建设管理单位安全管理目标

(1)不发生五级及以上人身事件。

(2)不发生基建原因引起的五级及以上电网及设备事件。

(3)不发生有人员责任的一般火灾事故。

(4)不发生一般环境污染事件。

(5)不发生本企业有责任的重大交通事故。

(6)不发生六级及以上基建信息安全事件。

(7)不发生基建原因引起、对公司造成影响的安全稳定事件。

2. 监理企业安全管理目标

(1)不发生因监理责任造成的五级及以上事件。

(2)不发生因监理责任造成的五级及以上电网及设备事件。

(3)不发生有人员责任的一般火灾事故。

(4)不发生一般环境污染事件。

(5)不发生本企业有责任的重大交通事故。

(6)不发生六级及以上基建信息安全事件。

(7)不发生对公司造成影响的安全稳定事件。

3. 施工企业安全管理目标

(1)不发生五级及以上人身事件。

(2)不发生因施工原因造成的五级及以上电网及设备事件。

(3)不发生五级及以上施工机械设备事件。

(4)不发生有人员责任的一般火灾事故。

(5)不发生一般环境污染事件。

(6)不发生本企业有责任的重大交通事故。

（7）不发生六级及以上基建信息安全事件。

（8）不发生对公司造成影响的安全稳定事件。

4. 工程项目安全管理目标

（1）不发生六级及以上人身事件。

（2）不发生因工程建设引起的六级及以上电网及设备事件。

（3）不发生六级及以上施工机械设备事件。

（4）不发生火灾事故。

（5）不发生环境污染事件。

（6）不发生负主要责任的一般交通事故。

（7）不发生基建信息安全事件。

（8）不发生对企业造成影响的安全稳定事件。

二、协同发力夯实安全保证体系

电网工程项目安全管理看似一个独立的专业，实际是一项综合性管理工作，尤其是夯实安全保证体系、提升本质安全水平，涉及管理模式、组织机构、劳动用工、薪酬分配、管控机制、市场机制、考核机制、技术装备、技术措施、管控手段等方面，需要落实安全综合治理的方针，统筹研究配套政策，协同破解施工单位"以包代管"、监理单位"形同虚设"、业主管理"层层衰减"、分包队伍"散兵作战"等重点难点问题，做实现场两级管理（施工、业主两级管理）、抓住两个关键因素（关键人、关键点）、加强3个支撑保障（人力资源、技术装备、分包队伍）、健全两个管控机制（参建队伍量化考核机制、关键人员全过程管控机制），切实提升本质安全水平。

为此，提出12项配套措施，其中作业层班组建设和机构职责完善是关键，其逻辑关系如图4-3所示。

（一）做实现场两级管理

现场两级管理即施工现场管理和业主（甲方）现场管理。

1. 做实施工现场管理

（1）做实施工现场管理的重点是抓实作业层班组建设，杜绝"以包代管"，施工核心业务只能劳务分包，劳务分包队伍必须在施工单位自有人员构成的作业班组骨干的组织、管控、监护下开展具体作业，严禁专业分包或分包队伍自行施工。

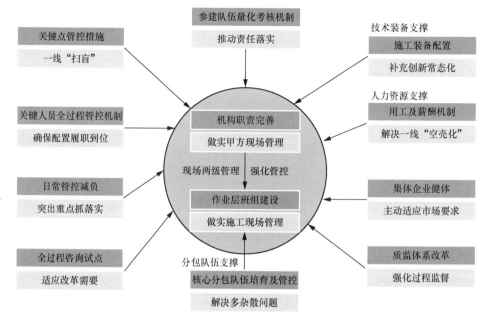

图 4-3　12 项配套措施逻辑关系

（2）施工单位加强现场管控，以作业层班组作为最基层执行单元，将作业票、交底、站班会、质量验收等基础管理要求落实到位，强化施工项目部对作业层班组的标准化管理，抓实"两级交底"和"一张票"，推动"一方案一措施"（施工方案、安全管控措施）有效落地，开展标准化作业，从根本上解决现场管理失控的问题。

（3）通过作业层班组建设，提高施工企业核心业务能力，施工单位严格按照最低标准要求，确保每个作业层班组骨干人员培训到位、配置到位，通过一线实践培养储备各级管理人才，实现施工单位核心业务能力整体提升。为此，要给予施工企业作业层班组技能人才引进、培养、激励的政策，严格作业层技能人才基本准入要求、量化考核，将绩效与收入挂钩。建设管理单位将作业层班组骨干人员配置作为施工招投标硬约束。施工单位强化对核心劳务分包队伍的核心人员"四统一"管理，视同本单位人员，培训到位，知根知底，确保作业层班组人员相对稳定。

2. 做实业主（甲方）现场管理

（1）有效整合业主、监理队伍资源，统筹加强工程项目管理，强化落实业主、监理安全责任。

（2）探索业主（监理）项目部一体化建设运作，统筹人力资源、后勤保障，抓实现场监督管理责任落实。

（3）业主（监理）项目部常驻现场，聚焦重点抓实作业计划、作业人员、作业风险管控，确保实现"三个管住"。

（二）抓住两个关键因素

两个关键因素分别为关键人和关键点。

1. 抓住关键人

建立项目管理关键人员全过程管控机制，统一建立业主、监理、施工"3 个项目部"经理及作业层班组骨干数据库。各单位要强化持证上岗、招标核实、履职监督、量化考核，确保关键人员配置到位、监督到位、履职到位，全面掌控关键人员状况，做到"心中有数"。重点要让关键人员发挥出应有的关键作用。

项目管理关键人员全过程管控机制的重点内容见表 4-1。

表 4-1　　　　　　　　项目管理关键人员全过程管控机制的重点内容

统一建库	对关键人员基本信息、培训、持证、在岗等情况进行全面掌控，实施二维码全过程动态管控
持证上岗	强化分层分类培训持证，确保关键人员能力与岗位要求匹配
招标核实	在施工、监理招标时，应用统一信息库核实现场人员配置清单，确保关键人员配置到位
履职监督	完善"四不两直"和现代信息手段相结合的方式进行履职监督，确保关键人员现场履职到位
量化考核	应用量化考核结果，落实关键人员奖惩机制，提升关键人员工作积极性和主动性

（1）做好关键人员分类梳理，摸清本单位底数，如实上报关键人员个人信息。

（2）做好关键人员分类培训，确保持证上岗，能够胜任关键岗位工作。

（3）严格落实招标核实和进场核实要求，切实把关键人员配置到位，确保实现"关键人"有效管控"关键点"。

（4）强化关键人员考核激励，利用好向一线倾斜的薪酬激励机制，强化责任落实的量化考核，有奖有罚，重奖重罚。

2. 抓住关键点

吸取近年来公司系统典型安全事故教训，依据相关规范梳理提炼施工现场关键点作业安全管控措施，明确施工现场关键点作业风险提示、作业必备条件、作业过程安全管控措施，划出关键作业施工安全管理的底线、红线，作为强制性措施。

（1）施工过程中必须严格执行，必备条件不具备、措施不到位由监理下发停工令，并告知业主。

（2）各单位要加强宣贯及执行，确保一线作业人员入脑入心，坚决杜绝因无知无畏引发安全事故。尤其要强化一线培训，方便一线作业人员安全技能全员培训，杜绝因不懂不会、野蛮施工引发安全事故。

（3）将关键点措施纳入施工作业票落实，严格作业票交底和执行，严格落实签字放行要求。严肃履行审批签字程序，严格执行不达条件不施工、措施不落实不施工。

（4）抓实现场站班会，以通俗易懂的语言给一线工人交代清楚作业内容、作业方法、安全注意事项，确保全体作业人员听明白、会执行。

（三）加强 3 个支撑保障

3 个支撑保障即人力资源支撑、技术装备支撑及分包队伍支撑。

1．人力资源支撑

（1）出台加强施工监理企业劳动用工与薪酬激励相关政策，解决一线关键人员补充、培养、激励难题。

（2）解决作业一线空壳化问题，有效解决施工企业技术技能人才严重断层难题，事关施工企业核心能力和持续健康发展，也是支撑保障作业层班组建设的客观要求。要打通施工企业补充作业层骨干人员渠道，解决监理企业人员结构不合理，能力不足问题，引导施工企业用好"一事一议"公开招聘政策，招聘具有一定专业知识、年富力强、经验丰富一批技术技能骨干，依法用好社会化用工，形成稳定可靠力量。

（3）提升一线人员素质，加强劳动合同管理和用工机制建设，通过考核评价，及时淘汰不符合业务发展需要人员，实现管理人员能上能下、员工能进能出，满足施工监理业务发展需求。

（4）激发一线人员积极性，建立工资总额与企业效益和产值同向升降，加大一线岗位薪酬激励力度，与项目安全、质量等目标量化考核相挂钩，调动一线员工积极性，有效落实安全质量责任。营造良好的用人环境，引导毕业生从一线逐步成长为各级管理人才（尤其是懂技术懂管理的复合型人才）。

2. 技术装备支撑

（1）出台支持施工企业装备购置、研发的相关政策，推动施工企业常态化加强技术装备配置。

（2）解决装备投入问题，建立施工单位技术装备定期补充机制，明确施工单位技术装备购置费用来源，纳入年度综合计划和费用预算，解决施工单位装备投入不足问题。

（3）提高技术装备水平，创新引领研发先进实用装备，规范研发管理流程和经费投入，提高电网工程施工技术水平，提高机械化施工能力，保障施工安全。

3. 分包队伍支撑

（1）出台支持施工企业加强核心分包队培育及管控的相关政策，引导施工企业培育核心分包队伍。

（2）形成稳定劳务支持，有效解决劳务分包队伍多、杂、散问题，促进零散农民工向成建制劳务作业工人转变，培育高素质劳务作业专业公司，形成施工企业施工作业有效支撑力量。

（3）杜绝皮包分包队伍，将核心劳务分包人员配置作为施工招标硬约束条件，建设单位统一平台集中共享核心劳务分包队伍及核心劳务分包人员的基本信息、在岗信息、年度评价信息等，并应用于核心劳务分包队伍选择核实、人员入场审核等。

（4）确保分包依法合规，由基建、财务、人资、经法、审计等专业部门按职责分工，强化对施工单位核心劳务分包队伍培育及管控的专业指导和检查监督。

（四）健全两个管控机制

两个管控机制即参建队伍量化考核机制和关键人员全过程管控机制，为此，需要健全队伍市场化激励约束机制和健全现场督查及量化考核机制。

1. 健全队伍市场化激励约束机制

（1）强化准入约束。将现场关键人员配置作为施工招标硬约束，在招标文件中明确关键人员配置申报要求，在招标环节严格依据承载力进行核实，从机制上杜绝成建制人员不足、缺乏实际作业能力的队伍进入施工市场；将具有一定数量长期稳定技能骨干作为核心劳务分包队伍的准入门槛，申报核心劳务分包队伍必须同时申报能够长期稳定从事劳务作业的核心人员，从机制杜绝没有实际作业能力的皮包分包队伍进入分包市场。

（2）强化量化评价和市场激励。将安全质量责任量化考核结果纳入队伍资信评价，完善公平竞争、优胜劣汰的市场机制，让"干的好"队伍"干的更多""干的更好"。

2. 健全现场督查及量化考核机制

（1）建立关键人员安全质量责任清单和量化考核标准，完善远程监督、现场督查方式及手段，对于关键点管控责任落实进行重点监督，将"督"与"导"相结合，强化现场宣贯培训，要求一线做到的，各级管理人员首先要先领会，做好现场抽考及重点讲解。

（2）完善安全质量奖惩机制，将量化考核到具体单位及个人，考核结果纳入所属单位年度考核和施工监理单位资信评价，与关键人员个人绩效工资挂钩，实施有奖有罚、重奖重罚，严格执行尽职免责、失职追责，推动"关键人"落实责任，有效管控"关键点"。

三、聚焦重点优化安全监督体系

安全监督体系宜化繁为简，精简安全管理的制度、标准、要求、资料，聚焦重点，努力做到"三个管住"，即管住计划、管住人员、管住风险，避免"眉毛胡子一把抓，啥也没抓住"。

（一）管住计划

之所以要管住计划，是因为计划是安全管理的源头，管住计划才能使安全管理的对象和目标具体化。绝大多数安全事故（事件）发生都是无序施工（无计划作业、随意改变作业计划、不达条件野蛮施工等）、脱离管控引起的，这方面的教训非常深刻。

管住计划，实现施工作业有序化，是管住人员、管住风险的前提和"牛鼻子"，计划精准了，才有可能实现人员和风险的精准有效管控。

要以作业层班组为基本单元、以每天为周期准确上报施工作业计划，并逐级汇总掌握，真正做到"心中有数"。

作业计划不仅包含"干什么"，还有包括作业基本条件、相应合理的资源投入（人员、机械等）和依据工况准确识别的安全风险。

业主、监理单位在现场要重点监督施工作业计划及其执行，作业计划要及时准确、资源配置相匹配，作业计划执行有力，坚决杜绝计划外作业。

（二）管住人员

管住人员的核心要求是确保关键人配置到位、履责到位，让关键人发挥好关键作用！

确保关键人员配置到位，就是要监督业主、施工、监督单位现场关键岗位上有关键人，底线是施工单位每个作业面上都有"明白人"，业主、监理关键岗位上有能够"管得住"的骨干，这是确保安全最根本的前提条件。

确保关键人员履责到位，就是要让关键人员要尽心尽力发挥关键作用，不仅要到岗，更要履责到位，关键人员要懂技术，会施工，能够识别风险、管控风险。

业主、监理单位在现场要重点监督施工单位现场关键人员（施工项目部管理人员、作业层班组骨干）是否配置到位，是否履责到位；未配置到位的、不能有效履责的，应及时要求施工单位更换满足现场工作要求的关键人员。

（三）管住风险

业主、监理单位现场要重点监督施工单位抓实"一方案、一措施、一张票"。

1. 抓实"一方案"

抓实"一方案"，即抓实施工方案。要坚持求真务实，结合工程实际、落实核心要求，认真编审批、认真交底、认真抓落实，避免照搬抄、两张皮；要注重科学合理，设计要交底到位，设计、施工要深入讨论论证，选择科学合理的施工方案，降风险、保安全、提质量。

2. 抓实"一措施"

抓实"一措施"，即抓实安全措施。要注重措施的针对性，结合工程实际，准确识别安全风险并制定相应措施（设计交底时要提示到位），切忌照搬抄、两张皮；要注重措施的有效性，安全措施能否有效防控风险要深入论证，切忌想当然，在论证有效基础上，以"一丝一毫都不敢大意"的严谨精神和责任心去抓落实。

3. 抓实"一张票"

抓实"一张票"，即抓实施工作业票。要通过施工作业票落实一方案一措施，消化"一方案""一措施"核心要求，准确填写作业内容、资源配置、技术要求、安全措施，突出重点、严谨周到；要抓实站班会交底，用工人能听懂的话，讲清楚干什么、如何干、注意什么，确保作业人员能够听明白、会执行，入脑入心才算真正有效。

四、精准有效防控施工安全风险

（一）精准识别施工安全风险

1. 工程开工前做好固有施工安全风险识别与评估

（1）工程开工前，业主项目部组织设计、监理、施工单位开展项目交底及风险初勘工作。

（2）施工项目部根据项目交底及风险初勘结果，固有风险汇总清册中选择符合本工程的作业工序及其对应的风险等级，确定本工程各施工工序固有风险等级，编制符合本项目的施工安全固有风险识别、评估、预控清册，报监理项目部审核。

（3）施工项目部建立施工安全固有风险识别、评估和预控清册，经施工单位审核后报监理项目部审查、业主项目部批准后发布。

2. 各工序作业前做好动态施工安全风险评估

（1）施工项目部根据项目作业实际情况，在各工序作业前对各工序作业施工必备条件进行判定，若出现不符合项，不得施工。

（2）在施工作业必备条件指标都符合的条件下，施工项目部根据人、机、环境、管理4个维度影响因素的实际情况，在各具体作业前，建立施工安全风险动态识别、评估及预控措施台账。

（3）现场作业要检查施工作业必备条件指标是否具备，不具备时应立即停止作业，将变化情况报施工项目部。施工项目部根据影响因素的实际情况，重新计算动态风险值及作业存在的安全风险等级，报监理项目部审核。

（二）有效防控施工安全风险

采取安全基础保障、技术保障、组织保障措施，分级分类有针对性地防控施工安全风险。

1. 安全标准化管理——基础保障

在工程项目中实行安全文明施工标准化管理，执行安全管理制度化、安全设施标准化、现场布置条理化、机料摆放定置化、作业行为规范化、环境影响最小化，营造安全文明施工的良好氛围，创造良好的安全施工环境和作业条件。

（1）建设管理单位按照合同约定和安全文明施工标准化需要，向施工企业及时支付安全文明施工费。业主项目部编制项目安全总体策划，监督指导安全文明施工标准化要求在工程项目的有效落实；监督指导安全文明施工费的使用；定期组织安全文明施工检查及安全管理评价。

（2）设计企业按照合同条款，为工程建设全过程的安全文明施工提供与设计相关的技术服务和支持；在编制工程项目概（预）算时，应依据规定全额计列安全文明施工费。

（3）监理项目部编制安全监理工作方案，履行安全文明施工监理职责，定期组织安全文明施工检查，发现问题及时督促整改，实行闭环管理；对安全文明施工费的使用情况进行监督。

（4）施工企业按规定计列、提取和使用安全文明施工费，分阶段拨付施工项目部使用，确保工程项目安全投入。施工项目部是工程项目安全文明施工的责任主体，负责贯彻落实安全文明施工标准化要求，实行文明施工、绿色施工、环保施工；按规定使用安全文明施工费，分阶段申报、分阶段验收，专款专用，配置满足现场安全文明施工需要的设施。

2. 安全技术措施——技术保障

安全技术措施管理是项目安全管理的重要组成部分，是有计划地改善劳动条件的重要手段，也是做好劳动保护工作、防止工伤事故和职业病的重要措施。安全施工技术措施是贯彻"安全第一、预防为主、综合治理"方针，运用技术手段，改善劳动条件，清除事故隐患，确保工程项目安全施工的重要保证。在编制技术措施之前，应根据工程项目所在位置的情况，找出危险源、危险点，对技术措施可行性和有效性进行研究，编制切实可行的施工方案，使制定的安全施工技术措施针对性强，便于作业层操作执行，并且做到与工程项目施工技术措施同时编制、同时审核、同时批准、同时执行。

（1）建设管理单位（业主项目部）安全技术措施管理要点。

1）建设管理单位在工程项目开工之前应完成《项目管理规划（工程建设管理纲要）》的编制，并下发监理、施工单位执行。

2）审批监理单位编制的《项目监理规划》。

3）审批施工单位编制的《项目管理实施规划（施工组织设计）》《安全文明施工二次策划》。

4）改扩建工程项目的施工组织设计、安全技术措施和安装调试技术方案由业主项目部组织生技、安监、调度、运行等部门审查会签。

（2）对参建单位安全技术措施管理要点。

1）监理单位监理部在工程项目开工前编制《项目监理规划》和《各专业监理实施细则》，其中《项目监理规划》应经业主项目部批准。

2）施工单位项目部在工程项目开工之前编制《项目管理实施规划（施工组织设计）》、安全管理及风险防控措施，经过施工单位公司级技术管理部门审核，公司总工程师批准，并加盖公司印章。

3）项目监理部负责审核施工单位编制的所有安全技术措施，并提出监理意见。

4）电网工程项目必须编写作业指导书，作业指导书应进行安全风险辨识，明确必须采取预控的措施。

5）电网工程所有施工技术措施（方案）、作业指导书必须在施工之前对参加施工的所有人员进行交底，签字认可。对于因故未能及时接受交底或漏交底的施工人员应由项目部组织进行二次补交底。交底的同时做好交底记录。施工单位的施工组织设计必须实行三级交底。无措施或未交底，严禁施工。

6）电网工程的一切施工工序均应有安全施工作业票。安全施工作业票由工作负责人填写、队（班组）安全员审核、队（班组）长签发，安全监护人监督执行。安全施工作业票应作为施工队（班组）的安全施工措施内容，并在"站班会"或工序施工交底时使用。凡涉及与电力生产运行设备交叉接口、搭接部分的工作内容，应同时执行电力生产运行的相关规程、规定（如保证安全的组织措施和保证安全的技术措施等）。

7）更换施工内容必须重新填写安全施工作业票，如果施工内容、地点、主要施工人员等没有变动，每票最长使用时间不得超过 7 天。

8）每天施工前工作负责人应结合现场施工实际，将安全施工作业票危险点及控制措施的内容向全体施工人员逐条、逐项宣讲，并明确分工，全体施工人员应在作业票上签字。

9）现场工作负责人应按规定如实填写现场执行情况，并随时接受各级安全管理人员的检查。使用后的安全施工作业票后由项目部施工队安全员保存备查。

3．安全管理综合措施——组织保障

（1）安全培训。

1）安全教育培训工作实行逐级负责制，确保全员接受培训，加强企业安全文化建设，提高安全管理和技能水平。

2）建设管理单位对基建管理人员进行安全培训；业主项目部对监理、施工项目部主要管理人员参加培训的情况进行检查、监督。

3）监理、施工企业应每年至少一次对所有从业人员进行安全培训；施工企业督促检查分包商人员的安全教育培训，对劳务分包人员要建立专项教育名册，按照与本单位员工相同的要求开展培训。

4）施工企业对新录用人员应进行不少于 40 个课时的三级安全教育培训，经考试合格后方可上岗工作。

5）施工企业主要负责人、项目经理、专职安全管理人员、特种作业人员必须按照国家有关规定培训取证后，方可上岗工作。

6）施工企业在施工中运用新技术、使用新装备、采用新材料、推行新工艺以及职工调换工种时，应对作业人员进行相应的安全教育培训，经考试合格后方可上岗工作。

（2）安全例会。

1）建设管理、设计、监理、施工、调试单位每年召开安全工作会议，每月召开安全工作例会，贯彻上级有关安全工作要求，总结分析本单位安全工作状况，研究解决安全工作中存在的问题，布置下一阶段安全工作。

2）工程项目安委会应建立安全工作例行会议机制，在工程开工前召开第一次会议，以后每季度至少召开一次安委会会议，检查安全工作的落实情况，研究解决工程项目存在的安全问题，会议由安委会主任主持，或委托常务副主任主持。

3）业主项目部、监理项目部、施工项目部每月至少召开一次安全工作例会，检查工程项目的安全文明施工情况，提出改进措施并闭环整改。

4）施工队（班组）每周开展一次安全活动，检查总结上一阶段安全工作，安排布置下一阶段的安全工作。

5）安全会议及安全活动应有完整的记录。

（3）安全检查。

1）落实"四不两直"检查原则，深入开展各类安全检查活动，督促闭环整改存在的问题，及时消除存在的安全隐患。

2）项目安委会每季度至少组织一次安全检查。

3）业主、监理、施工项目部安全检查分为例行检查、专项检查、随机检查、安全巡查 4 种方式。

4）落实工程安全文明施工标准化要求，业主项目部每月组织一次现场安全检查，根据上级单位管理要求或季节性的施工特点，开展月、季度例行检查；根据工程项目的实际情况，对施工机械管理、分包管理、跨越作业等开展专项检查活动；根据工程建设进度适时开展随机检查活动。配合上级单位开展协同监督、安全专项监督和"四不两直"飞行检查等规定性检查。

5）监理项目部要充分发挥现场安全监理作用，按要求配置监理人员并到岗到位，深入开展现场施工作业的巡查，监督施工单位对检查发现的相关问题进行举一反三的闭环整改。

6）施工项目部建立项目部、班组两级安全检查机制，项目部每月至少开展一次安全检查，班组每周进行一次安全自查，应在规定期限内完成检查发现问题的整改工作。

7）安全检查后下发整改通知单，责任单位按要求组织整改后进行书面回复，经监理或业主项目部复查后上报检查组织单位，实行闭环管理。检查资料要留存完整的过程资料。

8）根据安全检查结果，业主项目部在工程月度例会上通报各参建单位安全管理工作情况，按有关制度规定进行考核。

9）在安全检查、评价中发现重大安全问题的，应立即停工进行整改整顿。

五、求真务实抓好工程分包管理

（一）严格落实工程分包的基本原则

1. 工程分包的分类

工程分包可分为建设工程分包和劳务工程分包两种类型。电网工程分包管理即是依法对工程建设工程分包、劳务分包及临时用工的管理，加强工程建设基础工作和薄弱环节的管理，有效防范安全和质量事故。

（1）工程分包。指电力工程建设过程中施工单位之间进行的专业工程施工承、发包行为。

（2）劳务分包。指电力工程建设过程中施工单位之间（或施工单位与劳务承包企业之间）进行的劳务作业承、发包行为。

2. 工程分包的基本原则

（1）主体工程不得分包，如输电线路的立塔、架线和附件安装；变电站工程的构支架组立，一次、二次通信、调度自动化等设备安装和调试工作。

（2）工程分包、劳务分包应严格执行审批手续。工程分包由施工单位向监理单位提出书面申请，经监理单位审核同意后，报请业主项目部批准。

（3）分包单位资格文件报审中的具体内容至少包括下列内容：①有关部门颁发的营业执照、施工资质证书（含有效年检记录）；②经过公证的法人代表授权委托书；③由政府主管部门颁发的"安全生产许可证"；④施工简历和近3年安全施工记录；⑤安全施工的技术素质（包括负责人、工程技术人员和工人）及特种作业人员取证情况；⑥安全施工管理机构及其人员配备；⑦保证安全施工的机械（含起重机机械安全准用证）、工器具及安全防护设施、用具的配备。

（4）业主项目部应审查分包单位资格，审查工程分包范围和工程量。

（5）施工单位及时与分包单位签分包工程合同以及安全协议，安全协议是合同的组成部分。

（二）严密把控工程分包"三个关口"

1. 严密把控分包单位入场时的验证关

把好入场时的验证关并定期进行复验。包括人员资质的验证、人员状况和安全教育的验证、施工机械安全状况验证、防护设施和劳动防护用品的验证。分包管理遵循"统一准入、全面管理、过程控制、严格考核、谁发包谁负责"的原则。业主项目部文件审查实施"资质原件、扫描件、网上备案记录"三对照，过程实施分包负责人视频授权和阶段定期现场指导的分包动态管控。施工单位严格选用合格分包商名录中的分包队伍，工程开工前编制分包计划并报审，分包工程开工前完成分包资质报审，经监理、业主项目部审核批准后实施。禁止转包或违规分包，禁止无资质队伍采取资质借用、挂靠等手段参与分包，严禁施工承包商以包代管、以罚代管，劳务分包不得再次分包。现场项目、技术、质量管理、安全管理负责人必须提供与企业签订的劳动合同、社保证明、工资发放证明。

2. 严密把控分包合同和技术协议签订关

业主、监理单位监督施工单位及时签订分包协议，明确双方安全责任。分包工程的安全技术措施必须经过安全技术、质量、机械技术人员的审查，重要项目经过施工企业总工程师批准。一般分包合同价款总和不得高于施工总承包合同金额的50%。劳务分包原材料、施工机械必须由施工单位购置（租赁）和管理。

3. 严密把控分包单位进场后的动态监督管理关

动态监管包括分包人员投入及能力情况监督、起重机械的动态安全管理监督、技术措施的实施监督、日常安全管理的监督等。无论采用何种分包形式，施工各类制度、方案、作业指导书等均由施工单位编制。施工单位应审查分包单位管理人员、施工人员配置情况，满足工程建设需求，实施一人一卡制，要为每位分包人员建立信息卡，将分包人员三级安全教育、体检结果、身份证信息、参加保险信息、安全质量考试结果、考勤记录等信息编制成卡，实现分包人员信息全覆盖监管。业主、监理项目部监督施工项目部进一步细化落实劳务分包作业层班组管理要求，确保劳务分包人员在自有人员组织、指挥、监督下有序开展施工作业，确保现场施工作业可控、在控、能控。业主、监理、施工项目部每月组织开展工程项目分包管理检查，落实分包商评价考核要求，每月对分包商的履约行为进行评价考核，对评价考核较差的分包商清出现场。当分包队伍的安全管理存在重大问题时，业主项目部责成施工单位立即将相关分包队伍清出现场，并追究相关责任，由此造成的工期延误，由施工单位自行负责。

第五章

工程项目质量管理的理论与实践

第一节　工程项目质量管理的基本理论

一、质量管理的基本概念及其理论发展

（一）质量管理的基本概念

质量管理是指在质量方面开展的组织、指挥、控制、协调等活动。通常包括制定质量方针和目标，进行质量策划、质量控制、质量保证及质量改进。

（二）质量管理的理论发展

质量管理理论经历了质量检验阶段、统计质量控制阶段及全面质量管理 3 个阶段。

1. 质量检验阶段

20 世纪初，人们对质量管理理解只限于质量的检验。质量检验的手段是采用各种的检测设备和仪表，质量检验方式是进行百分之百的检验来对质量进行严格把关，也就是在成品中挑出废品，以保证出厂产品质量。企业生产过程中增加一个检验环节，以便监督、检查对计划、设计、产品标准等项目的贯彻执行，检查监督有专人负责，从而产生了一支专职检查队伍、构成了一个专门的检查部门，质量检验机构就被独立出来了。

质量检验存在的弊端就是，只是在事后检验把关，无法在生产过程中起到预防、控制的作用。废品已成事实，很难补救。且百分之百的检验，增加检验时间和费用。生产规模进一步扩大，在大批量生产的情况下，其弊端就凸显出来。

2. 统计质量控制阶段

第一次世界大战后期，质量管理将数理统计方法与质量管理工作结合起来，为并发明了统计表和控制图。质量管理不仅要搞事后检验，而且在发现有废品生产的先兆时就进行分析改进，从而预防废品的产生。统计表、控制图就是运用数理统计原理进行这种预防的工具，是质量管理从单纯事后检验转入检验加预防的标志。

统计质量管理存在的弊端就是，质量管理理论和方法还不够系统全面，虽然已有废品预防理念，但事前、事中质量控制重点还不够系统明确，质量控制方法还不够全面、先进。

3. 全面质量管理阶段

1961 年美国质量管理专家阿曼德.费根堡姆博士最先提出全面质量管理（Total Quality Management，TQM）概念，发表了一本著作《全面质量管理》。他强调执行质量职能是公司全体人员的责任，全面质量管理是为了能够在最经济的水平上并考虑到充分满足用户要求的条件下进行市场研究、设计、生产和服务，要把企业各部门的研制质量、维持质量和提高质量活动构成为一体的有效体系。全面质量管理又被称为一种以质量为核心的生产经营管理，在日本获得较好发展，其内涵包括质量文化、质量方针、质量目标、质量体系、质量改进、质量策划、质量成本及质量审核 8 个方面。

全面质量管理要求人们运用"系统工程"的概念，把质量问题作为一个有机整体加以综合分析研究，加强企业内部全员、全过程、全企业的质量管理，确保生产的产品质量可靠。

二、工程项目质量管理的概念与特点

（一）工程项目质量管理的基本概念

工程项目的质量最终表现在实体质量，是工程项目建设的核心目标，是决定工程建设成败的关键，也是实现工程建设四大控制目标（安全、质量、投资、进度）的重中之重。

工程项目质量管理指为保证和提高工程质量，健全质量管理体系、运用科学手段和方法进行的系统管理活动。

广义上，工程项目质量管理泛指项目建设全过程的质量管理，管理的范围贯穿于工程项目建设的决策、勘察、设计、施工全过程；一般意义的工程项目质量管理指工程施工阶段的管理。

（二）工程项目质量管理的主要特点

由于工程项目建设的复杂性和多功能性，与一般产品相比，工程项目质量管理具有影响质量因素多，容易产生质量波动性、变异性、虚假性，最终检查具有局限性等特点。故而，必须充分重视工程质量，严加控制。质量控制必须贯穿于项目建设的全过程中，做到事前控制，防患于未然。

1. 影响质量因素多

如环境、设计、材料、施工装备、施工工艺、技术措施、管理制度等，都会直接或间接地影响工程质量。

2. 容易产生质量波动性

由于工程建设的复杂性、多样性和单件性，不像一般工业产品那样有固定的生产工艺与生产流程、完善的检测技术和稳定的生产环境，所以容易产生质量波动性。

3. 容易产生质量变异性

工程建设中使用材料的规格、品种、性能有误，施工方法不妥，不按规程操作，检测仪表失准，设计计算错误等均可能引起质量变异问题，甚至造成质量事故。

4. 容易产生质量虚假性

在施工作业过程中，由于工序交接多，中间产品多，隐蔽工程多，若不及时进行实质检查发现其存在的或潜在的质量问题，事后从表面可能发现不了质量问题，就易于产生判断错误，形成虚假质量。

5. 最终检查具有局限性

工程项目建成后，不能像某些工业产品那样，可拆卸或解体检查其内在的质量，因而在工程项目竣工验收时就不易发现其隐蔽的质量缺陷。

三、工程项目质量管理体系的内涵与构建

（一）工程项目质量管理体系的基本内涵

工程项目质量管理体系是指在工程项目建设过程中，通过一系列相互关联的组织、活动和流程，确保项目的质量得到有效管理和控制的系统。

质量管理体系为各环节和各参与方提供了统一的质量管理框架，使得大家都按照既定的标准执行，避免各自为政而导致的质量问题。

（二）工程项目质量管理体系的国际标准

目前，国际上比较知名的工程项目质量管理体系标准是 ISO 9001 标准。ISO 9001 是由国际标准化组织（ISO）制定的质量管理体系国际标准，为工程项目质量管理体系提供了一个国际化的、普遍认可的框架，有助于提升工程项目的整体

管理水平和质量保障能力。

ISO 9001 标准规定了一系列质量管理的原则和要求。在工程项目质量管理体系中应用 ISO 9001 标准，工程项目建设管理单位需要确定并明确质量方针、目标，领导者应积极参与到质量管理体系的建立和有效运行当中，有效组织参建各方履行工程项目质量管理责任。在工程项目实施中，要求工程建设团队要深入了解业主和最终使用者的需求，进行工程设计、建设等操作。质量管理体系的持续改进也是 ISO 9001 标准的重要要求之一，需要不断监测、评估和改进自身的质量管理体系，确保体系的有效性和效率。如定期对工程项目的质量管理体系进行内部审核和管理评审，发现体系中的问题及时进行纠正和改进，并调整质量管理体系的相关文件。

（三）工程项目质量管理体系的主要要素

1. 质量规划

质量规划是工程项目质量管理的起点，包括确定工程项目质量管理的方针、目标和总体质量要求，以及制定实现这些目标的计划和标准，开展质量管理策划。

2. 质量保证

为确保质量规划确定的工程质量目标如期实现，建立质量保证体系，包括搭建质量管理组织架构，明确各方各环节质量管理责任，并制定具体的质量保证措施。

3. 质量控制

质量控制是运转质量保证体系，落实质量保证措施，监控全过程各环节质量项目结果，以确定它们是否符合相关质量标准，识别不符合标准质量及其导致不符合标准的原因，并及时采取纠偏措施。

4. 质量改进

质量改进是一个持续的过程，不断总结经验与教训，提出改进目标及措施并付诸实施，旨在持续提高工程项目实体质量及其建设效率与效益。

5. 风险管理

风险管理是识别潜在的项目质量风险，并制定相应的应对策略，以减少这些风险对项目质量的负面影响。

6. 供应商管理

加强设计、施工、物资供应商合同管理及考核激励，确保从设计、施工、物资供应商处获得的产品和服务符合项目的质量要求。

7．环境和社会责任

落实环保水保要求和社会责任，确保项目的质量管理体系符合可持续发展的要求。

（四）工程项目质量管理体系的构建方法

1．业主方主导工程项目质量规划

业主方首先明确工程项目质量方针及目标，提出质量总体要求，制订总体计划、标准和质量策划，在此基础上组织参建各方开展项目质量规划。

2．建立健全工程项目质量保证体系

业主方牵头、各参建方参与，构建质量保证体系，健全机构、明确责任，构建清晰、高效的项目组织架构，明确各级管理人员各自的职责与权限，保障团队成员能够有序工作，细化落实质量保证措施。

3．强化全方位全过程质量严密控制

各方落实责任，严密控制建设全过程设计、施工、物资等方面各个环节的质量。

4．持续改进工程项目质量管理体系

在工程项目实施过程中和工程项目建设完成后，强化质量管理实践经验及教训的总结，及时修正完善工程项目质量管理体系，不断提升质量管理体系运转实效。

四、工程项目质量管理的方法与工具

（一）工程项目质量管理的先进方法

1．PDCA循环法

PDCA 循环即计划（Plan）—执行（Do）—检查（Check）—行动（Act）循环。将 PDCA 循环引入工程项目质量管理的流程如下。

（1）在项目开始时制定详细的质量计划（P），明确项目的质量方针目标和质量控制措施等。

（2）按照计划进行项目建设实施（D）。

（3）在项目建设过程中进行质量检查（C），如定期检查工程质量数据并与计划标准对比。

（4）针对检查中发现的问题采取相应的行动措施来改进质量（A），通过迭代改进，不断提升工程质量。

2. 六西格玛管理

六西格玛（Six Sigma）管理不仅是一种管理方法，更是一种管理哲学。它强调真诚关心顾客，根据资料和事实管理，持续追求更完美，并从错误中学习。六西格玛管理体现了主动管理、不断改进、无边界以及崇高学习的企业文化。应用六西格玛管理理念，强化工程项目质量缺陷统计分析，并采取有效改进措施，优化工艺流程、提高质量稳定性，追求质量更完美，减少变异和缺陷，持续提高工程项目质量水平。

3. 故障模式与影响分析

故障模式与影响分析（Failure Mode and Effects Analysis，FMEA）是一种系统化的风险管理工具。在工程项目设计阶段和施工阶段引入 FMEA 分析，可以预测故障发生的模式并评估其可能产生的影响。比如，在电气系统设计时，运用 FMEA 分析可能的电路故障模式，如短路、过载等，以及这些故障对整个电气系统运行安全的影响；在施工阶段分析如电气线路连接错误可能导致的后果。从而制定出相应的预防措施和应急计划，提高系统的可靠性和安全性。

（二）工程项目质量管理的主要工具

在工程项目管理过程中，除了遵循质量管理体系外，还可以利用多种质量管理工具来提升管理效率和项目质量。以下是一些常用的工程项目质量管理工具。

（1）控制图。用于监控工程项目建设过程中质量的稳定性和可预测性。

（2）因果图。识别和展示不同因素与特定工程质量问题之间的关系。

（3）直方图。显示质量有关数据的分布情况，用于识别数据集中的趋势和异常。

（4）散点图。展示质量与某个变量之间的关系，识别潜在的相关性。

（5）帕累托图。按照发生频率对工程质量问题进行排序，优先解决最常见的问题。

（6）流程图。描述工程建设工序流程的步骤，帮助识别流程中的瓶颈和改进点。

（7）检查表。记录特定质量事件、质量缺陷、质量管理问题的发生次数及其原因，用于数据收集和分析。

（8）板栗看板。在工程项目管理领域，板栗看板以其独特的项目管理和可视化协作功能脱颖而出。板栗看板能够帮助团队更有效地管理项目进度，提高工作效率，确保项目质量。

五、工程项目质量控制的要素与要点

（一）工程项目质量控制的五大要素

质量控制是指为达到质量要求所采取的作业技术和管理活动。对工程项目而言，质量控制就是为了实现合同所规定的工程质量标准所采取的一系列措施、手段和方法。

工程项目质量控制主要围绕人（Man）、机（Machine）、料（Material）、法（Method）、环（Environment）五大要素，采取一系列措施、手段和方法，确保工程质量目标如期实现。工程项目质量控制框架如图 5-1 所示。

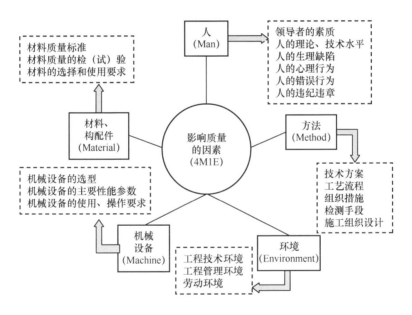

图 5-1　工程项目质量控制框架

（二）工程项目质量控制的工作要点

1. 工程项目质量事前控制要点

（1）在广泛搜集资料、调查研究的基础上研究、分析、比较，决定项目的可行性和最佳方案。

（2）对施工队伍的资质进行重新的审查，包括各个分包商的资质的审查。如果发现施工单位与投标时的情况不符，必须采取有效措施予以纠正。

（3）对所有的合同和技术文件、报告进行详细的审阅。如图纸是否完备，有无错漏空缺，各个设计文件之间有无矛盾之处，技术标准是否齐全等。应该重点审查的技术文件除合同以外，主要包括有关单位的技术资质证明文件，开工报告并经现场核实，进度计划、施工方案、施工组织设计和技术措施，有关材料、半成品的质量检验报告，反映工序质量的统计资料，设计变更、图纸修改和技术核定书，有关质量问题的处理报告，有关应用新工艺、新材料、新技术、新结构的技术鉴定书，有关工序交接检查，分项、分部工程质量检查报告，现场有关技术签证、文件等。

（4）配备检测实验手段、设备和仪器，审查合同中关于检验的方法、标准、次数和取样的规定。

（5）对施工中将要采取的新技术、新材料、新工艺进行审核，核查鉴定书和实验报告。

（6）完善质量保证体系。准备好质量管理表格。对材料和工程设备的采购进行检查，检查采购是否符合规定的要求。对工地各方面负责人和主要的施工机械进行进一步的审核。做好设计技术交底，明确工程各个部分的质量要求。准备好担保和保险工作。

（7）全面检查开工条件。签发预付款支付证书。

2．工程项目质量事中控制要点

（1）重点抓好工序质量控制，包括施工操作质量和施工技术管理质量。确定工程质量控制的流程，主动控制工序活动条件（主要指影响工序质量的因素），及时检查工序质量，提出对后续工作的要求和措施。

（2）设置工序质量的控制点。对技术要求高、施工难度大的某个工序或环节，设置技术和监理的重点，重点控制操作人员、材料、设备、施工工艺等；针对质量通病或容易产生不合格产品的工序，提前制定有效的措施，进行重点控制；对于新工艺、新材料、新技术也需要特别引起重视，设置控制要点。

（3）开展质量检查。包括施工班组自检，班组内互检，各个工序之间的交接检查；施工员的检查和质检员的巡视检查；监理和政府质检部门的检查。具体包括装饰材料、半成品、构配件、设备的质量及其相应的合格证、质量保证书和实验报告检查，分项工程施工前的预检，施工操作质量检查，隐蔽工程的质量检查，分项分部工程的质检验收，单位工程的质检验收等。

（4）做好成品保护。合理安排施工顺序，避免破坏已有产品。采用适当的保护措施。加强成品保护的检查工作。

（5）加强过程技术资料管理。主要包括材料和产品出厂合格证或者检验证明，设备维修证明，施工记录，隐蔽工程验收记录，设计变更，技术核定，技术洽商，水、暖、电、声讯、设备的安装记录，质检报告，竣工图，竣工验收表等。

（6）做好质量事故处理。一般质量事故由总监理工程师组织进行事故分析，并责成有关单位提出解决办法。重大质量事故，须报告业主、监理主管部门和有关单位，由各方共同解决。

3．工程项目质量事后控制要点

按合同的要求进行竣工验收，检查是否实现合同要求的质量目标。未完成的工作和缺陷，要组织有关单位及时解决质量问题。

（三）工程项目质量控制的主要手段

1．合同约束与激励手段

以国家施工及验收规范、工程质量验评标准及《工程建设规范强制性条文》、设计图纸等为依据，督促承包单位全面实现工程项目合同约定的质量目标，并依据合同条款对质量目标实现情况进行奖惩。及时撤换承包单位不称职的人员及不合格分包单位。

2．过程监督与管控手段

对工程项目施工全过程实施质量控制，以质量预控为重点。对工程项目的人员、机械、材料、方法、环境等因素进行全面的质量控制，结合工程项目实际，采取有针对性的管控措施，监督承包单位的质量保证体系落实到位。充分发挥监理作用，按监理规划、监理实施细则的要求对施工过程进行检查，应对工程的关键工序和重点部位施工过程进行旁站监理，及时纠正违规操作，消除质量隐患，跟踪质量问题，验证纠正效果。

3．现场检验与检测手段

严格执行现场见证取样和送检制度，严格要求承包单位执行有关材料试验制度和设备检验制度。坚持不合格的绿化苗木材料、建筑材料、构配件和设备不准在工程上使用。应采用必要的检查、测量和试验手段，以验证施工质量。坚持本工序质量不合格或未进行验收不予签认，下一道工序不得施工。

4. 质量保修与保险手段

及时办理工程保险。工程竣工后，制作竣工图，收集整理竣工资料。相关单位在维修期内负责相应的维修责任。

（四）工程项目质量法规和标准遵循的优先次序

工程项目质量法规和标准遵循下列优先次序。

（1）国家有关工程质量管理的法律、法规和工程建设标准强制性条文。

（2）企业发布的有关规定、反事故措施等。

（3）施工图纸、设计变更通知单及其他有效的设计文件。

（4）制造厂提供的设备图纸、技术文件。

（5）经有关单位协商确认的、符合审批程序的施工技术、质量、工艺方面经适当级别的质量监督机构的认可的补充要求。

第二节 电网工程项目质量管理实践

一、核心理念与总体思路

（一）典型问题

近年来电网建设整体质量持续提升，打造了一大批国家级优质工程。但从近年来电网工程质量事故（事件）发生的直接原因和间接原因分析情况来看，电网工程质量管理面临的主要困难和问题如下。

（1）设备质量问题是质量提升主要瓶颈。近年来电网建设规模大，设备供应需求大，设备厂家质量水平参差不齐，设备质量事故（事件）频发，严重影响和制约了电网工程质量水平提升。

（2）施工一线铸造精品的工匠精神不足。施工一线懂技术、肯钻研、踏实干的技能人才梯队建设力度不足，一丝不苟、精益求精、铸造精品的工匠精神缺乏，施工质量还存在不少瑕疵，还有很大改进提升空间。

（3）质量验收把关流于形式问题还未根除。近年来采取了实测实量、独立第三方检测等质量管理手段，强化了过程质量验收把关，但在施工三级自检、监理预验收、业主验收等质量过程检查验收中，仍存在检查验收流于形式，甚至出现做书资料代替现场验收、只签字不把关等现象。

（二）核心理念

百年大计，质量为本。电网建设质量直接关系电网安全稳定运行，直接关系到安全可靠供电，要树立全面管理、铸造精品、持续改进理念，不断提升工程建设质量。

精雕细刻提质量的核心理念如图 5-2 所示。

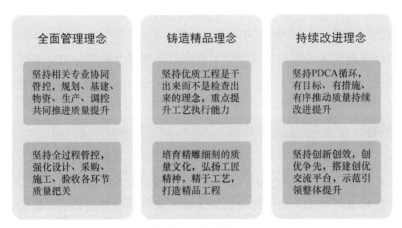

图 5-2　精雕细刻提质量的核心理念

1. 全面管理理念

坚持相关专业协同管控，规划、基建、物资、生产、调控共同推进质量提升；坚持全过程管控，强化设计、采购、施工、验收各环节质量把关。

深化完善全过程质量管控机制，齐抓共管推动质量水平整体提升。科学处理基建与规划、运维、物资、调控关系，兼顾技术先进性、功能可靠性、工程耐久性、施工安全性、运维便捷性、绿色建造水平、建设效率效益，健全跨专业高效协调的质量全过程管控机制，协同推进电网高质量发展。

2. 铸造精品理念

坚持优质工程是干出来而不是检查出来的理念，重点提升工艺执行能力；培育精雕细刻的质量文化，弘扬工匠精神，精于工艺，精雕细刻用心打造优质精品工程。

加大技能培训力度，培育一大批能工巧匠、优秀工人，改进提升工艺工法及质量管控手段，挖掘、宣传、弘扬好精雕细刻的工匠精神和质量文化，引导质量整体水平提升。

3. 持续改进理念

坚持 PDCA 循环，有目标、有措施、有序推动质量持续改进提升；坚持创新创效，创优争先，搭建创优交流平台，示范引领整体提升。

统筹开展优质工程创建，强化优质工程样板示范引领，打造"国优奖""鲁班奖""金银奖"样板，均衡提升各区域、各单位、各电压等级工程建设质量。

（三）基本原则

1. 严格落实国家、行业、企业三级标准

落实国家质量强国战略，贯彻"百年大计，质量第一"方针，在工程设计、建设过程中，严格落实国家、行业相关的法律法规、标准规范和公司技术标准、管理要求。

2. 严格落实业主、勘测、设计、施工、监理五方终身责任制

实行工程质量责任终身制，在工程开工前，签订质量终身承诺书；在工程建设过程中，严格落实五方质量管控责任；在工程投产时，建立五方责任铭牌，实施质量责任终身可追溯。依法接受国家建设工程质量监督机构的质量监督。

3. 严格落实质量保证措施（合理工期、合理造价、合格队伍）

坚持合理工期、合理造价、合格队伍，推行"标准工艺"应用，采用先进的管理方法，推广应用新技术、新工艺、新设备、新材料，增大节能环保和工业化建造比重，持续提高工程建设质量和工艺水平。

4. 严格落实全过程管控责任

（1）按"谁主管、谁负责"的原则，实行全过程质量管理。

1）各级发展部门负责规划、可研环节的质量管理。

2）各级安监部门负责对公司工程建设的全过程质量管理进行监督，负责组织质量事件的调查处理。

3）各级运维检修部门负责技术监督与生产运行准备，参与工程建设相关环节的审查验收、参与设备交接试验并确认试验结果，参与组织启动验收。

4）各级基建部门负责设计、施工环节及优质工程评定等工程质量管理，依据规定参与或配合工程质量事件的调查处理工作。

5）各级物资部门负责设备材料采购、制造、储运及现场服务等环节的质量管理。

（2）各级单位按管理权限，组织开展工程质量巡查、专项检查、互查等检查以及质量管理流动红旗竞赛、达标投产考核、优质工程评选。

（3）各参建单位按照职责分工，组织开展施工质量三级自检、隐蔽工程验收、监理初检、中间验收、竣工预验收、启动验收以及工程移交后质量管理。

（四）总体目标

（1）电网工程标准工艺应用率≥95%。

（2）工程"零缺陷"投运。

（3）实现工程达标投产及优质工程目标。

（4）工程使用寿命满足电网质量要求。

（5）不发生因工程建设原因造成的六级及以上工程质量事件。

二、全过程质量管控要点

（一）全过程质量管理的 4 个阶段

电网工程项目质量形成过程是一个有序的系统过程，其中"序"即为工程项目的建设程序。要实现对工程项目的质量监控，就必须严格按建设程序，对工程项目建设各阶段质量目标进行监控。

按照质量管理标准化要求，工程项目全过程质量管理可分为项目前期阶段质量管理、工程前期阶段质量管理、建设施工阶段质量管理、竣工验收启动阶段质量管理 4 个阶段质量管理。

（二）项目前期阶段质量管控要点

1. 强化可行性研究管理——确保深度与质量

按照国家、行业相关的法律法规、标准规范及企业质量制度、标准的要求，组织开展工程项目可行性研究和评审工作，确保可研工作的深度和质量。

严格对工程可行性研究质量进行评价及考核，确保可研设计深度到达可研深度规定相关要求。

在项目可研工作中确定合理的投资估算，保障全寿命周期质量管理目标的实现。

2. 建立项目前期与工程前期协同机制——提升相关协议办理效率与效果

项目前期和工程前期需要办理的手续较多，尤其是各类协议办理要跑政府各相关部门，建立项目前期与工程前期工作协同机制，有助于提高相关协议办理的效率与效果。

尤其基建部门人员要参与选址选线工作。一方面，基建部门人员可根据工程施工经验和建设外部协调经验，提出选址选线优化建议；另一方面，基建部门人员可与发展部门人员共同参与征地、拆迁、压矿相关协议谈判工作，不仅局限于取得原则同意意见，而是切实谈到具体赔偿价格。若能达成协议，则在协议中具体明确赔偿价格，并明确在工程开工前赔偿（项目核准后、开工前进行支付）；若达不成协议，则在工程开工前进行设计优化，以免在工程开工后带来外部协调难点，影响工程建设进度。

（三）工程前期阶段质量管控要点

1. 强化队伍招标管理——选择合格队伍、明确质量要求

本阶段质量管理的主要任务有，提出工程项目设计、设备、施工等承包单位的招标需求，确定工程项目设计、监理、施工、设备等招标文件、合同文本中有关质量方面相关条款内容。招标文件应采用统一的招标文件及工程合同示范文本（涉及建设管理、勘察设计、监理、施工、设备制造、调试等），以进一步规范招标文件和工程建设合同中有关质量管理的相关要求。

2. 强化工程设计管理——工程质量控制的龙头

设计阶段是影响工程项目质量的决定性环节之一，没有高质量的设计，就不会有高质量的工程。初步设计质量对保证投运项目长期安全、可靠运行影响深远。

初步设计阶段，设计单位要应采用先进的工程勘察设计手段进行勘察设计，采用先进成熟的技术方案，选用成熟可靠、性能价格比高的新型设备材料等技术措施，充分考虑技术上是否先进、经济上是否合理、设备订货规范是否适用等，从设计角度提出消除质量通病的措施，初步设计要满足建设单位设计深度要求，应尽量达到工艺等级，为施工创优提供相关技术支持。

建设单位应对设计单位针对工程特点开展的设计技术创新、优化提出具体要求，并要求设计单位多方案、多角度进行设计优化，实现技术经济性、功能可靠性、投资合理性、施工及运行便利性、可维护性、全寿命周期成本管理、环保节能要求、可回收性、防灾和突发性事件控制、环境和谐统一等；组织开展初步设计审查，重点审查初步设计是否符合标准规范要求、是否完成创新优化和多方案必选要求、是否消除以往设计质量通病、是否满足工程设计质量目标等。

3. 强化设备招标管理——严把设备选择质量关

物资招标采用统一规范管理、集中规模招标、分级组织实施的招投标管理模式；采用集中监造控制主要设备供应厂商的设备质量；通过供应商信息库，形成供应商评估体系，对供应商实行定期评估、动态管理，及时反馈设备信息。

建设管理单位要组织做好设备清册及招标文件编制工作。注意审查设计单位提交的用于设备订货的设备设计清册是否有完整的设备规范书。设备规范书的内容应包括设备的功能、技术参数和性能，法规、标准、规范，环境要求，供货范围，设备试验标准，配套设备接口要求，包装、储运要求等。根据审查过的设计清册，编制设备订货清册并拟订采购招标技术文件，提出正确的订货数量、规范、技术条件和质量验收标准、运输、交货地点及交货期。分类后交相应的招投标代理机构进行招标文件编制。

设备（材料）采购须严格执行关于设备物资招标、集中规模招标的有关规定。通过对各厂商的技术和价格比较，选定合适的中标厂商，并在规定的时间内签订物资合同，明确相关质量要求。

选择设备供应商应关注设备供应商资质及整体能力，供应商生产的软、硬件基础设备设施，供应商的技术能力，供应商的质量保证体系和产品质量认证情况，供应商的交货能力，供应商产品原材料的管理，供应商在维护生态健康和环境保护方面的措施和成果，供应商产品质量和技术性能评价，其他项目单位对供应商产品运行质量及其售后服务的跟踪评价。

招投标工作完成后及时建立项目设备供货清单。在设备招标及合同中要具体明确质量有关要求，设备采购合同中必须明确对设备材料的质量要求和供应商的质量责任，明确对设备材料质量的监造、试验、检查、验收程序和标准，通过预留设备质量保证金等措施加强对供应商履约情况的控制。项目业主单位应依据有关规定对设备材料质量进行监造。要进一步落实项目业主单位对设备质量的管理和控制责任，委托有经验、有资质的监造人员加强对设备质量的监造。设备材料供应商应依据国家、行业等相关技术标准和供货合同中的技术标准进行加工制造和试验，积极支持业主方的设备监造活动，按合同规定做好交货、售后服务、安装指导、质量保修等工作。

招标阶段应进行有关技术和商务的综合评审，对第一次入围的特殊产品（特种设备、材料、制造周期长的大型电气设备、有毒有害产品）的供应单位进行实地考察，并采取有效措施进行重点监控。特殊产品（承压产品、有毒有害产品、重要机械电气设备）的招标，应要求供应单位提供有效的安全资质、生产许可证及其他相关要求的资格证书。项目采用的设备、材料应经检验合格，并符合设计及相应现行标准要求。检验产品使用的计量器具和产品的取样、抽验必须符合规范要求。进口产品应按国家政策和相关法规办理报关和商检等手续。采购产品在检验、运输、移交和保管等过程中，应按照职业健康安全和环境管理要求，避免对安全、环境造成影响。

（四）建设施工阶段质量管控重点

由于电网工程项目政策处理难度大，施工阶段工期较短，影响工程质量的因素众多（如人员、机械和施工装置、材料及设备、施工方法、环境条件等），施工组织和工序衔接安排及施工技术管理较复杂。所以，施工阶段的质量控制是工程建设全过程的质量控制的重点阶段，建设、监理和施工（调试）等单位必须在施工全过程认真开展质量管理和控制工作，尤其业主、监理、施工"3 个项目部"要强化现场质量管控。

1. *严格现场准入把关，为施工质量提供基础保障*

（1）人员。严格履行分包队伍、特种作业人员审查程序，对执业资格、培训情况、精神状态等逐一进行严格把关。

（2）装备。严格履行施工装备、工器具报批审查程序，对型号、数量、性能、检测、试验等情况逐一进行严格把关。

（3）材料。严格履行材料试验、检测、验收程序，对于进入现场材料的试验检测报告、规格型号等逐一进行严格把关。

（4）设备。严格履行到场验收与开箱检验手续，对设备的数量、外观质量、附件、备品备件、专用工具、出厂技术文件、质量保证文件等进行逐一检验。

（5）方案。严格履行现场施工相关技术方案的报审批手续，对方案的针对性、可操作进行严格把关。

2. *严格日常监督检查，做到"真查""真改"*

（1）依据相关规定要求，强化施工项目部对施工班组的日常质量监督检查、监理对施工现场的质量日常巡查监督、业主项目部对现场质量的日常抽查监督工作。

（2）提高日常质量监督检查的成效，做到"真查""真改"，不能流于形式、走过场、补资料，要有检查、有记录、见问题，明确整改要求，要有具体改进目标、责任单位、责任人、完成时间，限期闭环整改。

3. 严格过程质量验收把关，严禁弄虚作假、流于形式

（1）严格落实相关单位过程质量验收把关责任，组织相关专业人员，扎实开展隐蔽工程签证、施工三级自检、监理初检、业主中间验收。

（2）严查验收人员不到位，验收资料填写不认真、签字不严肃等问题（包括"以做资料代替验收"等行为），并进行严肃处理，追究相关责任。

4. 提高试验调试质量，严肃认真把好试验调试关口

（1）高度重视工厂试验，严把设备出厂质量关口。高标准、严要求，确保问题设备不出厂。监造单位要全面加强对出厂试验的控制。

（2）认真做好现场试验调试方案编审批，确保方案科学合理。全面收集和研究相关技术资料，开展详细的系统分析计算，充分吸收其他同类工程试验调试的成功经验，精心编写好调试大纲、调试方案及相关试验方案，严格履行审批程序。

（3）做好现场试验调试组织实施，确保试验调试质量。试验调试需要多单位密切配合，需设立专门组织机构，切实做好试验调试组织工作，充分发挥制造企业和科研、试验、设计、建设、运行单位的技术优势，明确好相关单位责任，各司其职，确保工作有序推进。

（4）要严格按照试验调试方案，精心开展各项试验调试工作，确保试验调试工作质量，全面验证系统和设备性能，项目该做必做；确保调试试验各项指标满足方案要求；做好测量、记录和档案移交，为后期分析应用奠定基础。

（5）在现场试验调试工作过程中要特别关注以下4类情况。

1）高度关注试验调试中出现的问题，如果不影响系统和设备带电调试的可以记录下来，继续进行试验调试，试运行结束前全部解决，实现零缺陷移交。

2）高度关注以往类似工程中出现的故障和问题，避免重复发生。

3）高度关注出厂试验不顺利设备的有关情况。

4）高度关注大件运输中出现异常设备的有关情况。

（6）精心编制现场试验调试反事故预案，做到防患于未然，确保人身、电网和设备安全。要保证系统安全，不能因为试验调试引起电网安全事故；要保证设备安全，尤其是要特别关注设备首次带电的情况；要保证人员安全，做好带电区域各项安全措施全面有效落实。

5. 强化基建与运检协同，确保工程"零缺陷"移交

（1）运检部门积极参与初步评审及会签，确保相关需求在设计阶段全部收口。

（2）运检部门要高度重视初步设计评审及会签，在设计阶段提出相关专业意见，与基建部门进行深入沟通协调，达成一致意见，避免在施工及验收过程中再出现难以协调统一、无法更改实施的矛盾问题。

（3）运检部门提前介入工程建设过程质量验收工作。运检部门要安排专业人员提前介入各个工程的建设过程质量验收（重要隐蔽工程验收、中间转序验收等）工作，提出缺陷整改要求，提高竣工验收效率。

（4）基建、运检部门共同组建启动委员会开展竣工启动验收。建设单位基建、运检部门联合组建工程竣工启动验收委员会（简称"启动委员会"），组织专家组进行启动验收，确定消缺完毕后，组织工程启动试运行。

（五）竣工验收启动阶段质量管理

电网工程质量检验和验收主要包括材料和设备检验、隐蔽工程检查签证、施工单位三级自检、监理初检、工程中间验收、竣工预验收、启动验收、竣工验收。

1. 施工单位三级验收——避免流于形式

（1）施工单位必须按现行的国家、行业及企业颁发的施工技术规程、质量验收规范及相关规定组织施工，根据相应的质量检验评定规程或评定标准、设备厂家的技术要求和质量标准、合同规定等要求，对工程施工（调试）实体质量进行施工（调试）质量的检验及评定工作。

（2）施工单位须严格执行三级自检（班组自检、项目部复检、单位专检）制度，杜绝质量验收工作流于形式。

（3）架线工程的检查与竣工验收前的自检同步进行。单位专检不得由项目部替代。

（4）施工单位在工程已施工完毕，三级验收自检合格，且应提交的所有资料齐全后，填写《工程竣工报验单》报监理单位，向监理单位申请验收。

2. 监理单位初检——发现问题并督促整改

监理单位在收到《工程竣工报验单》后，应于 7 日内组织监理初检。

（1）初检的重点。

1）资料检查。工程资料应齐全、真实、规范，符合工程竣工后的实际状态，且满足国家标准、有关规程规范、合同、设计等方面的要求。

2）现场检查。施工质量、工艺满足国家标准、有关规程规范、合同、设计等方面的要求。

（2）初检注意事项。

1）监理巡视、旁站、平行检验过程中积累的不可变记录（如基础坑深、基础断面尺寸等）可作为监理初检依据。监理初检不得与施工单位级自检合并进行，并不得聘用同一工程的施工人员。

2）监理初检发现存在问题时应提出整改通知单，督促施工单位针对问题类型及性质制定整改措施并实施，根据发现问题的性质，必要时进行全站（线）复查并整改。整改完毕后监理须进行复查并签证，确认合格后提出监理初检报告，上报项目法人，建议进行工程中间验收。

3. 业主项目部中间验收——转序把关

工程中间验收由项目法人组织，监理主持，验收组组长由项目法人代表担任，副组长由运行单位和监理单位代表担任，验收组成员应包括运行、设计、监理、施工、物资供应等单位的代表。

（1）中间验收划分原则。

1）变电站工程分主要建（构）筑物基础基本完成、土建交付安装前、投运前（包括电气安装调试工程）3个阶段。

2）线路部分工程分杆塔组立前、导地线架设前、投运前3个阶段，且基础完成≥70%，方可申请杆塔组立前的中间验收，铁塔组立完成≥70%，方可申请导地线架设前的中间验收。

（2）中间验收注意事项。

1）架线工程的中间验收与竣工验收同步进行，应全线进行走线检查。

2）中间验收应提出中间验收报告。对验收中发现的问题，由监理单位会同施工单位针对问题类型及性质制定整改措施并实施，必要时进行全站（线）复查并整改。整改完毕后监理须进行复查并签证。

4. 启动委员会组织启动验收——基建生产联合验收

建设单位（业主项目部）组织开展竣工预验收，并组织有关单位进行闭环整改后，提请启动验收委员会开展启动验收。

启动验收由启动验收委员会下设的启动验收组负责，验收组成员应包括建设、运行、设计、监理、施工、物资供应等单位的代表。验收组根据实际需要分设现场、档案等专业小组。各专业小组完成验收后应提交检查意见，由启动验收组汇总后形成启动验收报告，向启动验收委员会报告。启动验收报告应包括结论意见和遗留问题清单等内容；遗留问题应明确负责单位和完成期限。

启动验收是对工程项目的质量目标的完成程度进行检验评定的过程，也就是对项目的设计质量、设备制造质量以及主要是建筑安装质量的最终检查阶段，通过启动验收，才能证实工程项目是否达到了决策阶段预期的质量目标，确保项目的整体质量，实现建设投资向生产力的转化。

施工质量各阶段检验比例见表 5-1。

表 5-1 施工质量各阶段检验比例

检验阶段	检验比例	责任单位
施工班组自检	100%	施工单位
施工项目部复检	100%	施工单位
施工单位专检	30%	施工单位
监理初检	变电：全检或覆盖所有检验批； 线路：30%	监理单位
中间验收	变电：全检或覆盖所有检验批； 线路：基础、杆塔20%，架线100%（与竣工预验收同步）	业主项目部
竣工预验收	变电：覆盖全部单位工程； 架线工程： 导线高空检查≥10%，直线塔附件安装≥10%，耐张塔附件安装≥20%，导地线弧垂检查≥（耐张段总数的）10%，导线对地距离（含风偏对地距离）检查≥（检查记录的）20%，不允许接续档的跨越净距测量100%； 线路接地工程：接地电阻测量平丘≥5%、山地≥15%，接地槽埋深检查≥3%； 线路防护工程及附属设施：≥10%	业主单位

在启动验收委员会确认工程已具备带电启动条件后，由启动委员会下达工程启动带电运行命令。由试运指挥组实施启动和系统调试计划。

按批准的调试方案和调度方案进行系统调试直至完成。通过送变电工程 24h 启动试运行，全面考验送变电工程的设计、设备、施工、调试的质量。这是保证送变电工程能安全、经济、文明地投产，形成生产能力，发挥投资效益的关键性步骤。

工程完成启动、调试、试运行和启动验收检查后，由启动委员会决定办理工程向生产运行单位移交。工程的移交由启动委员会按启动验收规程要求的格式办理启动验收证书，按证书的内容，签订启动委员会鉴定书和移交生产运行交接书，列出工程遗留问题处理清单，明确移交的工程范围、专用工器具、备品备件和工程资料清单。按国家和电力行业规定，在完成全部专项验收后，由建设单位组织竣工验收，并在工程竣工验收后应将整个工程有关资料建立工程档案。

5. 工程质量管理总结——总结经验、分析不足

建设管理单位（业主项目部）在评价阶段的质量管理工作如下。

（1）根据国家及企业工程项目质量保修管理制度，与参建单位签订保修协议。

（2）进行工程总结。按照工程建设质量责任考核办法，对项目投产后的质量情况进行考核，特别是对工程项目设计、施工、监理、调试、设备供货等参建单位进行考核。

（3）对项目投产后发生的质量事故按照有关规定进行调查或配合调查。

（4）进行达标投产和优质工程的自评工作等。

6. 工程质量责任制考核——落实终身责任制

依据电网工程建设实际情况，工程建设质量责任考核实行统一领导、分级管理。通过工程项目质量抽检及优质工程的评定对施工、设计、监理、设备制造单位质量管理资信评价，评价结果作为项目管理体系资信评价的一部分。

三、标准工艺研究及应用

（一）研究与成果管理

1. 标准工艺研究——注重实用性和普遍性

开展标准工艺研究工作的目的是，不断丰富和完善标准工艺，保持标准工艺的先进性、科学性、适用性和良好的示范作用。

（1）主要研究方向。

1）结合"五新"应用及解决工程建设中的技术难题，开展技术创新，形成新的施工工艺。

2）总结工程实践经验，形成实用性强、广泛适用的先进施工工艺。

3）为消除工程质量通病，通过技术攻关，形成有效的施工工艺。

4）分析产生质量问题的原因，在工艺方面研究提出改进措施，形成新的施工工艺。

（2）研究方式。企业根据标准工艺建设总体规划，结合工程实际需求，确定标准工艺研究任务，下达本年度依托工程标准工艺研究计划和项目清单。下属单位依托在建工程项目组织开展标准工艺的研究工作，并按下达的研究计划上报标

准工艺研究成果。

2. 标准工艺成果管理——通俗易懂、易于推广

标准工艺研究成果应以通俗易懂的形式表达，以便于一线人员学习、消化、落实。

成果形成后，实施单位填写标准工艺研究成果申报表，由建设管理单位上报评审，通过评审的研究成果纳入企业标准工艺成果系列，按规定程序发布、推广应用；未通过评审的研究成果，评审组以书面形式反馈评审意见；需补充完善的，由原编制单位补充完善后重新申报；需要在工程中进一步研究的，转入下年度继续完善。

（二）应用与实施管理

在电网建设工程项目中全面推广应用标准工艺，施工图设计、施工作业应全面执行。通过开展竞赛、示范工地建设、现场会等活动，推广标准工艺应用经验，发挥先进项目示范引领作用，提升标准工艺应用水平。

1. 施工准备阶段——据实策划、培训到一线

（1）业主项目部在工程建设管理纲要中明确标准工艺实施的目标和要求，负责组织参建各方开展标准工艺实施策划。

（2）设计单位根据初步设计审查意见、业主项目部相关要求，全面开展标准工艺设计，确定工程采用的标准工艺项目。

（3）在工程初步设计文件中明确标准工艺应用的要求。包括：①在施工图设计中应用标准工艺，明确主要技术要求；②在施工图卷册总说明中，明确标准工艺应用清单，内容应包括标准工艺的名称、编号及应用数量；③在施工图卷册说明中明确应用标准工艺的名称、部位；④开展施工图标准工艺应用的内部审查，重点审查各专业接口间的工艺配合；⑤设计交底应涵盖标准工艺应用的相关内容。

（4）监理项目部在工程监理规划中编制标准工艺监理策划章节，按照业主项目部提出的实施目标和要求，明确标准工艺实施的范围、关键环节，制定有针对性的控制措施。

（5）施工项目部在工程施工组织设计中编制标准工艺施工策划章节，落实业主项目部提出的标准工艺实施目标及要求，执行施工图工艺设计相关内容。包括：①按专业明确实施标准工艺的名称、数量、工程部位等内容；②制定标准工艺实施的技术措施、控制要点；③策划标准工艺的实施效果和成品保护措施。

2. 施工阶段——监督落实、改进提升

（1）业主项目部负责标准工艺应用管理工作。包括：①组织参建单位开展标准工艺宣贯和培训；②施工图会检时，组织审查标准工艺设计；③组织对标准工艺实体样板进行检查、验收；④在工程检查、中间验收等环节，检查标准工艺实施情况；⑤组织召开标准工艺实施分析会，完善措施、交流工作经验。

（2）设计单位参加标准工艺实施分析会，对标准工艺设计进行交底，及时解决标准工艺实施过程中相关问题。

（3）监理项目部负责标准工艺实施过程管理工作。包括：①对施工图中采用的标准工艺组织内部会检，提出书面意见；②参加标准工艺样板验收并形成记录；③对标准工艺的实施效果进行控制和验收；④主持标准工艺实施分析会，及时纠偏，跟踪整改；⑤对电网工程标准工艺应用率及应用效果评分表进行审核。

（4）施工项目部负责标准工艺实施工作。包括：①将标准工艺作为施工图内部会检内容进行审查，提出书面意见；②在施工方案等施工文件中，明确标准工艺实施流程和操作要点；③根据施工作业内容开展标准工艺培训和交底；④制作标准工艺样板，经业主和监理项目部验收确认后组织实施；⑤标准工艺实施完成并自检合格后，报监理项目部验收，并留存数码照片；⑥参加标准工艺实施分析会，制定并落实改进工作的措施。

3. 竣工验收阶段——系统评价、总结经验

建设管理单位（部门）结合工程竣工预验收对标准工艺应用工作进行评价。

参建单位在工程总结中对标准工艺实施工作进行总结。

四、工程质量监督

（一）质量监督组织及手段

1. 质量监督组织——三级组织履行政府监督职能

电力建设工程质量监督机构受国家发展和改革委员会委托，代表政府行使工程质量监督职能，负责对电力建设工程各参建责任主体的质量行为和工程实体质量按照国家法律、法规及国家标准、行业标准等进行监督检查。质量监督机构对工程的监督行为不替代工程建设各责任主体的质量管理职能和责任。

电力建设工程质量监督机构按三级设置：①电力建设工程质量监督总站（以下简称"总站"）；②省（自治区、直辖市）电力建设工程质量监督中心站（以下

简称"中心站");③工程质量监督站。

2. 质量监督约束——未经质监不得入网

工程开工前,电力建设工程项目法人(建设单位)必须按规定向工程所在地区(省、自治区、直辖市)电力建设工程质量监督机构申办工程质量监督手续。未通过电力建设工程质量监督机构监督检查的电力建设工程,不得接入公用电网运行。

3. 质量监督手段——工程质量检测

工程质量检测是质量监督的主要手段之一,检测机构由总站进行考核和资格认定。检测机构应具有与承担工作相适应的检测试验人员和测试手段,检测试验人员应认真按国家和行业有关标准进行检测,并及时提出检测报告。

(二)项目专业质监时间

1. 变电站工程专业质监时间

变电工程一般分为转序和投运两个阶段。

(1)转序质监。基础分部、主体结构分部、土建交付安装。

(2)投运前。工程施工完成后、启动验收前。

2. 线路工程专业质监时间

线路工程专业质监一般分为立塔前、架线前、投运前 3 个阶段。

(三)质量监督的内容与方法

1. 项目的监督检查程序——编制大纲、组织检查

(1)质量监督中心站根据电力建设工程质量监督检查典型大纲,结合被监工程项目的具体情况拟定重点项目质量监督检查大纲,并将大纲提前发给各有关单位,按大纲要求进行准备工作。

(2)质量监督检查大纲的内容包括:①检查的依据;②具备的技术条件;③必备的技术资料和文件;④检查内容和要求;⑤检查步骤和方式;⑥检查组人员组织等。

(3)检查的依据为有关的国标、部标、制造厂厂标、图纸、质量保证书、安装说明书和使用说明书以及设计院图纸资料等。具备的技术条件是指在进行该项重点项目检查时,单位或分部工程应施工完毕,检查所应具备的条件已满足。

(4)必备的技术资料和文件应达到质量监督典型大纲所规定的要求,如检查时所需的施工技术记录,工程质量验评签证、隐蔽工程记录、原材料及制成品的出厂合格证、试验报告、设计变更、必要的计算书等。

2. 项目的监督检查内容——实体质量、档案资料

项目监督检查内容主要包括实体质量和档案资料两部分。

检查内容又包括施工项目及技术要求、文明施工、质量管理和计量管理等方面。

（四）检查步骤和方式

一般分 3 个步骤进行检查，即自查、预检查及正式检查。

1. 自查——建设单位组织自查、整改、申请

建设、生产、施工和调试单位组成自查组，根据质监大纲要求，在工程建设条件具备时进行自查，对检查发现的问题进行整改处理。各项工作基本符合质监大纲要求后，提出书面检查报告，并向工程质监站申请，由其组织预检查。

2. 预检查——质监站组织检查、整改、申请

由工程质监站组织设计、施工、调试、制造、建设、生产单位按照质监大纲要求，进行检查，检查中发现的问题应及时处理或妥善安排，提出预检查报告，并向质监中心站提出书面申请，要求进行正式检查。

3. 正式检查——质监中心站组织检查、出具报告

正式检查由工程质监中心站负责组织进行。提出《质量监督检查报告》，对所监督检查的项目及时作出质量评价和整改意见。

根据专业对口检查原则，组成若干专业组，分组进行检查。检查方式采取现场查看、查阅资料、取证检查、跟踪抽查、现场实测、组织座谈和考问等，土建、安装、监理、调试及建设单位应认真配合，提供方便，虚心听取意见，积极整改。

质量监督覆盖项目全过程又突出重点，既要纵观全过程抓住每一个环节，又要有重点的进行阶段性质量监督。

五、工程质量管理创新

（一）深化完善"三个协同机制"，抓实全过程质量管控

公司已建立了工程建设全过程质量管控机制，但在执行中存在诸多环节不到位，如监造及验收把关不到位，出现设备投运后质量事件；相关专业参与设计评审及会签不到位，出现验收阶段大量整改或达不成一致意见；施工建设过程中逐级验收把关不到位，存在资料造假，甚至以做资料代替验收等问题。为此进一步

深化完善以下"三个协同机制"。

1. 设计评审及会签机制

严格设计质量评审把关，严格执行专业评审及会签制度。运检、调控、信通等相关专业部门要在评审及会签环节深度参与，提出专业意见，以初步设计评审意见下发为时间节点收口，实现相关专业协同"签字放行"制度，施工及验收环节原则上不再进行方案修改，因特殊原因需要修改的，需严格履行设计变更手续。

2. 物资质量协同管控机制

优化物资招标标准，提高设备档次，强化设备监造和到货验收把关，建立更为严格的供应商质量评价机制，评价结果严格与设备招标评标挂钩，严控质量差、信誉差的物资供应商获得市场份额。

3. 深化设计与施工协同机制

深化施工图设计，落实初步设计、标准工艺、装备式建设、机械化施工、强条等要求，设计充分考虑施工安全、技术、投入等因素，为施工提供更为全面的支撑。深化设计交底，不仅要交设计方案，还应包括工程技术特点、施工风险提醒等。

（二）采用"模块化"建设思路，提升建设质量与效率

深化应用通用设备，实现最小单元通用互换。按照变电站功能区域，将变电站划分主变压器、各电压等级配电装置、二次系统、主要建筑物等 4 个基本模块，再将主变压器、各电压等级配电装置基本模块进一步分解为间隔单元子模块。

应用工业化理念，采用预制装配结构，提高整体质量。

（1）预制舱式一次设备。厂内完成设备、导线等组装和调试，整舱配送至施工现场（适合于规模较小的变电站）。

（2）预制舱式二次组合设备。在集成商厂内完成全部设备安装、接线、调试，整舱配送、吊装、就位（适合于规模较小的变电站）。

（3）预制光/电缆。现场快速盲插，"即插即用"。

（4）预制装配式建构筑物。统一建筑结构、材料、模数，现场快速装配。

（三）采用"三实"建设思路，确保过程质量检查验收把关到位

开发质量检查验收移动端，满足各级质量管理人员实名制、实时实地上传实测实量的质量检查验收数据。

1. 实名制

各级质量管理人员在移动应用中实名制注册，压实各级人员质量管理责任，确保每次质量检查验收本人到岗到位，杜绝别人代替质量检查验收行为的发生。

2. 实时实地

各级质量管理人员在检查验收现场实时实地通过移动终端上传检查验收数据，监督各级质量管理人员严格履行现场检查验收职责，避免"做资料代替现场检查验收"现象。

3. 实测实量

开发系列现场质量检查验收实测实量数字化工具，具备快速检查、数据显示、远程上传等功能，第一时间将现场实测实量数据上传到质量管理平台，平台自动形成各类检查验收表格。

（四）引入独立第三方开展质量检测，严把实体质量关

建设管理单位招标选择独立第三方质量检测单位，独立第三方质量检测单位受业主委托，在工程现场建立质量检验检测实验室，对进入工程现场的原材料、分部分项工程实体质量进行检验检测。

独立第三方质量检测单位对建设管理单位负责，检验检测结果直接呈报建设管理单位现场业主项目部，支撑业主项目部及时掌握原材料及实体质量情况。

业主项目部对于独立第三方质量检测单位检验检测发现的问题缺陷，及时组织监理、施工等单位进行及时闭环整改，整改合格后方可进入下一步施工工序。

第六章

工程项目技术管理的理论与实践

第一节　工程项目技术管理的基本理论

一、工程项目技术管理的基本概念

（一）工程项目技术管理的定义

工程项目技术管理是工程建设各方进行一系列技术组织管理工作的总称。技术管理所强调的是对技术工作的"管理"，而并非是指"技术"本身。因此，技术管理源于技术但又不等同于技术。技术管理是项目管理的一个部分，贯穿于项目管理的全过程，是将与工程有关的技术标准、原则和要求在工程实际中得到切实的贯彻和执行。所涉及的技术要素包括技术人才、技术装备、技术规程、技术信息等。

（二）工程项目技术管理的目标

工程项目技术管理工作的目标，是运用管理的职能与科学的方法，去促进技术工作的开展。在工程建设中严格按照国家的技术政策、法规和上级主管部门有关技术工作的指示与决定，科学地组织各项技术工作，建立良好的技术秩序，保证整个建设过程符合技术规范、规程，符合标准化建设的要求，适应新技术发展的要求，使技术与安全、技经（造价）、质量、进度、运行等达到辨证的统一，以达到高质量全面完成工程建设任务的目的。

（三）工程项目技术管理的内容

工程项目技术管理主要内容包括工程设计管理、设备技术管理、施工技术管理、新技术研究及应用管理等。

二、工程设计管理

设计是工程建设的龙头，抓好设计管理是技术管理中极其重要的一环。工程建设设计方面的技术管理内容多、覆盖面广，包括初步设计管理、施工图设计管理、设计变更管理等。

（一）初步设计管理

初步设计管理范围从工程核准后设计招标技术规范编制至初步设计批复为止，包括设计招标技术条件编制、设计合同签订、组织初步设计、初设评审和批复等内容。

初步设计管理重点是组织设计单位开展初步设计，建设管理单位要在初步设计招标文件中提出初步设计要求，初步设计招标完成后，组织设计单位按照要求开展初步设计，为设计单位提供相关资料，进一步明确设计目标、创新要求、深度要求、多方案比选要求等，组织设计单位扎实深入地开展勘测设计工作。

（二）施工图设计管理

施工图设计管理包括组织施工图设计技术交底、组织施工图设计、设计工代现场服务等。

施工图设计管理的重点为组织施工图设计技术交底，对设计单位进一步明确施工图设计要求，监督设计单位在施工图设计中落实初设审查意见、强制性标准情况，督促设计单位按照设计交底纪要的内容出具施工图，联系设计单位及时解决施工过程中的技术问题。

（三）设计变更管理

设计变更是指设计单位正式提交施工图成品文件至工程投产期间内（即工程实施过程中），因设计或非设计原因引起的对设计文件的改变。

建设管理单位必须按照相关管理规定，履行严格的设计变更审批手续，重点要对工程设计变更进行技术原则和费用增加情况把关，在确保技术方案合理的同时合理控制工程造价。加强初步设计管理、施工图设计管理、初步设计与施工图设计评审环节的沟通和把关，充分考虑工程建设内外部因素，保证设计深度，可以尽可能地减少设计变更。

三、设备技术管理

工程项目设备技术管理包括设备招标中技术要求的审定、设备监造、设备验收过程中的技术把关等环节，保证设备满足设计和运行的要求。

（一）设备招标技术规范管理

建设管理单位在设备招标技术规范中明确所要招标设备的型号、参数、性能等技术要求，招标机构在工程项目设备招标采购阶段，将设备技术规范纳入设备招标文件中，明确所招标设备的标准规范要求。

设备制造商根据招标文件要求，在投标文件中逐一响应建设单位的设备技术规范要求。招标机构在设备招标采购评标阶段，组织专家对设备制造商投标文件技术文件进行评价打分，择优选择符合技术规范要求、性能优良的设备。

（二）设备监造管理

设备监造是指承担设备监造工作的单位（以下简称"监造单位"）受项目法人或建设管理单位的委托，按照设备供货合同的要求，坚持客观公正、诚信科学的原则，对工程项目招标的设备在制造和生产过程中的工艺流程、制造质量及设备制造单位的质量体系进行监督，并对委托人负责的服务。

设备的制造质量由与委托人签订供货合同的设备制造单位全面负责。设备监造并不减轻制造单位的质量责任，不代替委托人对设备的最终质量验收。监造单位应对被监造设备的制造质量承担监造责任，具体责任应在监造服务合同中予以明确。

有效设备监造的前提是监造方对制造厂的高度控制能力，完善的监造体系（包括完善的管理程序及监督导则）、高效的监造管理信息平台、经验丰富的监造队伍则是有效设备监造的保障。

（三）设备验收管理

设备质量验收是确保工程建设质量的关键环节。建设管理单位要组织有关单位扎实做好设备出厂验收、设备到货验收、设备安装调试阶段验收、启动前验收等环节工作。

1. 设备出厂验收

设备出厂验收主要内容包括资料审查、外观检查、性能试验报告验证、包装与运输检查、文件与记录交接等内容。

重点要关注设备核心参数是否与招标文件符合性，性能试验的真实性与规范性，核对设备发运清单有无漏项，检查包装箱是否牢固，防潮、防振措施是否到位。

2. 设备到货验收

设备到货验收要做好外观检查、数量核对、资料审查，检查设备的包装是否完好无损，有无受潮、变形等情况。

（1）打开包装后核对设备的品牌、型号、规格等标识信息是否与合同约定一致，同时仔细检查设备的外观是否有划痕、锈斑、磕碰等缺陷，设备的铭牌、警告标识等是否齐全清晰。

（2）依据设备的采购合同和装箱单，对设备的主机、配件、随机工具、备品备件等进行详细的清点核对，确保所有清单上列出的物品数量齐全，没有遗漏。

（3）审查设备的使用说明书、操作手册、维护保养手册、质量合格证明、校准报告、装配图等资料。

3. 设备安装调试阶段验收

设备安装调试过程中的验收要做好安装检查、试验验证。

（1）检查设备安装的位置是否合适，是否满足设备的使用环境要求和安全要求；大型精密的电子设备安装的环境是否满足温、湿度，防尘，防静电等条件。

（2）检查设备固定是否牢固，各连接部位是否密封良好、连接紧密。

（3）检查设备的启动、停止、运转等功能是否正常；各种试验验证是否通过。

（4）检查设备在实际工作负荷或者模拟工作负荷的条件下设备的性能和稳定性是否满足要求。

4. 启动前验收

启动前验收是最终验收与结果确认环节，对整个验收过程中的所有检查、测试记录进行总结并整理归档，并在整理验收记录的基础上，形成详细的验收报告，并做出验收确认。

如果设备验收合格，根据企业的设备管理流程办理固定资产登记、入库等手续，将设备投入正式使用或者移交使用部门管理。如果验收不合格，要与供应商进行沟通协商，要求供应商根据不合格情况提出解决方案，如进行维修、更换部件、重新调试等，并确定整改期限，整改完成后要进行再次验收，直至设备达到合格要求为止。

四、施工技术管理

施工技术管理的主体是施工企业，施工企业要在施工技术责任落实、施工组织设计、施工图纸会检、施工技术交底、技术检验、设计变更、施工技术档案、施工技术培训、技术信息等方面强化管理，提升施工技术水平。

（一）施工组织设计管理

按施工企业的施工组织设计管理制度，制订施工项目的实施细则，着重于单位工程施工组织设计及分部分项工程施工方案的编制与实施。

施工组织设计是组织施工的总体指导性文件。编制和实施好施工组织设计，是在施工过程中全面落实国家方针政策、业主合同要求、科学组织施工的集中体现，是有序组织施工、提高劳动生产率、降低消耗、确保工程建设目标如期实现的重要保障，是不断提高施工企业施工技术和施工管理水平的重要手段。

高质量的施工组织设计具备组织健全、职责清晰、技术先进、方案科学等特点。有效的施工组织设计管理需要做到施工组织设计编审批严格务实、落地执行有序有力、总结提升迭代升级。

（二）施工图纸会检

施工图纸是施工和验收的主要依据之一。为使施工人员充分领会设计意图、熟悉设计内容、正确组织施工，确保施工质量，必须在开工前进行施工图纸会检。对于施工图中的差错和不合理部分，应组织设计单位尽快优化完善，保证工程施工顺利进行。

施工图纸会检一般由监理单位（或建设管理单位）主持，建设管理单位（或其委托的监理单位）、设计单位及施工单位三方代表共同参加。设计单位介绍设计意图和图纸、设计特点及对施工的要求、安全注意事项、标准工艺要求等。施工、监理、建设管理单位结合现场实际、施工经验、相关标准规范，提出图纸中存在的问题及其优化意见和要求，通过会议深入讨论与协商，解决存在的问题，确定优化完善意见，形成施工图纸会检会议纪要。设计单位依据会议纪要进行施工图设计优化完善。

施工图纸会检是设计、施工、监理、建设管理单位进行技术确认和深入交流的重要环节，是确保建设目标、设计意图有效落地的关键，一定要分批次认真组织开展，决不能流于形式。

（三）技术交底管理

工程项目技术交底是确保施工质量和安全的重要环节。

技术交底的目的是使施工人员明确工程概况、合同文件、设计意图及设计中采用的新技术、新工艺、新材料；明确工程的各项技术要求、质量验收标准、工艺标准、各结构物的详细尺寸和标高、材料规格和数量、施工措施和应注意的问题等，做到心中有数，避免发生指导和操作的错误，以便科学的组织施工，并按合理的工序、工艺流程进行作业，确保施工过程满足质量、技术、工艺要求，安全顺利地完成施工生产任务。

技术交底的范围包括整个工程施工、各分部分项工程、特殊和隐蔽工程、易发生质量事故和安全事故的工程部位或工序，以及新技术新工艺。技术交底的方法包括会议交底、书面交底、样板交底、岗位交底。

技术交底包括业主或监理组织的技术交底和施工单位内部组织的各级技术交底。业主或监理组织的技术交底时，施工单位项目部经理、项目总工程师、施工技术部部长及相关的主管工程师参加，主要交底工程项目技术总体要求。施工单位内部组织的各级技术交底根据分级管理范围及所掌握的施工技术的程序，按分级管理原则交底。通常情况下，公司级技术交底由公司技术负责人、项目技术负责人等进行交底，如施工组织设计交底，主要内容包括工程概况、重大技术方案等宏观内容。项目级交底由项目技术负责人向项目各部门负责人和施工队长交底，细化到施工组织设计、质量计划等，明确项目各部门职责和施工总体安排。班组级交底由施工队长或班组长向作业人员交底，针对具体施工工序、操作方法等，确保工人清楚工作内容和要求。

技术交底是一项技术性很强的工作，对保证质量至关重要，不但要领会设计意图，还要贯彻上一级技术领导的意图和要求。技术交底必须满足施工规范、规程、工艺标准、质量检验评定标准和建设单位的合理要求。所有的技术交底资料都是施工中的技术资料，要列入工程技术档案。技术交底必须以书面形式进行，经过检查与审核，有签发人、审核人、接受人的签字。整个工程、各分部分项工程，均须作技术交底。特殊和隐蔽工程更应认真做好技术交底。在交底时应着重强调易发生质量事故与工伤事故的工程部位，防止各种事故的发生。施工单位应建立技术交底责任制，并加强施工质量检验、监督和管理，不断提高施工技术水平和质量水平。

（四）技术措施计划

技术措施计划是为了保证完成施工生产任务、获得良好经济效果而编制的改善施工生产技术、施工生产组织及劳动组织等措施的计划。技术措施计划是为了克服生产中的薄弱环节，挖掘生产潜力，保证完成生产任务，获得良好的经济效果，在提高技术水平方面采取的各种手段或办法。技术措施计划不同于技术革新，技术革新强调一个"新"字，而技术措施则是综合已有的先进经验或措施，如节约原材料，保证安全，降低成本等措施。要做好技术措施工作，必须编制、执行技术措施计划。

1. 施工技术措施计划

施工技术措施计划是指施工单位在计划期内为保证完成施工生产任务、获得良好经济效果而编制的改善施工生产技术、施工生产组织和劳动组织等措施的计划。其主要内容包括：①加快施工进度的技术措施；②保证和提高工程质量的技术措施；③节约劳动力、原材料、动力、燃料的措施；④推广新技术、新设备、新工艺、新材料的措施；⑤提高机械化水平、改进机械设备管理以提高机械完好率和利用率的措施；⑥改进施工工艺和操作技术以提高施工效率的措施。

2. 安全技术措施计划

安全技术措施计划是指施工单位为了保护职工在生产过程中的安全和健康，在本年度或一定时期内根据需要而确定的改善劳动条件的项目和措施。安全技术措施计划有计划地改善劳动条件，是我国安全生产的方针、政策，也是社会主义制度优越性的具体体现。

3. 技术组织措施计划

技术组织措施计划，主要依据企业的中长期计划、先进经验、职工合理化建议、科研成果和急需解决的关键问题，制定相应的组织措施计划。

五、新技术研究及应用管理

新技术研究及应用在工程建设过程中发挥专业引领作用，对于推动工程项目技术升级、高质量建设至关重要。

（一）新技术研究管理

根据工程建设实际需要，跟踪国内外新技术、新设备、新材料、新工艺研究趋势及成果，结合本单位实际需要，储备工程项目新技术、新设备、新材料、新工艺项目，经过立项、可研评审等决策环节后，纳入年度新技术研究计划，并配套研究资金、人员、实验室等资源，确保研究工作有序开展。

组织各项目组按项目可研扎实深入开展新技术、新设备、新材料、新工艺等研究，形成初步成果后，确定试点工程，推动落地应用。

（二）新技术推广应用管理

将经过试点验证科学合理、成熟适用的新设备、新技术、新材料、新工艺，纳入新技术推广应用清单，组织开展好推广应用清单中新设备、新技术、新材料、新工艺的宣贯培训，并组织好成熟适用的新技术、新设备、新材料、新工艺的推广应用工作。

通过新技术、新设备、新材料、新工艺推广应用，实现工程项目建设技术水平持续提升和升级。

第二节 电网工程项目技术管理实践

一、核心理念与总体思路

（一）典型问题

技术管理当前是电网工程项目管理的薄弱环节，究其深层次原因，主要存在以下 3 个方面的问题。

1. 存在重管理、轻技术倾向

业主、施工、监理单位项目管理人员多数侧重于管理协调，对技术的重视程度不够，抓技术投入的精力不足。

2. 一线人员对技术的敬畏心不够

现场技术管理标准不高，严谨细致的精神不够，存在"差不多就行"的态度，扎实深入钻研技术的人员不多，很多现场管理人员，不懂不会或一知半解，还不愿深入学习补课，关键节点技术把关不到位。

3. 技术队伍梯队建设力度不够

业主、施工、监理单位各专业技术队伍人才梯队建设重视不够、措施不足，有的项目现场管理人员不能满足每个专业都有"明白人"的要求，专业技术把关能力不足。

（二）核心理念

建设世界一流电网，要树立自我为主、驱动引擎、求真务实理念，深耕细作确保技术创新不断取得新突破。

精耕细作抓技术的核心理念如图 6-1 所示。

自我为主理念	驱动引擎理念	求真务实理念
瞄准国际一流，立足自主创新，把电网建设核心技术牢牢掌握在自己手中	坚持创新为第一生产力，始终将创新作为推动电网建设技术提升驱动引擎	坚持需求导向、目标导向、结果导向，制定创新规划，务实推进创新实施
统筹科研资源，加快"卡脖子"技术攻关，尽快改变受制于人的局面	通过技术创新解决问题、推动革新，每年都能形成一批叫得响的成果	锚定目标，深根细作，一年接着一年干，一步一个台阶，确保按期取得突破

图 6-1　精耕细作抓技术的核心理念

1. 自我为主理念

瞄准国际一流，立足自主创新，把电网建设核心技术牢牢掌握在自己手中；统筹科研资源，加快"卡脖子"技术攻关，尽快改变受制于人的局面。

加快特高压套管、电缆芯等"卡脖子"技术攻关，争取按期取得突破。

2. 驱动引擎理念

坚持创新为第一生产力，始终将创新作为推动电网建设技术提升的驱动引擎；通过技术创新解决问题、推动革新，每年都能形成一批叫得响的成果。

聚焦重点项目统筹科研资源，扎实深入推动电网技术创新取得新突破。统筹公司内外科研资源，有序推进电网设计施工、绿色建造、智能建造、混合级联输电关键技术、直流储能等关键技术攻关。开展城市电缆、海底电缆、超高杆塔大跨越等实用技术研究及应用。

3. 求真务实理念

坚持需求导向、目标导向、结果导向，制定创新规划，务实推进创新实施；锚定目标，深耕细作，确保按期取得突破。

深化电网技术创新及应用管理机制，激发活力努力形成百花齐放局面。统筹依托电网建设开展的各类科研、技术活动，实现技术功能、参数迭代提升，推动科技成果转化为生产力。强化落实各级技术管理责任，加强工程设计、施工关键环节技术管控。搭建技术创新成果共享平台，指导各单位结合工程抓好应用。

（三）总体思路

电网工程项目技术管理工作的总体思路是抓创新、抓提升、抓落实，推动电网工程项目技术水平提升。

1．抓创新

研究制定电网技术创新规划，确立技术创新目标方向和路线图。瞄准世界一流目标，聚焦落实"双碳"目标、构建新型电力系统建设需求，开展基建技术创新规划，明确总体思路与目标，以及前沿技术、关键技术、应用技术创新重点项目及计划。

2．抓提升

总结提炼电网设计施工、绿色建造、智能建造、混合级联输电、柔性直流输电、直流储能等关键技术攻关成果，城市电缆、海底电缆、超高杆塔大跨越等实用技术研究成果，形成标准规范并进行推广应用，强化新技术、新材料、新工艺、新装备推广应用，一步一个台阶，推动电网建设水平持续提升。

3．抓落实

抓实设计技术、设备技术、施工技术管理，把住关键环节，确保电网建设技术规范及核心要求有效落地落实，推动设计质量、设备质量、施工质量持续提升，提升电网高质量建设水平。

二、抓实设计技术管理

设计是龙头，抓好设计技术管理，是工程项目技术管理的重中之重。工程项目管理部门要切实抓好可研配合工作、设计策划、初步设计、初步设计评审、施工图设计、现场服务、设计变更和竣工图设计等工作，把好各专业技术关口。设计各专业技术管控要点详见附录 B。

（一）抓好可研配合工作

工程项目管理部门配合发展部门做好可研阶段的技术管理工作，主要工作内容与要点包括：①配合发展部门确定工程的重大技术方案；②参与选址选线工作，提出专业意见；③应用通用设计和推广应用先进适用的科技成果；④提出设备档次、标准和原则要求；⑤参与审核可研的深度和完整性。

规范可研调整管理，初步设计原则上应遵循审定的可研设计，并在其基础上优化、细化。但开展初步设计之前，应首先检查可研方案是否满足相关规程规范及公司技术管理文件要求，如不满足，应分析原因，开展专题研究，并按程序向上级技术主管部门沟通汇报，申请复核复审。

（二）抓好初步设计策划

建设管理单位在工程初步设计前，应根据工程条件，确定总体技术原则，开展项目设计策划。

1. 重点工程单独策划，常规工程整体策划

以"安全可靠、先进适用、经济合理、节约环保"为总体目标，按照"重点工程单独策划，常规工程整体策划"的原则开展电网工程设计策划工作。

（1）重点工程。主要包括 330kV 及以上新建电网工程，220kV 大跨越、电缆线路、地下变电站等工程，基建试点、示范工程以及基建新技术研究应用依托工程。

（2）常规工程。主要包括 330kV 及以上改、扩建电网工程，110（66）、220kV 一般新建电网工程。

2. 切实落实各方设计策划工作责任

（1）建设管理单位负责组织开展辖区内电网工程设计策划。对于需要沟通汇报的技术问题，按要求上报上级主管单位同意后，再行开展初步设计，督促落实策划成果在工程设计中实施。

（2）相关设计单位配合建设管理单位编制工程设计策划方案，并在设计过程中落实设计策划成果。

3. 严格执行审定流程，保证策划时效性和先进性

（1）重点工程在初步设计招标定标后，对单项工程开展策划并报审。

（2）设计单位结合工程特点，将策划成果落实到初步设计文件。

（3）建设管理单位在组织初步设计预审时对设计策划执行情况进行审核。

（4）重点工程设计策划应及时关注项目前期工作进展及开工投产计划，及时开展设计策划工作，保证策划方案的可行性和时效性，并对设计策划成果的落实进行监督考核。

（5）常规工程按照电网建设里程碑计划，当年开工项目集中开展设计策划。常规工程设计策划应加强内部沟通协调，尽早确定年度工程开工计划，及时组织整体策划工作，推进标准化及新技术成果应用，不断提高设计质量和效率。

（三）抓好初步设计及审批

1. 依法择优选择设计队伍

提高设计招标技术文件针对性。根据设计策划，明确工程重点技术、专项研究等要求和内容，纳入设计招标技术文件，引导设计投标单位针对工程特点和需求，开展专项研究和工程设计，为择优选择设计承包商奠定基础。

依法开展工程设计招标和合同执行。规范设计招标文件，细化条款要求。依法合规选择有资质、有业绩的专业能力强的单位开展设计工作。严格执行相关法律法规，特别是要严格遵循分包有关规定，从前端保证设计质量。

2. 强化设计标准执行

初步设计应执行相关法律法规、规程规范，项目可行性研究报告评审意见及批复文件；全面采用通用设计、通用设备、通用造价、标准工艺、"两型一化三新""全寿命周期设计"等企业规定和要求；设计文件应满足初步设计内容深度规定、设备标准，以及"十八项电网反事故措施"要求。

全面应用变电站/换流站通用设计。根据工程具体条件，经方案比较，选择适用的通用设计方案作为变电站/换流站本体设计，然后加入未包括的外围部分完成整体工程设计。在不影响"基本模块"和方案本身合理性的前提下，允许考虑不同方案之间的模块拼接，但必须对拼接方案进行整体优化，其技术性能指标不能低于同类型通用设计方案。

全面应用线路通用设计。结合工程具体情况，合理选择通用设计塔型、金具串型，当没有完全相同使用条件的通用设计模块时，经过计算校验选择适合的模块代用。严禁未经验算而超条件使用。

3. 强化初步设计内容深度管理

（1）严格落实设计内容深度要求。落实各设计阶段勘测要求。严格遵循初步设计内容深度规定，开展多方案优化比选。结合工程微地形、微气象等特殊环境、地质条件，开展专项设计，优化设计方案。对于变电站/换流站、线路增容改造工程，应深入研究论证全过程改造方案（停电措施、安全措施等），确保与原有工程的衔接与配合。

（2）进一步加强初步设计技术管理。充分考虑人身、设备及电网安全，严格设计方案把关，建立设计技术协调和设计质量通报机制，研究分析工程初步设计、设计评审中的典型问题、共性问题，提出解决方案及改进措施。对于重要交叉跨越、占用运行线路路径、重要改扩建工程、模块化建设、机械化施工等关键技术方案，开展专项设计，提出施工组织措施，确保方案切实可行（对以上的问题要在初步设计中开展专题设计）。

（3）初步设计评审应遵照国家有关工程建设方针、政策和强制性标准，落实公司坚强智能电网设计建设要求，满足电网安全、稳定、经济运行需要。对评审过程中发现的问题，设计单位应按要求及时修改完善设计方案。评审意见应全面、准确反映设计质量管理和技术管理要求。

4．严格初步设计评审批复

抓好工程项目初步设计审查及批复，提高工程初步设计评审质量和效率，控制工程造价，保证工程设计质量。

（1）电网工程初步设计评审基本内容。

1）确定变电站/换流站工程建设规模、主接线形式、电气布置、主要设备形式及参数、总平面布置和主要建筑结构形式等。

2）确定线路工程路径、气象条件、导地线、绝缘配置、杆塔和基础等。

3）确定各专业主要工程量，提交主要工程量清单。

4）确定需单独立项的工程科研项目。

5）对外委单项工程的设计文件进行评审或确认。

6）确定工程概算投资。

（2）重点审核内容。

1）工程建设规模、设计方案是否符合可研核准内容。

2）主要设备、材料及主要工程量。

3）通用设计的实施情况。

4）新技术的应用情况。

5）其他费用标准及科目是否符合有关规定。

6）投资概算编制依据、主要设备价格、主要材料价格、土地征用标准、拆迁赔偿费用、设计费等。

5．强化设计创新突破及成果转化

（1）通过设计竞赛和设计评优推进设计创新。积极开展设计竞赛，依托工程分级实施设计竞赛。竞赛招标文件突出技术重点，引领技术发展方向，激发设计人员创新能力，推进设计专业能力提升。积极开展优秀设计评选。鼓励技术创新，促进基建标准化成果和新技术成果推广应用，提高工程设计质量和技术水平。梳理创新亮点，分类推广应用。

（2）建立新技术研究框架体系。结合电网发展和工程建设需要，确定新技术研究重点，制定年度研究计划，研究项目注重实用性、可操作性。应用工程设计新技术推广应用目录，"该用则用、用则用好"。结合工程具体条件，在设计策划、初步设计、施工图设计阶段，合理选用新技术推广应用实施目录中的推广应用类成果。

（四）抓好施工图设计及评审把关

1. 落实施工图设计深度规定

施工图设计应执行相关规程规范，按照初步设计批复文件，全面落实标准化成果、新技术应用要求以及通用设备标准接口和施工标准工艺要求。设计文件应满足施工图设计内容深度规定。

2. 严格施工图设计质量评审把关

严格落实有关设计技术标准。对复杂工程地基处理、城市户内变电站噪声治理、线路工程重大跨越、新设计杆塔及真型塔试验方案等关键技术，加强专项检查，确保技术方案科学合理。

3. 落实重要交叉跨越差异化设计要求

针对重要输电通道、高速铁路、高速公路等重要交叉跨越，加强可研、设计、施工全过程管控，落实重要交叉跨越相关管理要求、技术标准，优化跨越位置、跨越方式，选择最优跨越方案，制定专项施工组织措施，确保施工和运行过程中人身、设备、电网和社会安全。对由于设计深度不足造成的重大设计变更等要进行设计责任追溯。

（五）抓好设计变更管理

严格设计变更管理，应严格执行电网工程设计变更相关管理规定、程序，减少一般设计变更，努力杜绝重大设计变更。

重大设计变更是指改变了初步设计审查确定的工程设计方案、规模、标准等原则意见的设计变更，或单项工程增减投资超过一定金额的设计变更；一般设计变更是指除重大设计变更以外的变更。

1. 严格落实设计变更的各方管控职责

（1）项目法人单位总体负责所辖范围内电网工程设计变更的管理，负责上报改变了初步设计原则意见的重大设计变更，负责审批其他重大设计变更。

（2）建设管理单位受项目法人单位委托，负责具体工程设计变更的提出、审查、一般设计变更的批准、实施和文件归档等管理工作。

（3）设计单位负责在规定时间内完成各项设计变更文件的编制，提出按单项设计变更增减投资额的计算过程和说明，及时修改施工图。

（4）监理单位参加有关设计变更过程的审查，监督设计变更的实施，及时统计设计变更及其费用，并提交建设管理单位或项目法人单位。

（5）施工、设备制造及材料加工单位按照设计变更文件的要求组织实施。

2. 强化现场设计变更管理的方法与手段

建设管理单位（业主项目部）强化现场设计变更管理的主要方法与手段如下。

（1）参建单位提出的一般设计变更建议，建设管理单位组织各单位 7 日内完成审批，由设计单位形成设计变更文件，下发现场执行，同时报项目法人单位备案。

（2）各参建单位提出的重大设计变更建议，提出单位应及时通知相关单位，经建设管理单位审查后报上级单位在 14 日内签署意见，并报项目法人单位。

（3）没有改变初步设计审查原则意见的重大设计变更，业主项目部应组织召开专题会议进行论证，之后报项目法人单位审核确认，由设计单位形成设计变更文件，下发现场执行。

（4）改变了初步设计审查原则意见的重大设计变更，业主项目部应组织召开专题会议进行论证，之后报项目法人单位签署意见并报上级单位审批。

（六）抓好设计现场服务及竣工图管控

1. 落实现场设计工代制

设计单位在工程实施过程中按要求配置工地代表，及时协调解决设计技术问题，为工程建设过程提供技术支撑。

2. 严格竣工图质量管控

竣工图设计应符合国家、行业、企业相关竣工图编制规定，内容应与施工图设计、设计变更、施工验收记录、调试记录等相符合，真实、完整体现工程实际。

三、抓实设备技术管理

（一）抓好招标技术文件的编制和审查

（1）严格执行企业设备招标技术规范管理，按照采购标准目录（主要包括物资类别、名称、型号、主要技术参数等）和采购标准规范（采购的统一技术规范，分为通用技术规范和专用技术规范两部分）编制设备招标技术规范。

（2）建设管理单位组织开展设备招标技术文件审查后，由招标机构依照审定的技术规范开展设备招标工作。

（3）建设管理单位与中标设备供应商签订技术协议，按照权限签订商务合同。

（4）建设管理单位督促供应商履行设备材料合同，包括主要设备设计联络会议、设备实物冻结会，供应商按照合同要求提资，以满足设计要求。

（二）抓好设备监造管理

按照要求组织进行设备监造，组织出厂验收。一般情况下分为如下几个阶段。

1. 监造准备

（1）熟悉与被监造设备有关的法规、规范、标准、合同等资料文件。

（2）熟悉被监造设备的图纸和相关技术条件。

（3）熟悉被监造设备的加工、焊接、检查、试验、无损探伤等主要工艺方法及相应标准。

（4）熟悉制造厂的质量保证大纲（生产大纲）及相应的程序。

（5）编制或熟悉有关设备监造的管理程序。

2. 质量计划文件准备

设备制造厂应按规定编制质量计划，质量计划中应确定明确的检查内容。监造代表对质量计划进行审核，选取 H 点（停工待检点）和 W 点（见证点），并按相应程序完成质量计划的审批。

3. 驻厂监造实施

（1）对质量计划的控制点（H 点和 W 点）进行见证，并签字确认。

（2）对过程中发生的不符合项处理进行跟踪，按照程序要求对不同类别不符合项进行见证处理、关闭和签字确认。

（3）参加制造厂有关工艺和技术修改的审查等。

（4）定期或不定期地编制监造报告，及时向公司或项目反映制造过程中存在的问题、处理情况以及对设备制造质量、交付进度、经费等可能产生的影响。

4. 出厂验收

出厂验收是按合同和规范书要求，对设备制造质量和应交付文件进行全面的最后检查、试验和清点。主要包括硬件验收、文件验收、包装及有关标识检查。

（1）硬件验收。包括有关的功能、性能试验和必要的动作演示，总体尺寸、接口尺寸和关键尺寸的复测，零部件和备品备件的检查和清点。

（2）文件验收。按合同和验收相关程序要求，清点交工资料文件，审查其合格性，检查装箱文件等。

（3）包装及有关标识检查。

四、抓实施工技术管理

（一）抓好施工组织设计及审核

施工组织设计是组织建设施工的总体指导性文件。建设管理单位监督施工单位编制切合工程实际的施工组织设计，并在经监理单位审核后（重点审核方案的合理性、资源配置情况），付诸实施。

1. 施工组织设计编制应遵循的原则

（1）贯彻国家工程建设的法律、法规、方针、政策、技术规范和规程。

（2）贯彻执行工程建设程序，采用合理的施工程序和施工工艺。

（3）运用现代建筑管理原理，积极采用信息化管理技术、网络计划技术等，做到有节奏、均衡、连续地施工。

（4）优先采用先进施工技术和管理方法，科学确定施工方案，提高管理水平，提高劳动生产率，保证工程建设安全、质量、进度、环保，降低成本。

（5）充分利用施工机械和设备，提高施工机械化、自动化程度，改善劳动条件，提高劳动生产率。

（6）提高建筑工业化程度，科学安排冬、雨期等季节性施工，确保全年均衡性、连续性施工。

（7）尽可能利用永久性设施和组装式施工设施，减少施工设施建造量；科学规划施工平面，减少施工临时用地。

（8）优化现场物资储存量，合理确定物资储存方式，尽量减少库存量和物资损耗。

（9）编制内容力求重点突出，表述准确，取值有据，图文并茂。

2. 施工组织设计编制基本内容

施工组织设计编制的基本内容包括：①编制依据；②工程概况；③施工部署；④主要分部分项工程的施工方案；⑤施工准备工作计划；⑥施工平面布置；⑦施工组织安排及资源保障计划；⑧施工进度计划及保证措施；⑨施工成本及计划保证措施；⑩施工质量计划及保证措施；⑪职业健康安全管理策划及保证措

施；⑫环境管理策划及保证措施。

3. 施工组织设计审核

施工组织设计编制并经施工单位内部审核后，报监理单位审核通过后方可实施，监理单位要重点审核施工组织设计的合理性、可行性、资源配置情况等，对于不符合要求的，应退回施工单位深化完善。

（二）抓好设计交底和施工技术交底

1. 设计交底

设计交底由设计单位的设计人员向施工单位交底，包括如下内容。

（1）设计文件依据。包括上级批文、规划准备条件、人防要求、建设单位的具体要求及合同。

（2）建设项目所在地。包括规划位置、地形、地貌、气象、水文地质、工程地质、地震烈度。

（3）施工图设计依据。包括初步设计文件，市政部门要求，规划部门要求，公用部门要求，其他有关部门（如绿化、环卫、环保等）的要求，主要设计规范，甲方供应及市场上供应的建筑材料情况等。

（4）设计意图。包括设计思想，设计方案比较情况，建筑、结构和水、暖、电、通、煤气等的设计意图。

（5）施工时应注意事项。包括建筑材料方面的特殊要求、建筑装饰施工要求，以及广播音响与声学要求、基础施工要求，以及主体结构设计采用新结构、新工艺对施工提出的要求，尤其是安全风险提示。

2. 施工技术交底

施工单位内部要实施三级技术交底，具体内容如下。

（1）施工单位技术负责人向下级技术负责人交底。内容包括工程概况一般性交底、工程特点及设计意图、施工方案、施工准备要求、施工注意事项（包括地基处理、主体施工、装饰工程的注意事项及工期、质量、安全）等。

（2）施工项目技术负责人对班组长交底。应按工程分部、分项进行交底，内容包括设计图纸具体要求，施工方案实施的具体技术措施及施工方法，土建与其他专业交叉作业的协作关系及注意事项，各工种之间协作与工序交接质量检查，设计要求，规范、规程、工艺标准，施工质量标准及检验方法，隐蔽工程记录、验收时间及标准，成品保护项目、办法与制度，施工安全技术措施等。

（3）班组长向施工作业全员交底。主要利用站班会形式，将施工作业票中的作业内容、核心技术要求、安全措施、质量要求、注意事项等，以工人能够听得懂的语言交代清楚，确保全员入脑入心。

（三）抓好施工图会检

加强工程施工图交付计划管理，充分考虑设计合理工作时间，提高管理工作科学性，保障施工图设计质量，从源头避免和消除质量隐患。

施工图完成后，设计单位应按要求进行施工图交底；施工、监理、业主分别组织开展施工图初检、预检和会检，对施工图质量进行严格审核把关。

施工图会检的主要内容如下。

（1）是否是无证设计或越级设计，图纸是否经设计单位正式签署。

（2）地质勘探资料是否齐全，如果没有工程地质资料或无其他地基资料，应与设计单位商讨。

（3）设计图纸与说明是否齐全，有无分期供图的时间表。

（4）设计地震烈度是否符合当地要求，防火要求是否满足。

（5）几个单位共同设计的，相互之间有无矛盾，专业之间平、立、剖面图之间是否有矛盾，标高是否有遗漏。

（6）总平面与施工图的几何尺寸、平面位置、标高等是否一致。

（7）建筑结构与各专业图纸本身是否有差错及矛盾；结构图与建筑图的平面尺寸及标高是否一致，建筑图与结构图的表示方法是否清楚；是否符合制图标准，预埋件是否表示清楚；是否有钢筋明细表，如无，则钢筋混凝土中钢筋构造要求在图是否说明清楚，如钢筋锚固长度与抗震要求是否相符等。

（8）建筑材料来源是否有保证，所要求条件及企业的条件和能力是否有保证。

（9）地基处理方法是否合理，建筑与结构构造是否存在不能施工、不便于施工，容易导致质量、安全或经费等方面的问题。

（10）工艺管道、电气线路、运输道路与建筑物之间有无矛盾，管线之间的关系是否合理。

（11）施工安全是否有保证。

（12）图纸是否符合设计合同中提出的设计目标。

（四）抓好重大专项施工技术方案审查

重大施工技术方案是工程施工过程中相对特殊和重要的一环，如特殊爆破工程、特殊和大体积混凝土浇灌、重型和大件设备和构件的运输吊装、新型设备安装、特高塔组立、大跨越架线、不停电跨线、停电施工作业等。

对于重大施工技术方案，业主项目部应组织相关专家对施工单位的专题方案进行讨论和确定，重点审查方案的合理性、可行性和安全质量保障措施。

第七章

工程项目造价管理的理论与实践

第一节　工程项目造价管理的基本理论

一、工程项目造价管理的概念与作用

（一）工程项目造价的概念

1. 定义

根据《工程造价术语标准》（GB/T 50875—2013），工程项目造价一般指工程项目在建设期预计或实际支出的建设费用。

2. 投资者的角度

从投资者的角度来说，建设一项工程预期开支或实际开支的全部固定资产投资就是工程造价。投资者为项目建设所支付的全部费用最终形成了工程建成以后交付使用的固定资产、无形资产和递延资产价值，所有这些开支就构成了项目的工程造价。

从这一意义上来说，工程造价就是项目的固定资产总投资。

3. 市场的角度

从市场的角度来说，工程造价是指工程价格。即为建成一项工程，预计或实际在土地市场、设备市场、技术劳务市场，以及承包市场等交易活动中所形成的建筑安装工程的价格和建设工程总价格。

从这个意义上来说，工程造价是将工程项目作为特殊的商品形式，通过招投标、承发包和其他交易方式，在多次预估的基础上，最终由市场形成的价格。

（二）工程项目造价的作用

工程项目造价的作用有：①是项目决策的依据；②是制定投资计划和控制投资的依据；③是筹集建设资金的依据；④是评价投资效果的指标；⑤是合理分配利润和调节产业结构的手段。

（三）工程项目造价管理的概念

工程项目造价管理是为了实现投资的预期目标，在拟定的规划、设计方案的条件下，综合运用管理学、经济学和工程技术等方面的知识与技能，预测、计算确定和监控工程造价及其变动的系统活动。

工程造价管理有两方面含义，即工程投资费用管理和工程成本费用管理。

1. 工程投资费用管理

工程投资费用管理属于投资管理范畴。工程投资管理就是为了达到预期的效果对工程项目投资进行计划、组织、协调与控制的行为。

在这个意义上，工程投资费用管理侧重于投资的规划和组织，而不是侧重于工程的技术方面，是为了实现投资的预期目标，在拟定的规划、设计方案的条件下，预测、计算、确定和监控工程造价及其变动的系统活动，既涵盖了微观的项目投资费用的管理，也涵盖了宏观层次的投资费用的管理。

2. 工程成本费用管理

工程成本费用管理属于项目管理范畴。工程成本费用管理是指在社会主义市场经济条件下，企业根据科学的工程成本费用计算规则，在所掌握市场价格信息的基础上，为实现项目管理目标而进行的成本控制、计价和竞价的系统活动。

工程成本费用管理反映了各市场主体运用市场经济规律，对工程成本费用进行能动的计划、预测、监控和调整的工作过程和工作成果。

二、工程造价的计价方式

工程造价计价包括定额计价和工程量清单计价两种方式。定额计价是计划经济体制的产物，最主要的特点是"量价合一"。工程量清单是市场经济竞争的产物，最主要的特点是"量价分离"。从目前现状来看，工程定额主要用于在工程项目建设前期各阶段对于建设投资的预测和估计，在工程建设实施阶段，工程定额通常只能作为建设产品价格形成的辅助依据。工程量清单计价主要适用于工程招投标、工程实施及竣工结算阶段。

（一）定额计价模式

定额计价模式是国家通过颁布统一的估算指标、概算定额、预算定额及有关费用定额，对工程产品价格进行有计划管理的一种计价模式。工程定额主要指国家、省（直辖市、自治区）、行业及有关专业部门制定的各种定额，包括工程消耗量定额和工程计价定额等。

1. 工程定额划分

按照不同分类方式，工程定额划分情况如下。

（1）按定额反映的生产要素消耗内容分类。

1）劳动消耗定额（简称劳动定额，也称为人工定额）。是指完成一定数量的合格产品（工程实体或劳务）规定劳动消耗的数量标准。劳动定额的主要表现形式是时间定额，但同时也表现为产量定额。时间定额与产量定额互为倒数。

2）材料消耗定额（简称材料定额）。是指在正常的施工技术和组织条件下，完成一定数量的合格产品所需消耗的原材料、成品、半成品、构配件、燃料以及水、电等动力资源的数量标准。

3）机械消耗定额。是指在正常的施工技术和组织条件下，为完成一定数量的合格产品（工程实体或劳务）所规定的施工机械消耗的数量标准，又称为机械台班定额。机械消耗定额的主要表现形式是机械时间定额，同时也以产量定额表现。

（2）按定额的编制程序和用途分类。可以把工程建设定额分为施工定额、预算定额、概算定额、概算指标、投资估算指标 5 种。各种定额见关系比较见表 7-1。

表 7-1 各种定额间关系比较

定额类别	施工定额	预算定额	概算定额	概算指标	投资估算指标
对象	工序	分项工程	扩大的分项工程	整个建筑物或构筑物	独立的单项工程或完整的工程项目
用途	编制施工预算	编制施工图预算	编制扩大初步设计概算	编制初步设计概算	编制投资估算
项目划分	最细	细	较粗	粗	很粗
定额水平	平均先进	平均	平均	平均	平均
定额性质	生产性定额	计价性定额			

1）施工定额。即企业内部使用的定额，它以同一性质的施工过程为研究对象，由劳动定额、材料消耗定额、施工机具消耗定额组成。施工定额既是企业投标报价的依据，也是企业控制施工成本的基础。

2）预算定额。是指在正常的施工条件下，完成一定计量单位合格分项工程和结构构件所需消耗的人工、材料、机械台班数量及其相应费用标准。预算定额是工程建设中的一项重要的技术经济文件，是编制施工图预算的主要依据，是确定和控制工程造价的基础。

3）概算定额。是指编制初步设计概算时计算和确定扩大分项工程的人工、材料、机械台班数量及其相应费用标准。概算定额是预算定额的综合扩大。

4）概算指标。是指扩大初步设计阶段编制工程概算所采用的一种计价定额。概算指标以整个建筑物或构筑物为对象，以 m^2、m^3 或 "座" 等为计量单位确定相应费用，也可表现其人工、材料、机械台班消耗量。概算指标比概算定额更加综合扩大。

5）投资估算指标。是指在项目建议书和可行性研究阶段编制、计算投资需要量时使用的一种定额，一般以独立的单项工程或完整的工程项目为对象。投资估算指标是以预算定额、概算定额为基础的综合扩大。

（3）按专业对象分类。可以把建筑工程定额划分为建筑及装饰工程定额、房屋修缮工程定额、市政工程定额、铁路工程定额、公路工程定额、矿山井巷工程定额等；把安装工程定额划分为电气设备安装工程定额、机械设备安装工程定额、热力设备安装工程定额、通信设备安装工程定额、化学工业设备安装工程定额、工业管道安装工程定额、工艺金属结构安装定额等。

（4）按使用范围分类。可以把工程定额划分为全国统一定额、行业统一定额、地区统一定额、企业定额、补充定额 5 种。

2．工程定额计价方法与程序

在计价中以定额为依据，按定额规定的分部分项子目，逐项计算工程量，套用定额单价确定直接工程费，然后按行业规定取费标准确定构成工程价格的措施费、间接费、利润、税金、其他费用、基本预备费及动态费用，最终获得建设工程总造价。

确定建设工程价格定额计价的基本方法和程序如下。

（1）每一计量单位建筑产品的基本构造要素（假定建筑产品）的直接工程费单价。

$$直接工程费单价＝人工费＋材料费＋施工机械使用费$$

（2）单位直接费。

$$单位直接费＝\Sigma（假定建筑产品工程量×直接工程费单价）＋措施费$$

（3）单位工程概预算造价。

单位工程概预算造价＝单位工程直接费＋间接费＋利润＋税金

（4）单项工程概预算造价。

单项工程概预算造价＝∑单位工程概预算造价＋设备购置费

（5）建设项目全部工程概预算造价。

建设项目全部工程概预算造价＝∑单项工程概预算造价＋其他费用

＋基本预备费＋动态费用

（二）工程量清单计价模式

工程量清单计价模式即建设工程招标投标中，招标人按照国家统一的工程量计算规则提供工程数量，由投标人依据工程量清单自主报价，并按照经评审低价中标的工程造价计价方式。使用国有资金投资的建设工程发承包，必须采用工程量清单计价；非国有资金投资的建设工程，宜采用工程量清单计价。

1. 工程量清单计价和计量规范

各类工程的工程量清单计价和计量规范要执行国家、行业及其有关专业规范，以电网工程为例，工程量清单计价和计量的主要规范如下。

（1）《建设工程工程量清单计价标准》（GB/T 50500—2024）。

（2）《房屋建筑与装饰工程工程量计算标准》（GB/T 50854—2024）。

（3）《通用安装工程工程量计算标准》（GB/T 50856—2024）。

（4）《市政工程工程量计算标准》（GB/T 50857—2024）。

（5）《园林绿化工程工程量计算标准》（GB/T 50858—2024）。

（6）《构筑物工程工程量计算标准》（GB/T 50860—2024）。

（7）《电力建设工程工程量清单计价规范》（DL/T 5745—2021）。

（8）《电力建设工程工程量清单计算规范 变电工程》（DL/T 5341—2021）。

（9）《电力建设工程工程量清单计算规范 输电线路工程》（DL/T 5205—2021）。

2. 工程量清单计价基本原理

根据行业统一的工程量清单项目设置的基础上，按照统一的工程量清单计量规则和标准格式，依据招标要求和具体工程的施工图纸计算出各个清单项目的工程量，再根据各种渠道所获得的工程造价信息和经验数据计算得到建设工程施工总造价。

工程量清单计价过程如图 7-1 所示。

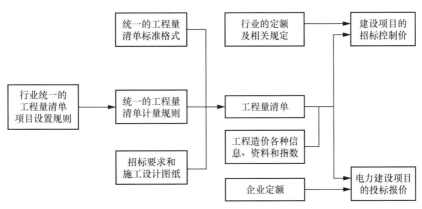

图 7-1　工程量清单计价过程

3．工程量清单计价方法与程序

确定建设工程价格清单计价的基本方法和程序如下。

（1）分部分项工程费。

分部分项工程费＝∑分部分项工程量×相应分部分项综合单价

（2）措施项目费。

措施项目费＝∑各措施项目费

（3）其他项目费。

其他项目费＝暂列金额＋暂估价＋计日工＋总承包服务费

（4）单位工程报价。

单位工程报价＝分部分项工程费＋措施项目费＋其他项目费＋规费＋税金

（5）单项工程报价。

单项工程报价＝∑单位工程报价

（6）建设项目总报价。

建设项目总报价＝∑单项工程报价

（7）综合单价。是指按照国家现行设计规范、施工验收规范、质量评定标准、安全操作规程等要求，综合考虑施工地形、施工环境、施工条件、气候等影响因素以及合同约定的一定范围与幅度内的风险，完成一个合同约定目标的工程量清单项目所需的人工费、材料费（不含甲方提供的材料）、施工机具使用费和措施费、企业管理费、规费、利润和增值税。

4. 工程量清单计价优点

（1）提供一个平等的竞争条件。

（2）满足市场经济条件下竞争的需要。

（3）有利于提高工程计价效率，能真正实现快速报价。

（4）有利于工程款的拨付和工程造价的最终结算。

（5）有利于业主对投资的控制。

三、工程造价的基本构成

建设项目总费用构成如图 7-2 所示。

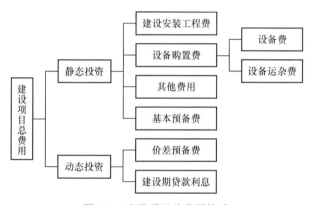

图 7-2　建设项目总费用构成

（一）建筑安装工程费用

建筑安装工程费包括建筑工程费和安装工程费。建筑工程费是指对构成建设项目的各类建筑物、构筑物等设施工程进行施工，使之达到设计要求及功能所需要的费用；安装工程费是指对建设项目中构成生产工艺系统的各类设备、管道、线缆及其辅助装置进行组合、装配和调试，使之达到设计要求的功能指标所需要的费用。建筑安装工程费由直接费、间接费、利润和税金组成。

1. 直接费

直接费是指施工过程中直接耗用于建筑、安装工程产品的各项费用的总和。直接费包括直接工程费和措施费。

（1）直接工程费。是指按照正常的施工条件，在施工过程中耗费的构成工程实体的各项费用。包括人工费、材料费及机械使用费。其中，人工费、材料费中的消耗材料费和施工机械使用费包括在定额基价中，材料费的中的装置性材料单独计列。

1）人工费。是指支付给直接从事建筑安装工程施工作业的生产人员的各项费用。包括基本工资、工资性补贴、辅助工资、职工福利费、生产人员劳动保护费。

2）材料费。是指施工过程中耗费的主要材料、辅助材料、构配件、半成品、零星材料，以及施工过程中一次性消耗材料及摊销材料的费用。材料一般划分为装置性材料和消耗性材料两大类，其价格为预算价格。

3）机械使用费。是指施工机械作业所发生的机械使用费以及机械的现场安拆费和场外运输费。包括折旧费、大修理费、经常修理费、安装及拆卸、场外运费、操作人员人工费、燃料动力费、车船税及运检费等。

（2）措施费。是指为完成工程项目施工而进行的施工准备、克服自然条件的不利影响和辅助施工所发生的不构成工程实体的各项费用。包括冬雨季施工增加费、夜间施工增加费、施工工具使用费、特殊地区施工增加费、临时设施费、施工机构迁移费、安全文明施工费。

1）冬雨季施工增加费。是指按照合理的工期要求，建筑、安装工程必须在冬季、雨季期间连续施工而需要增加的费用。其内容包括：①在冬季施工期间，为确保工作质量而采取的养护、采暖措施所发生的费用；②雨季施工期间，采取防雨、防潮措施所增加的费用；③冬季、雨季施工增加施工工序、降低工效而发生的补偿费用。

2）夜间施工增加费。是指按规程要求，工程必须在夜间连续施工所发生的夜班补助、夜间施工降效、夜间施工照明设备摊销及照明用电等费用。

3）施工工具使用费。是指施工企业的生产、检验、试验部门使用的不属于固定资产的工具用具和仪器仪表的购置、摊销和维护费用。

4）特殊地区施工增加费。是指在高海拔、酷热、严寒等地区施工，因特殊自然条件影响而需额外增加的施工费用。

5）临时设施费。临时设施费是指施工企业为满足现场生产、生活需要，在现场必须搭设的生产、生活用临时建筑物、构筑物和其他临时设施所发生的费用，以及维修、拆除、折旧及摊销费，或临时设施的租赁费等。临时设施包括职工宿舍、办公、生活、文化、福利等公用房屋，仓库、加工厂、工棚、围墙等建、构筑物，站区围墙范围内的临时施工道路及水、电（含380V降压变压器）、通信分支管线，以及建设期间的临时隔墙等。

6）施工机构迁移费。是指施工企业派遣施工队伍到所承建工程现场所发生的费用。包括职工调遣差旅费和调遣期间的工资，以及办公设备、工器具、家具、材料用品和施工机械等的搬运费用。

7）安全文明施工费。为安全文明生产投入的费用，包括：①安全生产费，施工企业专门用来完善和改进企业及项目安全生产条件的费用；②文明施工费，施工现场文明施工所需要的费用；③环境保护费，施工现场达到环保部门要求所需要的各项费用。

2. 间接费

间接费是指建筑安装工程的施工过程中，为全工程项目服务而不直接消耗在特定产品对象上的费用。间接费包括规费、企业管理费及施工企业配合调试费。

（1）规费。是指按照国家行政主管部门或省级有关权力部门规定必须缴纳并计入建筑安装工程造价的费用。包括社会保险费、住房公积金、危险作业意外伤害保险费。其他应列而未列入的规费，按其实际发生计取。

（2）企业管理费。是指建筑安装施工企业为组织施工生产和经营所发生的费用，其费用内容包括以下13类。

1）管理人员工资。包括管理人员的基本工资、工资性补贴、辅助工资、职工福利费、劳动保护费等。

2）办公经费。企业管理办公用的文具、纸张、账表、印刷、邮电、通信、书报、会议、水电、燃气、集体取暖（包括现场临时宿舍取暖）、卫生保洁等费用。

3）差旅交通费。职工因出差、调动工作的差旅费和住勤补助费，室内交通费和误餐补助费，职工探亲路费，劳动力招募费，职工离退休、退职一次性路费，工伤人员就医路费，管理用交通工具的使用费等。

4）固定资产使用费。管理和试验部门及附属生产单位使用的属于固定资产的房屋、设备仪器等的折旧、大修、维修或租赁费。

5）工具用具使用费。管理机构和人员使用的不属于固定资产的办公家具、工器具、交通工具和检验、试验、测绘、消防用具等的购置、维修、维护和摊销费。

6）劳动补贴费。由企业支付离退休职工的易地安家补助费、职工退休金，6个月以上的病假人员工资，按规定支付给离休干部的各项经费。

7）工会经费。根据国家行政主管部门有关规定，企业按照职工工资总额计提的工会经费。

8）职工教育经费。为保证职工学习先进技术和提高文化水平，根据国家行政主管部门有关规定，施工企业按照职工工资总额计提的职工教育培训费用。

9）危险作业意外伤害保险费。安装建筑法规定，施工企业为从事危险作业的建筑安装施工人员缴纳的意外伤害保险费。

10）财产保险费。施工管理用财产、车辆的保险费用。

11）财务费。企业为施工生产筹集资金或提供预付款担保、履约担保、职工工资支付担保等所发生的各项费用。

12）税金。企业按规定缴纳的房产税、土地使用税、印花税和办公车辆的车船税费等。

13）其他。工程排污费、投标费、建筑工程定点复测、施工期间沉降观测、施工期间工程二级测量网维护、工程点交、场地清理费、建筑安装材料检验试验费、技术转让费、技术开发费、业务招待费、绿化费、广告费、公证费、法律顾问费、咨询费、竣工清理费、未移交的工程看护费等。

（3）施工企业配合调试费。是指在工程整套启动试运阶段，施工企业安装专业配合调试所发生的费用。

3. 利润

利润是指施工企业完成所承包工程获得的盈利。

4. 税金

税金是指国家税法规定的应计入建筑安装工程造价内的营业税、城市维护建设税、教育费附加以及地方教育附加。

（二）设备购置费

设备购置费是指为项目建设而购置或自制各种设备，并将设备运至施工现场指定位置所支出的费用。设备购置费包括设备费和设备运杂费。

1. 设备费

设备费是指按照设备供货价格购买设备所支付的费用（包括包装费）。自制设备按照以供货价格购买此设备计算。

2. 设备运杂费

设备运杂费是指设备自供货地点（生产厂家、交货货栈或供货商的储备仓库）

运至施工现场指定位置所发生的费用。

设备运杂费包括设备上站费、下站费、运输费、运输保险费及仓储保管费。

（三）其他费用

其他费用是指为完成工程项目建设所必需的，但不属于建筑工程费、安装工程费、设备购置费、基本预备费的其他相关费用。其他费用包括建设场地征用及清理费、项目建设管理费、项目建设技术服务费、生产准备费、大件运输措施费、专业爆破服务费等。

1. 建设场地征用及清理费

建设场地征用及清理费是指为获得工程建设所必需的场地并使之达到施工所需的正常条件和环境而发生的有关费用。包括土地征用费、施工场地租用费、迁移补偿费、余物清理费、输电线路走廊施工赔偿费、通信设施防输电线路干扰措施费及水土保持费等。

2. 项目建设管理费

项目建设管理费是指建设项目经有关行政部门核准后，自项目法人筹建至竣工验收合格并移交生产的合理建设期内对工程进行组织、管理、协调、监督等工作所发生的费用。包括项目法人管理费、招标费、工程监理费、设备监造费、工程结算审核费及工程保险费等。

3. 项目建设技术服务费

项目建设技术服务费是指委托具有相关资质的机构或企业为工程建设提供技术服务和技术支持所发生的费用。包括项目前期工作费、知识产权转让与研究试验费、勘察设计费、设计文件评审费、项目后评价费、工程建设检测费及电力工程技术经济标准编制管理费等。

4. 生产准备费

生产准备费是指为保证工程竣工验收合格后能够正常投产运行提供技术保证和资源配备所发生的费用。包括管理车辆购置费、工器具及办公家具购置费、生产职工培训及提前进厂费等。

5. 大件运输措施费

大件运输措施费是指超限的大型电力设备在运输过程中发生的路、桥加固、改造及障碍物迁移等措施费用。

6. 专业爆破服务费

专业爆破服务费是指依据《中华人民共和国民用爆破物管理条例》的规定使用民用爆破物品时所发生的专业性服务费用。包括办理爆破审批、评估，爆破物运输及管理，爆破安全措施及爆破安全监理等所发生的费用。

（四）基本预备费

基本预备费是指为因设计变更（含施工过程中工程量增减、设备改型、材料代用）增加的费用、一般自然灾害可能造成的损失和预防自然灾害所采取的临时措施费用，以及其他不确定因素可能造成的损失而预留的工程建设费用。

（五）动态费用

动态费用是指对构成工程造价的各要素在建设预算编制基准期至竣工验收期间，因时间和市场价格变化而引起价格增长和资金成本增加所发生的费用，主要包括价差预备费和建设期贷款利息。

1. 价差预备费

价差预备费是指建设工程项目在建设期间由于价格等变化引起工程造价变化的预测预留费用。

2. 建设期贷款利息

建设期贷款利息是指项目法人筹措债务资金时，在建设期内发生并按照规定允许在投产后计入固定资产原值的利息。

四、工程造价管理的内容及目标

（一）工程造价管理的总体任务与目标

工程项目造价管理的总体任务与目标就是合理确定和有效地控制工程造价。

工程项目造价的合理确定，就是在建设程序的各个阶段，合理确定投资估算、初设概算、施工图预算、承包合同价、结算价、竣工决算价。

1. 工程造价确定与控制之间的关系

工程造价的确定与控制之间存在相互依存、相互制约的辩证关系。

（1）工程造价的确定是工程造价控制的基础和载体。没有造价的确定，就没有造价的控制；没有造价的合理确定，也就没有造价的有效控制。

（2）造价的控制贯穿工程造价确定的全过程。造价的确定过程也就是造价的控制过程，只有通过逐项控制、层层控制才能最终合理确定造价。

（3）确定造价和控制造价的最终目的是统一的。即合理使用建设资金，提高投资效益。

2. 工程造价确定与控制基本程序

在工程项目建设实施全过程中，工程造价确定与控制基本程序如下。

（1）项目建议书或可行性研究阶段。按照有关规定委托有资质的单位编制投资估算，并组织可研报告的评审，进行多方案技术经济比选。确定技术可行、经济合理的方案，经有关部门批准后的投资估算即为该项目控制造价。

（2）初步设计阶段。按照有关规定组织设计单位编制初步设计概算，进行工程造价水平和造价控制情况分析，如因特殊原因导致初步设计概算超可行性研究投资估算时，设计单位应做具体分析，重点叙述超出原因及合理性，并履行相应审批手续，经有关部门批准后的初步设计概算即作为拟建项目工程造价的最高限额。

（3）施工图设计阶段。按规定组织设计单位编制施工图预算，进行工程造价控制情况分析，如因特殊原因导致施工图预算超初步设计概算投资时，设计单位应做具体分析，重点叙述超出原因及合理性，并履行相应审批手续，经有关部门批准后的施工图预算既可以作为施工招标的依据，又可以作为项目法人控制投资、拨付进度款和单项工程结算的重要依据。

（4）工程发包阶段。招标限价应严格控制在同口径施工图预算范围内，承包合同价是以经济合同形式确定的建筑安装工程造价，对于电网工程来说，签署的合同一般是单价合同。

（5）工程实施阶段。要按照承包方实际完成的工程量，以合同约定综合单价为基础，考虑合同约定范围内物价波动、法律法规等政策变动以及由非承包方原因引起的设计变更等所引起的造价变化，合理确定结算价。

（6）竣工验收阶段。全面汇集在工程建设过程中实际花费的全部费用，考虑建设期贷款利息和增值税抵扣等因素编制竣工决算，如实体现建设工程的实际造价。

（二）工程投资估算编制

工程估算是在工程可研阶段对具体工程的全部造价进行估算，以满足项目建议书、可行性研究和方案设计的需要。

1. 工程投资估算编制依据

工程投资估算编制依据包括：①工程项目建设方案；②投资估算指标、概算指标、技术经济指标；③造价指标，包括单项工程和单位工程的，类似工程概算；④设计参数（或称设计定额指标），包括各种建筑面积指标、能源消耗指标等；⑤概算定额；⑥当地材料、设备预算价格及市场价格，包括材料、设备价格及专业分包报价等；⑦有关部门规定的取费标准、调价系数及材料差价计算办法等；⑧现场情况，如地理位置、地质条件、交通、供水、供电条件等；⑨其他经验参考数据，如材料、设备运杂费率、设备安装费率、零星工程及辅材等的比率（%）等。以上资料越具体、越完备，编制投资估算的准确程度就越高。

2. 工程投资估算编制的常用方法

工程投资估算编制的常用方法有：①采用投资估算指标、概算指标、技术经济指标编制；②采用单项工程造价指标编制；③采用类似工程概、预算编制；④采用近似（匡算）工程量估算法编制；⑤采用市场询价加系数办法编制；⑥采用民用建筑快速投资估算法编制。

（三）工程初步设计概算编制

工程初步设计概算是在初步设计阶段，以初步设计为依据，按照概算定额及其相应的建设预算编制与计算规定等计价依据，对建设项目总投资及其构成进行的预测和计算。

1. 工程初步设计概算编制依据

工程初步设计概算编制依据包括：①批复的可研报告（含工程估算）；②建设地点的自然条件；③建设地点的经济条件；④初设文件；⑤行业定额及地方定额。

2. 工程初步设计概算组成

（1）工程主体费用概算。包括土建概算、电气概算、暖通概算、给排水概算、设备概算、构筑物概算、工业管道概算、安装概算等。

（2）工程初设计概算。包括建筑工程费、安装工程费、设备购置费、其他费用、基本预备费、动态费用等。其中其他费用包括建设场地征用及清理费、项目建设管理费、项目建设及技术服务费、生产准备费、大件运输措施费、专业爆破服务费等；动态费用包括价差预备费和建设期贷款利息。

（四）工程施工图预算编制

1. 工程施工图预算编制的主要依据

根据《建设工程造价咨询规范》（GB/T 51095—2015），工程施工图预算编制的主要依据可分为基础设计文件、计价标准体系、价格与费用依据、施工方案与资源配置及合同与法规约束五大类。

（1）基础设计文件。包括施工图纸及说明、设计变更与会审记录等。

（2）计价标准体系。包括工程量计算规范、特殊要求（异形构件需按补充定额或实测参数计算）、定额与造价指标（采用工程所在地的预算定额，确定人工、材料）。

（3）价格与费用依据。包括市场价格信息、费用计取标准等。

（4）施工方案与资源配置。包括施工组织设计文件、施工工艺选择、机械配置、现场踏勘记录、地质报告中的土石方类别和地下水位数据等。

（5）合同与法规约束。包括招标文件与合同条款、地方性补充规定等。

2. 工程施工图预算编制的内容

根据《建设工程造价咨询规范》（GB/T 51095—2015），工程施工图预算编制的内容包括分部分项工程费、措施项目费、其他项目费。

（1）分部分项工程费。包括人工费、材料费（含主材及辅材）、机械使用费、企业管理费及利润。根据施工图纸及房屋建筑与装饰工程工程量计算标准（GB/T 50854—2024）逐项计算工程量，套用工程所在地预算定额或企业定额确定综合单价。

（2）措施项目费。

1）技术措施费。包括脚手架、模板、垂直运输等与施工技术直接相关的费用。

2）组织措施费。包括安全文明施工费、夜间施工增加费、冬雨季施工措施费等。

3）特殊要求需依据施工组织设计文件确定具体方案（如采用爬架或悬挑架），避免漏项或高估。

（3）其他项目费。

1）暂列金额。按工程总造价的3%～5%预留，用于不可预见费用。

2）专业工程暂估价。对独立分包项目（如消防、幕墙）按市场价预估，需明确界面划分。

3）计日工费用。零星用工按人工单价（如普工300元/工日）和机械台班单价列项。

（4）规费与税金。

1）规费。按工程所在地政府规定费率计算（如养老保险金 1.2%、工伤保险 0.4%）。

2）税金。执行增值税一般计税方法，税率 9%（需核对最新政策，若有调整需同步更新）。

3．工程施工图预算编制的注意事项

（1）注意设计文件深度与一致性。

1）完整性核查。确保施工图纸、设计变更单、图纸会审记录完整，避免因缺漏导致工程量偏差。

2）矛盾处理。若图纸标注与设计说明冲突（如混凝土强度等级 C30 与 C35 并存），需书面澄清后调整预算。

（2）注意定额与价格的动态适配。

1）定额选择。优先使用工程所在地最新预算定额，对新技术工艺（如装配式构件安装）可申请补充定额。

2）价格风险管控。主材价格参考招标期前 80 天信息价均值，并约定±5%以上价差调整机制。

（3）注意施工方案的精细化影响。

1）措施费优化。如基坑支护选型（如土钉墙 vs 桩锚支护）可能导致措施费差异达 20%～30%。塔吊配置数量与工期关联，需结合进度计划核定机械费。

2）环保与政策附加成本。如地方环保要求增加的扬尘监测设备租赁费（约 5～8 元/m²）。

（4）注意合同条款的约束性要求。

1）风险分配条款。明确甲方提供材料范围（如电缆、配电箱）、总包服务费（通常 2%～3%）及结算方式。

2）变更签证流程。预算中需预留变更预备金，并约定签证时限（如 14 天内申报）。

（5）注意审核与合规性保障。

1）审核机制。编制人自校、项目负责人复核、企业造价部门终审，重点核查工程量计算逻辑与费率套用。

2）合规性文件。需附设计文件合规证明、定额备案文件及材料价格来源说明。

（五）工程结算编制

工程结算是根据合同约定，对实施中、终止、竣工的工程项目，依据工程资料进行工程量计算和核定，对合同价款进行计算、调整和确认。

1. 合同约定的工程结算事宜

工程建设周期长，耗用资金数大，为使建筑安装企业在施工中耗用的资金及时得到供应，可以在工程实施过程中对工程价款进行进度款结算、过程结算。工程竣工结算以合同工期为准，实际施工工期比合同工期提前或延后，发、承包双方应按合同约定的奖惩办法执行。

发包人、承包人应当在合同条款中对涉及工程价款结算的下列事项进行约定。

（1）预付工程款的数额、支付时限及抵扣方式。

（2）工程进度款的支付方式、数额及时限。

（3）工程施工中发生变更时，工程价款的调整方法、索赔方式、时限要求及金额支付方式。

（4）发生工程价款纠纷的解决方法。

（5）约定承担风险的范围及幅度以及超出约定范围和幅度的调整办法。

（6）工程竣工价款的结算与支付方式、数额及时限。

（7）工程质量保证（保修）金的数额、预扣方式及时限。

2. 工程结算的依据

（1）合同约定。合同有约定的按约定，合同约定原则上不得违背国家法律、法规和规章制度。

（2）国家有关法律、法规和规章制度。国务院建设行政主管部门、省、自治区、直辖市或有关部门发布的工程造价计价标准、计价办法等有关规定。

3. 工程结算的流程

（1）工程预付款支付。工程预付款又称材料备料款或材料预付款。预付款用于承包人为合同工程施工购置材料、工程设备，购置或租赁施工设备、修建临时设施以及组织施工队伍进场等所需的款项。施工单位提交预付款《工程款支付申请表》，经建设管理单位审核同意后支付。

（2）工程进度款支付。工程进度款是指在施工过程中，按逐月（或形象进度、或控制界面等）完成的工程数量计算的各项费用总和。施工单位先向建设管理单位提交进度款《工程款支付申请表》，经建设单位审核批准后支付。

（3）工程结算（阶段结算和竣工结算）。工程结算需要的资料包括合同约定的项目和金额，变更单、建设管理单位与监理单位签字盖章的所有变更、新增、调减的项目单据，月进度款单据、超过一定百分比的调价依据（如10%的材料涨价凭证）等。

（六）工程竣工决算编制

工程决算是对所完成的各类大小工程在竣工验收后的最后经济审核；包括各类工料、机械设备及管理费用等。其内容应包括从项目策划到竣工投产全过程的全部实际费用。

1. 工程竣工决算编制依据

工程竣工决算编制依据包括如下内容。

（1）经批准的可行性研究报告及其投资估算。

（2）经批准的初步设计或扩大初步设计及其概算或修正概算。

（3）经批准的施工图设计及其施工图预算。

（4）经甲乙双方签字确认的竣工结算。

（5）设计交底或图纸会审纪要。

（6）招投标的标底、承包合同、工程结算资料。

（7）施工记录或施工签证单，以及其他施工中发生的费用记录，如索赔报告与记录、停（交）工报告等。

（8）竣工图及各种竣工验收资料。

（9）历年基建资料、历年财务决算及批复文件。

（10）设备、材料调价文件和调价记录。

（11）有关财务核算制度、办法和其他有关资料、文件等。

2. 工程竣工决算编制流程

（1）收集、整理、分析原始资料。从建设工程开始就按编制依据的要求，收集、清点、整理有关资料，主要包括建设工程档案资料，如设计文件、施工记录、上级批文及预（决）算文件等。

（2）对照、核实工程变动情况，重新核实各施工单位、单项工程造价。将竣工资料与原设计图纸进行查对、核实，必要时可实地测量，确认实际变更情况，根据经甲乙双方签字确认的竣工结算等原始资料，按照有关规定对原概（预）算进行增减调整，重新核定工程造价。

（3）编制竣工财务决算说明书，力求内容全面、简明扼要、文字流畅、说明问题。

（4）填报竣工决算报表。

（5）做好工程造价对比分析。

（6）清理、装订好竣工图。

（7）按国家规定上报、审批、存档。

（七）工程造价全过程管控

1. 基本原则

工程造价控制贯穿于项目建设全过程，以投资决策和设计阶段为重点。在项目做出投资决策后，控制工程造价的关键就在于设计。

建设工程全寿命费用包括工程造价和工程交付使用后的经常开支费用（含经营费用、日常维护修理费用、使用期内大修理和局部更新费用）以及该项目使用期满后的报废和拆除费用等。要建立全过程造价管控机制，做好投资估算、工程概算、标底确定、进度款支付、工程结算、竣工决算等关键节点的有效管控。注重主动控制，以取得令人满意的结果。应根据业主的要求及建设的客观条件进行综合研究，实事求是地确定一套切合实际的衡量准则，设定合理的控制目标，提前分析可能的风险，强化全过程的主动控制，确保造价控制达到预期的目标。

工程项目造价全过程管控如图 7-3 所示。

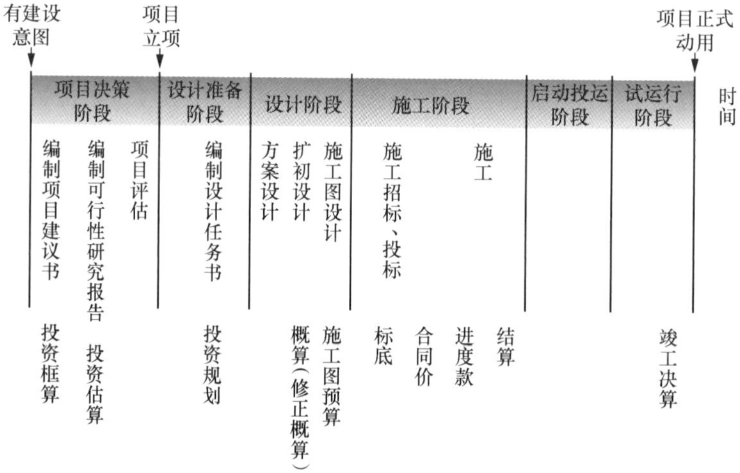

图 7-3　工程项目造价全过程管控

2. 控制手段

要有效地控制工程造价，应从组织、技术、经济等多方面采取措施。

（1）从组织上采取措施。包括明确项目组织机构，明确造价控制者及其任务，明确管理职能分工。

（2）从技术上采取措施。包括重视设计多方案选择，严格审查监督初步设计、技术设计、施工图设计，深入技术施工领域研究节约投资的可能。

（3）从经济上采取措施。包括动态地比较造价的计划值和实际值，严格审核各项费用支出，采取对节约投资有力的奖励措施等。

第二节　电网工程项目造价管理实践

一、核心理念与总体思路

（一）典型问题

电网工程项目投资数额大、影响投资效果的因素多、投资转移与替代性差、投资决策复杂，工程造价管理难度大。造价管理是各类工程项目管理检查监督的重点，从近年来各类巡视、检查情况来看，存在以下典型问题。

1. 招投标文件编制不准确

目前来看结算不能按期完成最主要的原因是招投标文件编制质量问题，主要表现在招标文件的招标工程量清单漏项、清单项目特征不完整、招标限价编制错误，投标文件的投标报价出现重大纰漏，评标时没能及时发现而中标，这些问题导致结算时争议颇多，降低结算效率。

2. 初步设计深度不足导致结算超概算

由于设计单位在初步设计阶段勘察设计工作不到位，主要表现在前期相关通过协议未取得，勘察设计深度不够导致设计质量不高，实施过程中设计变更频出，甚至出现大量重大设计变更，导致初步设计概算不够精准，工程结算金额超出初步设计概算。

3. 设计变更及签证管理不规范

由于现场管理人员在工程实施过程中不能严格按照合同或制度规定开展设计变更和现场签证管理要求，履行相关审批手续，设计变更和现场签证出现审批时限不合规、审批流程不规范、审批依据不充分等问题，导致结算时就变更和签证内容甲乙双方不能达成共识，影响结算进度。

4. 费用计列依据不合理

由于造价管理人员不能严格按照国家、行业、企业有关造价计列依据进行相关费用计列，存在计列与工程无关费用、多计列或者漏计列费用、计列费用依据性材料不足等问题，衍生后续审计风险。

5. 隐蔽工程档案资料不完整

由于现场管理人员在工程实施过程中只注重现场管理，忽视结算依据要求和档案资料归档的及时完整性，一些隐蔽工程的档案资料缺失，导致结算时一些涉及隐蔽工程记录的工程费用计列依据不充分，结算争议较大。

（二）核心理念

为使电网建设投资发挥最大效益，要树立全生命周期造价、源头过程并重管控、综合效益最大化理念，持续提升造价管理水平。

精打细算控造价的核心理念如图 7-4 所示。

图 7-4　精打细算控造价的核心理念

1. 全寿命周期造价理念

综合考虑工程建设成本及运营成本，不为了节约运行成本而盲目压低建设成本，也不能为了降低运行成本而无度增加建设成本，做好项目的方案策划和过程管理，实现全寿命周期成本最优化。

2. 源头过程并重管控理念

抓好设计和招投标源头质量管控。运用合同和考核机制约束设计单位，提升设计文件编制质量，同时加大招投标文件审查力度，重视评标工作质量，确保招投标文件不出纰漏，达到从源头控制造价的目的。

加强概预算执行过程管控。从概预算执行和分部结算管理入手，实现工程实施阶段的严格管控和精打细算。深化过程结算管理，加强现场设计、施工、结算的"三量"核查，确保量、价、费、依据准确，实现工程结算"零"误差。创新电子化结算，变更签证线上办理，规范工程结算资料，加快工程结算进度。

3．综合效益最大化理念

考虑全寿命周期成本最优化。

考虑电网建设环境友好、提升国民经济效益和社会效益，最终实现综合效益最大化。

（三）总体思路

构建以全过程管控为主线的电网工程项目全面造价管理体系，即构建全过程、全要素、全风险、全团队、全信息（"五全"）的全面造价管理体系，努力实现造价管理规范统一、工作流程统一、造价标准统一、内容深度统一，持续加强基建标准化建设、精益化管理，确保基建项目安全、质量、造价、进度等管理目标的全面完成。

二、全面造价管理体系的基本内涵

（一）全过程造价管理

强化工程可研估算、初步设计概算、施工图预算、竣工结算全过程造价控制，旨在有效控制工程造价，提高造价精益管理水平，提高投资效益，这既是电网发展方式转变的重要措施，也是企业发展方式转变的基本要求。在可研估算阶段进行科学规划，减少占地、优化路径；在初步设计阶段通过设计的标准化管理和建立标准化成果的评价机制提高设计的准确性；在工程实施阶段实行工厂化加工和装配式施工，提高标准化预制配件的应用，避免质量通病的发生，控制设计变更数量，降低返工费用和变更费用；在竣工结算阶段通过建立合理有效的结算管理流程和工程结算标准化管理体系实施结算精准管理。

在管理过程中引入电网工程造价全过程跟踪审核。它是作为工程造价审核的一种新的方式方法,将工程造价的事后审核提前和扩展到工程造价形成的全过程。这样可以有效地克服事后监督的局限性,更好地达到控制工程造价的目的。

工程合同已成为工程造价控制与确定的主线，成为确保输变电项目顺利完成和维护当事人合法权益的保证。在工作中发现许多不规范的计价行为都是围绕合同订立或者是现行合同文本不完善而产生的。因此，要提高国内现行输变电建设项目中合同的完整性和严密性，减少由于合同条款的遗漏产生的造价争议，从而形成以工程合同为主导的电网工程造价管理模式，对工程造价实施全过程的控制。

（二）全要素造价控制

影响电网工程造价的各要素之间存在着对立统一关系，其中任何一个要素目标发生变化都会引起其他要素目标的变化，并受其影响和制约。因此，必须正确处理影响工程造价的各要素之间的关系，将要素作为一个整体统筹考虑，反复协调和平衡，进行集成管理，这对于有效控制电网工程造价，提高电网工程的综合效益具有非常重要的作用。

基于宏观政策及资源的要求和限制，实现电网工程造价各要素之间的合理匹配，并使工程全寿命周期成本最低是电网工程全要素造价集成管理的目标。要想实现电网工程造价各要素之间的合理匹配，需要结合工程实际分析各要素之间的相互关系。由于具体工程各要素众多，为便于分析管理，将全要素根据五大专业进行分类，分别是物资成本要素、质量成本要素、进度成本要素、安全成本要素。

电网工程造价要素由工程本身的物资要素、进度要素、质量要素、安全要素等专业要素共同决定。电网工程的各专业要素之间相互影响，其中一个要素的变化都可能引起其他要素的变化，并最终影响整个工程造价。因此，想要对电网工程造价进行有效控制，就必须对工程造价的各个专业要素进行集成管理。

进行电网工程造价全要素集成管理，必须首先收集各种相关资料和信息，经过不断分析论证，在协调各关键要素之间关系的基础上，确定各要素目标。

（三）全风险造价控制

在电网工程的实施过程中发生环境和条件的变化，并会有各种各样的突发事件，从而使得电网工程造价具有动态性和不确定性。因此，通过对电网工程进行全风险造价控制可以有效地控制整个电网工程的造价。

电网工程全风险造价控制，关键就是识别所有的风险源。风险识别是电网工程风险管理的基础和重要组成部分，要按照电网工程建设的各阶段和风险识别的方法，将存在的风险源识别出来。可用于电网工程造价全风险识别的方法有很多，如德尔菲法、头脑风暴法、风险核对法、SWOT 分析法、项目工作分解结构、敏感性分析及故障树分析等，可通过这些方法识别存在于各阶段的风险因素。

电网工程造价风险评价，就是对单个风险事件和项目的总体风险及其对造价影响进行评价的过程。造价风险估计的重点是估计单个风险事件发生的概率和后果的对造价影响严重程度（风险事件的后果常用效用来描述），而造价风险评价就可以对单个风险的大小给出对造价影响评价，并对项目中所有的风险按大小进行排序。同时，电网工程造价风险评价还能够系统分析和权衡电网工程风险的各种因素，综合评定电网工程造价管控风险的整体水平。

（四）全团队造价管理

由于电网工程中涉及的利益主体"多元化"会导致业主、设计、施工、监理、供应商等各方之间由于信息传递和沟通不畅引发的利益冲突从而影响工程造价。为了使不同主体之间形成一种合作伙伴关系，协调实施电网工程全面造价管理，就必须建立电网工程全团队造价管理的一系列工作机制，以此来推动工程项目实施，并最终实现"共赢"的目标。

（五）全信息造价管理

全信息造价管理是一种新的管理模式，其强调各利益主体之间的信息传递和相互沟通充分、顺畅，从而达到电网工程造价的全过程、全要素、全风险、全团队的整体信息管理。基于对电网工程信息管理流程的梳理与关键管控信息的系统性分析，构建电网工程全信息造价管理体系，以流程为主线，涵盖电网工程项目决策与可研、设计与招标采购、建设施工、竣工验收与总结评价 4 个阶段，充分融合全要素、全风险、全团队理念的电网工程全信息造价管理系统，全面整合电网工程的业务信息流，处理各阶段工程造价的确定与控制。

建立电网工程全信息造价管理体系，通过有效的软硬件控制，整理、分析各种迅速变化的造价信息，实现电网工程造价管理的规范化、现代化和优质化；通过造价分析、预测、评价等为电网工程项目决策提供依据，最终使电网工程造价符合价值规律和市场经济规律，实现电网工程造价的"静态控制、动态管理"。

三、着力强化全过程造价控制与评价

（一）健全工程造价全过程管理的控制体系

（1）加强工程可研工作，项目法人单位要按照项目核准制的要求，认真组织编制可行性研究报告、建设工程用地预审等支持性文件，特别要高度重视路径、站址以及设备参数、选型工作，对影响造价较大的因素进行充分论证。

（2）加强初步设计管理工作，设计单位要把握设计标准，提高设计质量。评审单位要按照评审原则，做好初步设计评审，规范工作流程。

（3）抓好电网工程通用设计推广运用，进一步统一建设标准，减少资源消耗和土地占用，取得电网集约化效益。

（4）建立电网工程造价标准（尺度），包括设备标准化设计和工程通用（典设）造价，严格规范和控制投资。

（5）强化主设备、材料的招投标管理，对主设备、材料采用集中招标，提高招标工作的信息化水平。

（6）规范设计、施工、监理招标，合理确定设计、施工、监理费用。

（7）做好工程实施管理，规范设计变更，做好工程建设的计划、资金管理，强化安全质量目标。

（8）加强工程结算管理，要以合同为依据做好工程结算工作，合理使用预备费，严禁虚列、多列费用。

（9）加强工程决算管理，做到工程决算合法、合规、合理，及时移交资产。

（二）健全工程造价全过程管理的评价体系

（1）建立科学的电网工程造价指标体系，以求科学、合理、可比地评价电网工程造价，准确反映电网技术进步等因素对造价的影响。

（2）建立电网工程造价分析常态机制，定期展开分析工作，找出原因，制定对策，为合理确定造价打下基础。

（3）全面推广电网工程通用造价，将通用造价作为判断造价合理的重要手段，降低建设成本。

（4）加强工程同业对标考核和评优管理，按照同业对标考核指标及标准，造价过高、控制不力的项目不能参与工程评优。

四、抓实各阶段造价管控重点工作

强化电网工程项目建设全过程各个阶段关键点的造价管理工作，抓住重点、落实责任、管必到位。

（一）可行性研究估算管理

1. 主要内容

可行性研究阶段的投资估算是反映工程项目方案可行性、合理性和建设规模的重要指标，也是研究分析、计算项目投资经济效果的重要条件及依据，所以必须扎实深入做好可研估算编制、论证和评审工作。

（1）编制可行性研究估算。应由相应资质的设计、咨询单位编制，并按有关管理部门的要求完成。

（2）论证可行性研究估算。项目法人单位应在可研估算编制阶段做好协调工作，组织有关方面对主要设备价格、大宗材料价格和征占地费用等对工程投资影响较大的费用进行市场调研、现场核实、论证比较和预审后提交编制单位。

（3）评审可行性研究估算。评审单位应按照国家规程规范和业主要求严格评审设计单位报审的可行性研究估算。

（4）报批可行性研究估算。投资估算为可行性研究报告的组成部分，必须按国家和企业规定进行评审和报批。

2．管理措施与控制要点

（1）做好电网规划和项目储备。科学合理的规划和深入细致的项目可研是做好电网建设的基础，并对工程造价水平起到关键作用。电网规划必须对电网的中长期发展进行多方案技术经济论证，认真研究电网网架结构、电压等级和电力平衡情况，努力实现电网规划科学、经济、合理，并将电网中长期电力规划纳入各地区建设整体规划中，充分考虑未来变电所所址及电力线路通道，并加以规划保护，以免在项目实施阶段引起不必要的矛盾。电网规划设计工作应通过加强和改善电网结构，增加主变压器台数，增加次级电网转移负荷能力，提高功率因数、电网自动化程度、变电所负荷预测以及变电容量配置的准确性等措施，减少重复投资，提高电网投资的经济效益。

（2）加大项目前期工作力度。争取获得国家有关部委、各地方政府对电网工程建设的理解和支持，力争出台相关政策文件，降低征地、赔偿等费用。前期工作人员要熟悉国家政策，提高与政府谈判话语权，杜绝一切不合理费用发生。

（3）加强多方案比选优化。项目可行性研究编制必须达到主管部门规定的内容和深度要求，应进行多方案技术经济比较，对影响工程造价的重大技术经济问题进行深入研究，选出最优的技术方案。

（4）精准编制可研估算。项目投资估算应充分利用通用设计和通用造价成果，在可研阶段重点确定项目在系统中的地位，落实设备选型、所址水文地质、外部建设条件等，严格按照国家规定的概预算编制办法编制可研估算，既要解决投资估算不足、留有缺口的问题，又要防止高估冒算的倾向。

（二）初步设计与概算管理

1. 主要内容

初步设计概算（工程概算）是初步设计文件的重要组成部分，是编制基建年度投资计划、施工图预算、工程结算及工程决算的依据。

（1）编制工程概算。应以初步设计文件为依据，在深入做好市场调查（调研）的基础上，严格执行国家法律、法规及定额标准，加强通用造价在工程建设中的推广运用，合理确定造价。

（2）审批工程概算。严格履行工程概算的审查和批复程序，委托具有相应资质的咨询单位评审后，报企业相关管理部门审核并批复。

（3）刚性执行工程概算。工程初步设计概算是指导工程建设的重要依据，是工程建设的投资限额，概算批复后不作调整。项目法人单位依照批复初步设计开展项目建设，按批复概算投资控制资金使用。项目法人单位在工程建设实施阶段不得任意变更建设规模，提高工程建设标准。确需调整的，需报原审批单位同意后方可实施。

2. 管理措施与控制要点

（1）合理衔接好工程可研与初步设计工作。初步设计必须在可研确定的设备选型、所址条件、路径通道、外部建设条件等范围内进行，初步设计概算应控制在批复的可研估算范围内。如果建设条件与前期工程设想相比发生较大变化，导致初步设计概算超出可研估算的，不予安排初步设计评审（审查），必须重新开展可研。

（2）严格执行初步设计及概算相关规定。电网工程的初步设计，必须贯彻"安全可靠、经济合理、运行灵活、优质高效"的原则，严格掌握设计标准，认真执行通用设计以及电网变电所建设的若干规定、变电站土建专业通用设计、电网工程项目合理控制造价实施细则等提出的技术经济措施，强化设计文件的可控及严肃性。

（3）初步设计文件中增加"工程造价分析"章节。阐述工程设计采取的控制工程造价的措施和预计达到的效果，并将本工程造价与通用设计、通用造价、限额设计控制指标及同类型工程造价进行比较分析，论述本工程造价的合理性、特殊性及与同类工程的可比性。初步设计文件如缺少本章节，应暂不安排初步设计评审（审查）。

（4）加强初步设计管理确保设计深度。在组织设计单位开展初步设计过程中，明确勘测设计深度要求，着重加强对地基处理、杆塔基础、建筑结构、设备参数等设计的计算与校核工作。线路工程设计深化应用海拉瓦等先进适用技术，改进设计手段，提高设计水平，优化线路路径度。

（5）从严控制工程建设各类费用计列。设备价格一律按照国产设备价格计列，对于在工程中选用技术先进、质量优良的合资厂产品的设备，将合资与国产设备差价计入设备编制年价差。根据基建、生产并账运行的新形势，从严控制使用管理车辆购置、工器具生产及生活家具购置和生产职工培训、备品备件购置等费用，扩建工程取消上述费用。

（6）严肃初步设计及概算评审与批复。强化电网工程初步设计评审管理，提升初步设计评审质量和效率，自行组织或委托有资质单位对电网工程的建设条件、通用设计应用、建设规模、设备选型、造价控制等情况进行详细评审。

（7）加强设计单位考核与评价。在合同中约定考核内容，严格按照合同约定对设计单位开展考核与评价，并将评价结果与招投标工作挂钩，每年对考核不合格的设计单位进行公示，并暂停其一段时间的投标工作，以起到警示作用，从源头上解决问题。

（三）施工图设计与预算管理

1. 主要内容

施工图预算是施工图设计文件的重要组成部分，主要用于反映建筑、安装工程实际建设成本。

（1）编制施工图预算。应在批准概算范围内进行编制施工图预算，当设计标准发生变化或出现设计变更引起施工图预算突破初步设计概算时，编制单位应将突破的主要原因及时通知项目建设单位，并由项目建设单位逐级上报审核批准。

（2）应用施工图预算。施工招标应根据项目特点确定是否编制标底。对于项目招标的标底，主要依据招标文件确定的工程量清单、概预算管理规定及调价文件进行编制，也可以应用施工图预算进行施工招标。

（3）审批施工图预算。项目建设单位应加强施工图会审工作，重点核查施工图设计是否符合已批准的初步设计，严禁擅自增加概算外项目，提高建设标准以及扩大建设规模，审核批准施工图预算。

2. 管理措施与控制要点

（1）严格做好工程建设各阶段的招投标管理工作。深化主要设备、材料集中规模招标（有条件的地区可编制物资词典，避免漏报、错报），以取得规模效益。在填报设备、材料招标采购招标计划时，应当注明同口径初设概算计列的额度，以供在定标时参考。规范实施设计、施工、监理公开招标。对于服务类、施工类招标工作，应适时修改评标办法，引导投标人降低投标报价。

（2）严格做好工程建设各类合同管理。工程实施应以合同管理为中心，建立健全合同管理制度。合同条款应严谨、职责明确，促使各方按照合同约定全面履行义务。

（3）严格做好工程建设过程各类费用管控。建设单位依据批准的初步设计概算控制使用基建资金，严格把握设计变更数量，控制费用支出。对于合同金额超概算以及引起合同内容、金额较大变化的各类变更事项，应详述变更的原因、内容、金额，按照管理权限和程序履行报批手续，确保费用的支出有理有据，在建设中审批手续完备的变更事项方可列入结算调整和竣工决算中。

（4）加强对施工图设计的检查和监督力度。施工图必须按照初步设计审查确定的原则和方案设计，建设管理单位依照批复文件实施项目建设，凡批复文件之外的、擅自扩大建设规模及提高工程建设标准的项目一律不得建设。严格按照公司系统变电站土建专业通用设计建设，严格控制装修标准，注重工业建筑的实用功能。

（5）加强和规范电网建设工程监理工作。充分发挥监理在工程现场监督和管理作用，严格按照公司制定的电网工程设计变更及现场签证管理办法实施现场管理，规范管理制度和工作流程。

（四）工程结算管理

1. 主要内容

（1）编制工程结算。建设管理单位组织有关参建单位按期编制工程结算，依据合同约定对建设工程的立项、审批、实施、验收投运等工程建设全过程中的工程设计、施工、咨询、技术服务、设备材料供应、工程管理等建设实际费用进行汇集和结算。

（2）报批工程结算。根据工程结算相关规定，建设单位组织参建单位做好过程结算和最终结算的上报和审批工作。

（3）按期完成工程结算报告编制。项目法人单位在项目竣工投产后及时完成结算报告，并对工程建设管理、安全、进度等做出简要说明，对工程项目实施中概算执行、投资控制、资金运用等情况进行简要的技术经济分析。

2. 管理措施与控制要点

（1）严格履行工程结算编审批程序。项目法人单位可委托项目建设管理单位负责项目结算管理，各级技经管理机构具体负责建设过程中技经管理、组织协调工程结算，编制结算报告，也可通过招标委托造价咨询单位承担工程造价结算任务。工程结算双方应当遵循合法、平等、诚信的原则，并自觉遵守国家法律、法规和政策，在工程竣工投运后及时进行工程价款结算。

（2）严格规范工程结算方式。通过招标确定的设备、材料供应项目，依据中标价及合同规定金额直接支付项目款，投标单位的中标价及按合同规定可调整的部分金额，承包人编制并经发、承包人协商审定的工程竣工结算书，审定的预（概算）加工程量变动引起的费用增减和特殊施工措施费，进行工程结算。

（3）严肃设计变更和签证管理。设计变更和签证引起的费用变化，均按规定的审批权限和程序逐级报批，如果单项工程变更费用与原签订合同费用之和超过批准概算，则要将变更预算报项目法人单位审批后方可进行结算。项目法人单位应严格把握设计变更发生数量，严格控制费用支出，技经人员要合理确定各项变更和签证的费用计算、取费标准，确保工程结算费用控制在批准概算之内。

（4）加强工程结算资料复核。造价管理人员负责对结算资料进行全面复核，主要工作内容包括：设备招标采购、设备代办、设备代订的数量、价格、总费用；施工合同费用、变更费用、现场签证费用及其他费用；设计、监理、技术服务、特殊试验、设备监造等的合同和费用；外委工程合同执行情况及费用；变更和签证预算中材料价格、人工单价、机械单价、定额套用、取费费率等的合理性和准确性；工程合同中标价与结算价是否一致，是否严格执行合同中约定的优惠比例和适用范围；等等。在此基础上，项目法人单位按期完成工程结算总结报告，并向上级单位报批。

（五）竣工决算管理

1. 主要内容

（1）编制竣工决算。工程项目建设所有工作内容按要求全部完成以后，建设管理单位根据国家有关规定编制竣工决算，形成反映其建设成果和财务状况的总结性文件。大中型工程应在 6 个月内编制完成竣工决算，小型工程应在 3 个月内完成竣工决算。

（2）做好审计配合。审计监督必须贯穿于基本建设的始终，各单位要积极配合，提供有关资料，协助做好基本建设项目的审计监督工作，不能以工程结算的审价代替或拒绝工程审计，也不能以审计结果代替工程结算。

2. 管理措施与控制要点

（1）严格执行企业决算管理办法。设置决算考核指标，加快推进工程决算，竣工决算工作应在国家规定时限内完成，减少工程动态费用。加强竣工决算资料积累，在全面汇集工程建设过程中实际消耗的全部费用的基础上，及时编制工程竣工决算，准确确定项目的实际造价。

（2）加大工程造价在达标投产考核和优质工程评选中的权重。对于决算造价超过批准概算、土建及装修超标的工程，不能参加达标投产考核和优质工程评选。

（六）造价分析管理

1. 主要内容

开展年度工程造价分析。工程造价分析是基本建设技经工作管理的重要组成部分，是电网投资与工程决策的重要依据。对于变电工程，要综合考虑变电容量规模、出线规模、无功补偿规模等因素，综合计算单位工程造价；对于线路工程，要综合考虑导线截面、输送容量、走廊宽度等因素，计算单位工程造价。同时，按照本体投资和本体外征地、拆迁补偿投资进行对比分析，不仅要比较工程综合造价，还要区分工程本体及其他费用所占比例和对综合造价的影响程度。

2. 管理措施与控制要点

（1）建立工程造价分析工作常态机制。企业集团总部每年按规定组织完成上一年度公司系统竣工投运的电网工程造价分析报告，并加强对各建设管理单位造价管理工作的考核和评价。各建设管理单位应加强造价分析工作，明确工程造价分析的岗位职责，将工程造价分析与控制的效果作为评价电网企业生产经营工作的内容。

（2）加强工程造价分析资料的积累。各建设管理单位应加强造价资料收集和积累，造价资料应包括已建成竣工和在建的有使用价值、有代表性的电网工程估算、概算、预算以及决算和单位工程施工成本等，特别对新材料、新结构、新工艺等要重点搜资进行单价分析并做好成果推广运用。

第八章

现场"3个项目部"标准化建设实践

第一节 "3个项目部"的管理定位及职责分工

一、"3个项目部"的管理关系及定位

(一)"3个项目部"的管理关系

工程项目业主、监理、施工这"3个项目部"(简称"3个项目部")关系密切，根据各自定位落实管理职责，确保工程建设进度、安全、质量、技术、造价目标的顺利实现。

"3个项目部"的管理关系包括：业主项目部代表业主对设计、施工、监理、物资供货等单位工作进行管控；监理项目部受业主委托，按照监理规范，在监理委托合同范围内履行现场对施工单位的监理职责。

(二)"3个项目部"的管理定位

业主项目部的管理定位是业主单位的项目管理执行单元，是项目总体管控责任主体，代表业主对项目建设全过程及设计、施工、监理工作进行管控；监理项目部的管理定位是监理单位派驻项目现场的管理机构，是现场施工的监督管理主体，受业主委托，依据相关法律法规在现场履行独立的监理职能；施工项目部的管理定位是施工单位派驻施工现场的管理机构，是现场施工管理的责任主体，负责对施工班组进行具体管控协调，确保施工目标的如期实现。

要准确理解"3个项目部"管理定位，统筹利用好现场建设管理资源，提高管理效力。要强化业主项目部的主导能力和管控能力，业主项目部要通过检查、审核、指导、协调，重点实现对项目建设全过程及参建单位的管控，充分授权监理项目部加强现场管理；强化监理项目部现场监督管理能力，监理项目部要充分发挥"小业主、大监理"的作用，在监理合同委托范围内代表业主对现场施工进行全面监督管理；强化施工项目部标准化管理能力，施工项目部要按照企业安全文明施工、标准工艺等基建项目标准化建设有关要求，加强对现场各施工班组的

全面管理，接受现场监理项目部的监督管理。

此外，还要强化设计单位的技术支持作用，设计代表在工程建设过程中要积极配合业主项目部做好技术管理工作，认真做好施工图交付和技术交底，积极参与有关技术方案的论证；强化属地供电公司的属地协调作用，属地市县公司要发挥整体资源优势，提高属地协调效率。

二、"3个项目部"的主要管理职责

（一）业主项目部的管理职责——落实总体管控主体责任

（1）贯彻执行国家、行业规范及标准化建设要求。

（2）编制项目管理策划，审批参建单位主要策划文件。

（3）招标配合、合同管理、资信评价。

（4）参与初步设计技术变更审查，组织施工图会审与技术交底。

（5）现场安全质量管控，监督监理做好安全巡检、工程中间验收、竣工预验收并督促施工项目部进行闭环整改。

（6）建设协调（外部、内部、参建单位）。

（7）进度款支付申请审核、竣工结算，配合竣工决算。

（8）工程信息与档案资料的收集、整理、上报、移交工作。

（二）监理项目部的管理职责——落实现场监督主体责任

（1）贯彻执行国家、行业标准、规程和规范及企业制度。

（2）编制项目监理策划，审核施工策划、技术方案、有关措施并监督落实。

（3）做好安全巡查，督促各类检查发现问题的闭环整改。

（4）做好中间验收、竣工预验收，督促质量缺陷的闭环整改。

（5）强化现场工程量、工程变更及进度款审核。

（6）督促、审查施工进度计划并跟踪管控。

（7）施工图预检，参加施工图会检及设计交底会并负责落实。

（8）设备、材料、构配件质量检验监理。

（9）做好相关信息与档案管理。

（三）施工项目部的管理职责——落实施工管理主体责任

（1）贯彻执行国家、行业规范和业主方管理要求。

（2）认真编制施工进度计划及控制措施并落实，组织施工班组搞好现场施工，确保工程进度。

（3）认真做好安全管理方面策划方案、预控措施，加强培训，强化措施落实，搞好现场安全文明施工，做好自查自检，做好安全隐患闭环整改，确保现场安全可控在控。

（4）认真做好质量管理方面策划方案、预控措施，加强培训，强化措施落实，搞好现场标准化施工，做好自查自检，做好质量缺陷的闭环整改，确保现场质量可控在控，争创优质。

（5）报审工程资金使用、进度款申请，配合工程结算和竣工决算、审计以及财务稽核工作。

（6）落实有关技术管理要求，做好施工技术方案并落实。

（7）负责有关信息与档案管理。

第二节 "3个项目部"标准化建设总体思路

一、"3个项目部"标准化建设的目的与意义

（一）规范管理——解决当前现场管理问题

目前，电网工程项目现场管理还不同程度地存在着一些问题与不足，主要是管理责任不到位、管理水平不平衡及管理主动性不够，如图8-1所示。

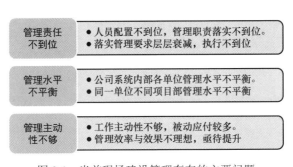

图8-1 当前现场建设管理存在的主要问题

加强"3个项目部"标准化建设，目的就是解决这3个方面的主要问题，规范基建工程建设现场的管理。

（二）夯实基础——打牢项目管理基础

提升项目管理水平，关键在基层、基础、基本功，项目管理要求贯彻落实要靠

"3个项目部"具体落实，现场管理是电网工程项目管理的重要基础，标准化建设是夯实基建管理基础的主要途径。

（三）促进提升——提升整体管理效率与效益

标准化被公认为是提升管理效率与效益的有效手段，对于提升电网工程项目管理整体水平具有重要作用。

通过"3个项目部"标准化建设，规范专业过程管理、夯实现场管理基础，逐步提升管理效率与效益，从而促进公司电网工程项目管理整体能力与水平持续提升。

二、"3个项目部"标准化建设的总体思路

（一）统筹推进，纵向贯通

统筹"3个项目部"标准化建设，纵向有力贯彻落实电网工程项目管理制度，以国家、行业、企业工程项目管理有关制度为依据，将进度、安全、质量、技术、造价五大专业管理要求具体落实到现场。

（二）统一规范"3个项目部"运作

推广应用"3个项目部"标准化工作手册，如图8-2所示。规范"3个项目部"设置与运作，推动"3个项目部"标准化建设。

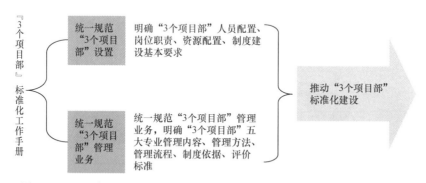

图8-2　以"3个项目部"标准化手册为基础推进"3个项目部"标准化建设

"3个项目部"标准化工作手册的统筹优化思路如下。

（1）根据"3个项目部"的管理定位，确定了管理重点内容。

（2）依据管理制度，统一了工作手册中的相关术语。

（3）按照纵向专业化管控要求，实现业主项目部、监理项目部、施工项目部

管理流程的纵向衔接和贯通。

（4）按照 "谁先发起谁管理" 的原则，统一规范了 "3 个项目部" 的管理模板，明确模板管理责任及流转审批要求，避免交叉重复，提高管理效率。

（三）简化优化，提升效率

简化优化现场 "3 个项目部" 日常管理工作有关的内容、流程、模板、报表等，形成重点突出、要求明确、操作方便的标准化管理要求，搭建统一的信息平台，实现信息一次录入、共享共用。

简化管理报表及资料如图 8-3 所示。

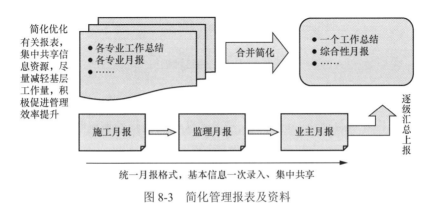

图 8-3　简化管理报表及资料

（四）强化执行，强基固本

1. 强化 "3 个项目部" 标准化手册执行

强化 "3 个项目部" 标准化手册执行，重点做好 "查漏、规范、强化"。

（1）查漏。查找问题，分析问题产生的根源。

（2）规范。制定标准，推进标准化建设。

（3）强化。巩固标准化建设成果，夯实基础。

2. 处理好标准化与创新推进的关系

执行层面要正确处理好标准化与创新推进的关系。首先要贯彻执行标准化，强基固本；鼓励在执行标准化的过程中，结合管理实践，创新提出改进标准化的意见与建议，从而促进标准化水平的持续提升；衡量创新意见与建议好坏的标准是能否有效地提升管理效率与效果。

（五）强化全过程管理管控

信息化全过程管控重在简明高效，着力强化项目进度、安全、质量、技术、造价等专业的管理策划、过程管控、结果评价，实现闭环管理，提升管理实效。

信息化全过程管控如图 8-4 所示。

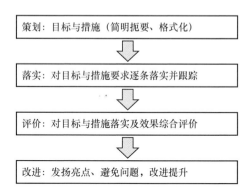

图 8-4　信息化全过程管控

（六）建立激励约束机制

建立企业内部激励约束机制和外部参建队伍的激励约束机制，促进管理水平提升。参建单位激励约束机制如图 8-5 所示。

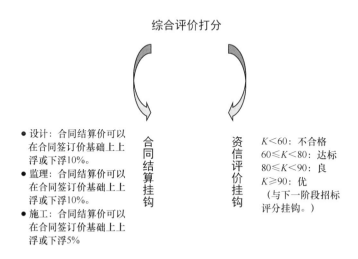

图 8-5　参建单位激励约束机制

（七）以人为本，提升能力

关注电网工程项目部成员的生活与成长，研究建立业主项目经理、总监、施工项目经理培养选拔、考核激励机制，做好业主项目经理、总监、施工项目经理职业生涯规划，注重把优秀的业主项目经理、总监、施工项目经理选拔到各级管理、技术或领导岗位上来。按照一线班组标准，设立业主项目经理、总监、施工项目经理岗位工资或岗位津贴，使业主项目经理、总监、施工项目经理获得与其贡献相适应的工资报酬和经济鼓励。

业主项目部管理人员培训，既要加强对电网工程标准化管理要求的宣贯培训，也要加强对变电、线路、土建专业技术总体要求的培训。过渡阶段，在配备各业主项目部管理人员时，要统筹兼顾每个业主项目部中业主项目经理及管理专责的专业管理特长和技术专业背景，全面满足业主项目部管控需要。

要充分认识人才队伍梯队建设对于夯实管理基础、提升管理水平的重要意义，加强电网工程项目管理人才培养。业主项目部直接面对工程建设现场，是基建领域的一线班组，应成为公司基建战线复合型管理人才培养基地。要加强与人资部门的沟通协调，将新入职大学生输送到业主项目部进行培养锻炼，通过技术与管理培训和师傅现场辅导，经过几个工程项目的现场历练，逐步成为业主项目部层面的骨干力量。

第三节 "3个项目部"五大专业管理要点及衔接

一、进度管理的重点工作及衔接

（一）项目管理策划

（1）业主项目部编制《建设管理纲要》并报批；审批参建单位策划方案。

（2）设计单位编制《设计创优实施细则》并报批。

（3）监理项目部编制《监理规划》并报批；审核《项目管理实施规划（施工组织设计）》《建设标准强制性条文执行计划》。

（4）施工项目部编制《项目管理实施规划（施工组织设计）》《建设标准强制性条文执行计划》并报批。

（5）工程施工阶段，"3个项目部"认真贯彻落实策划方案，业主项目部每月监督检查策划文件的执行情况，并在工月度例会上予以通报。

（二）进度计划管控

（1）业主项目部编制《项目进度实施计划》并报批。

（2）设计单位根据项目进度实施计划，编制《项目设计计划》并报批。

（3）施工项目部根据项目进度实施计划，编制《施工进度计划》并报批。

（4）监理项目部审核《施工进度计划》。

（5）"3个项目部"按计划推进工程进度，定期检查月度进度计划执行情况，分析进度偏差，提出纠偏措施，完成月报编制及上报；若工程变更造成进度计划调整，提出进度计划调整申请。

（三）招标配合与合同管理

1．招标配合方面

（1）业主项目部编制设计、施工、监理、物资招标需求，报送建设管理单位审核汇总。

（2）设计单位及时配合提供物料清单。

2．合同管理方面

（1）业主项目部按照统一的合同范本，负责组织起草非物资类合同，具体负责合同条款执行，对合同的执行进行过程管理，及时协调合同执行过程中的各种问题。

（2）监理项目部协助业主项目部强化设计合同、施工合同、物资供应合同执行管理。

（3）施工项目部严格履行施工合同，强化分包合同的规范管理。

（四）建设协调

（1）业主项目部负责工程开工的组织协调工作，确保工程按时开工；负责对设计、监理、施工单位的日常协调管理，组织召开第一次工地例会、工程月度例会、专题协调会（根据需要召开），协调解决工程中有关问题，形成会议纪要并跟踪落实；具体负责项目建设外部协调和政策处理工作，重大问题上报建设管理单位协调解决；负责组织工程移交。

（2）监理项目部组织召开工地例会，协调现场存在问题，协助业主抓好各类会议纪要跟踪落实。

（3）施工项目部协助业主做好外部协调，加强对施工班组及分包队伍管理协调。

（五）信息与档案管理

（1）业主项目部根据档案标准化管理要求，建立统一的档案归档目录，工程开工前下发各参建单位，督促有关单位及时完成对档案文件的汇总、组卷。

（2）"3个项目部"按照统一的归档目录和标准模板，认真做好工程建设过程中信息与档案资料的收集、整理、归档，工程竣工投运后，完成档案移交工作；应用基建管控模块，做好建设过程中的信息维护工作。

（六）总结与平均

（1）业主项目部应用评价机制对监理项目部、施工项目部标准化工作开展情况及其实际效果进行综合评价，将评价结果上报建设管理单位汇总审核，与合同结算挂钩，并作为对监理单位和施工单位合同履约评价、资信评价得分；配合做好对设计单位、物资供应商的综合评价及资信评价工作；做好建设项目管理工作总结与自评，并上报建设管理单位。

（2）监理项目部做好项目监理工作总结与自评；配合业主项目部做好对施工项目部、物资供应单位、设计单位综合评价。

（3）施工项目部做好自评与项目施工总结。

二、安全管理的重点工作及衔接

（一）项目安全策划管理

（1）业主项目部编审项目安全文明施工总体策划，经建设管理单位批准后分发本工程参建单位；审批监理项目部编制的《安全监理工作方案》和施工项目部编制的安全风险防控方案；组织召开安委会并落实相关要求。

（2）监理项目部编制《安全监理工作方案》并报批。

（3）施工项目部编制安全风险防控方案并报批。

（4）"3个项目部"在工程建设过程中，抓好策划方案跟踪落实、检查抽查。

（二）项目安全风险管理

（1）业主项目部向监理项目部及施工项目部提供作业环境范围内可能影响施工安全的有关资料；结合本工程实际特点，组织项目参建单位对工程进行危险源分析。

（2）"3个项口部"列出重点控制危险源清单，采取预控措施，完成项目"危险点辨识及控制措施"编、审、批工作；并通过并抓好落实。

（三）项目安全文明施工管理

（1）"3个项目部"分别抓好《安全文明施工总体策划》《安全监理方案》《安全风险防控方案》落实，业主督促监理做好过程监督检查。

（2）施工项目部编制《安全文明施工设施配置申报单》和《安全文明施施实施申报单》并报审、落实。

（3）监理项目部审核《安全文明施工设施配置申报单》和《安全文明施施实施申报单》；对施工进场的安全设施以及安全文明施工措施情况进行验收。审核施工项目部安措费分阶段使用申报表，实施过程中做好检查工作。

（4）业主项目部负责核查现场安全文明施工开工条件，重点做好各参建单位相关人员的安全资格审查、安全管理人员到位情况检查；分阶段审批施工项目部的《安全文明施工设施配置申报单》和《安全文明施工措施实施申报单》；审批施工项目部安措费分阶段使用申报表，按规定向施工项目部支付现场安措费，监督监理做好相关跟踪检查。

（四）项目安全性评价管理

（1）业主项目部在土建（基础）和电气安装（组塔架线）施工高峰期间组织两次安健环评价，建立健全安健环评价资料台账；组织参建单位按要求做好安健环自评工作，受安委会委托，按照《电网工程项目安全健康环境管理评价表》进行项目安健环评价，并监督责任单位对存在的问题进行整改，形成闭环管理。

（2）监理、施工项目部做好自评，监理监督检查施工项目部进行闭环整改。

（五）项目分包安全管理

（1）施工项目部填报施工单位申报的工程项目分包计划及分包申请，并落实分包队伍人员进场审核、教育培训、安规考试、健康体检、意外伤害保险、文件审查、组织指挥、现场监督、安全考核等方面的管理工作。

（2）监理项目部审核施工单位申报的工程项目分包计划及分包申请，并动态监督施工单位落实分包队伍管理工作。

（3）业主项目部负责审批施工单位申报的工程项目分包计划及分包申请，严格控制施工单位的分包工程范围，监督分包合同及安全协议的签订，做到合法分包；定期组织开展工程项目分包管理检查，监督检查施工单位对其分包商的管理工作。

（六）项目应急安全管理

（1）"3个项目部"开工前编制安全应急方案并报批，组织开展项目应急预案演练。

（2）业主项目部监督检查监理、施工项目部对预案的可操作性、执行情况以及应急预案的有效性和响应的及时性。

（3）监理项目部重点监督检查施工项目部预案的可操作性、执行情况以及应急预案的有效性和响应的及时性。

（七）项目安全检查管理

（1）业主项目部组织项目月度安全检查、春秋季安全检查、专项安全检查、随机检查，对安全检查中发现的安全隐患，下达《安全隐患整改通知书》；月度例会上进行安全分析；督促责任单位及时完成各级检查发现问题的闭环整改。

（2）监理项目部组织做好日常安全巡查，监督检查施工项目部项目隐患闭环整改情况，公布检查及整改结果。

（3）施工项目部做好自查自检，接受监理监督，及时完成各类检查发现问题的闭环整改。

三、质量管理的重点工作及衔接

（一）项目策划阶段质量管理

（1）业主项目部确立质量管理目标，作为工程招标文件的组成部分。

（2）设计、施工、监理编制质量策划文件并报审。

（3）业主项目部审批设计、施工、监理质量策划文件；下达《工程质量通病防治任务书》。

（4）施工、监理、业主项目部分别完成《施工质量验收及评定范围划分表》的编、审、批。

（二）项目建设施工阶段质量管理

（1）施工、监理、业主项目部分别抓好策划文件、标准工艺的具体落实、监督检查、督促抽查；分别抓好关键环节质量控制。

（2）施工、监理、业主项目部分别抓好设备材料进场的具体检查、组织监督、抽查。

（3）业主、监理、施工项目部分别抓好质量监督的手续办理、监督整改、闭环整改。

（4）业主项目部在工程施工建设的各阶段，对设计、监理、施工等单位投入本工程的技术力量、人力和设备等资源情况进行检查。

（三）项目验收阶段质量管理

（1）施工单位完成竣工阶段三级自检；做好各级验收发现质量问题的闭环整改；完成质量通病防治的总结工作。

（2）监理项目部完成初检工作；填报《工程验评记录统计报审表》；做好工程质量评估工作；完成质量通病防治的总结工作。

（3）业主项目部督促监理项目部填报《工程验评记录统计报审表》、签署质量验评审批意见，做好工程质量评估工作；督促施工项目部、监理项目部做好质量通病防治的总结工作；组织工程竣工预验收，督促相关单位完成预验收提出的整改项目；参与工程竣工启动验收工作，完成整改项目的闭环管理。

（四）项目总结评价阶段质量管理

（1）业主项目部参加工程达标投产自检、复检工作，做好迎检资料准备；组织公司优质工程的资料准备及自检整改工作，配合优质工程现场复查；组织责任单位处理项目投产后质量保修问题。

（2）施工项目部配合工程达标投产、创优，完成相关问题整改；办理质量保修手续。

（3）监理项目部配合工程达标投产、创优，监督检查施工项目部完成相关问题整改。

四、技术管理的重点工作及衔接

（一）技术标准的贯彻落实

（1）"3个项目部"在项目建设过程中自觉学习、贯彻执行国家、行业和企业颁发的相关技术标准、规程、规范、技术文件等；搜集基建技术标准执行中存在的问题、各标准间差异，提出修订建议。

（2）业主项目部监督检查设计、施工、监理、设备制造对有关技术标准、规程、规范、技术文件的执行情况。

（3）监理项目部在策划方案审查、日常监督管理过程中，监督检查设计、施工、监理、设备制造对有关技术标准、规程、规范、技术文件的执行情况，为业主把好技术关口。

（4）施工项目部强化对施工班组、分包队伍相关技术标准的宣贯培训，并监督执行。

（二）项目技术管理

（1）施工项目部结合项目实际，认真编制"项目管理实施规划"中的技术方案、特殊施工技术方案并报批，更为重要的组织施工班组具体落实。

（2）监理项目部结合项目实际，细致认真审核施工项目部编制"项目管理实施规划"中的技术方案、特殊施工技术方案并报批，更为重要的监督施工项目部的具体落实；协助业主做好技术交底。

（3）业主项目部审批"项目管理实施规划"中的技术方案、特殊施工技术方案；组织做好技术交底；审核需招标设备的技术规范书，参与签订设备技术协议书；参与主要设备的出厂验收工作，协调解决施工过程中出现的设备技术争议问题。

（三）设计管理

（1）设计单位贯彻执行通用设计、通用设备要求，按计划完成初设、施工图设计，按设计评审单位及施工图初检、预检、会检意见，及时完成初设、施工图设计修改完善；认真做好向施工单位的设计交底。

（2）业主项目部参与初步设计内审、评审、工程优秀设计评选工作；督促设计单位编制设计进度初步计划，并按计划交付设计资料；组织施工图会检及施工图设计交底会议，并签发会议纪要；审核工程变更中的技术内容，执行工程变更管理制度，履行工程变更审批手续；督促施工单位修编整理竣工草图和监理单位审核签认工作，负责工程竣工图的归档工作。

（3）监理项目部发挥专业优势，组织做好施工图预检，替业主把好专业关；参与施工图会检及施工图设计交底会议，负责跟踪落实会议纪要。

（4）施工项目部做好施工图初检，把好图纸第一道审查关；组织施工班组按设计交底施工。

（四）科技项目实施

（1）"3 个项目部"结合工程实际和管理实际，提出依托工程科技项目建议。

（2）如列入年度依托工程科技项目计划，按要求做好研究工作，组织开展群众性科技创新工作，做好成果总结、汇报。

五、造价管理的重点工作及衔接

（一）初步设计概算管理

（1）设计单位按时完成初步设计概算，按照内审、评审意见及时完成初步设计概算修编与上报。

（2）业主项目部配合设计单位编制初步设计概算，提供概算编制所需资料；参加初步设计内审，配合建设单位初步设计概算评审工作；负责督促设计单位按内审、评审意见进行概算修编与提交；负责将最终审定版的工程初步设计概算按规定的模板格式导入信息系统；具体负责工程概算投资使用的管理、控制和分析，并及时向建设管理单位及网省公司基建部反馈。

（3）监理项目部熟悉了解所监理工程的初步设计概算，协助业主做好概算控制。

（二）施工图预算管理

（1）设计单位根据初步设计评审意见开展施工图设计和编制施工图预算；按照审查意见进行修编、出版审定版施工图预算。

（2）业主项目部负责督促设计单位根据初步设计评审意见开展施工图设计和编制施工图预算，组织施工图预算报审并督促设计单位按照审查意见进行修编、出版审定版施工图预算（含电子版），并提交建设单位。

（3）监理项目部协助业主做好施工图预算控制。

（4）施工项目部按照施工图预算，做好施工过程中的各项费用预算控制。

（三）进度款管理

（1）施工项目部编制"资金使用计划报审表""工程预付款报审表""工程进度款报审表"并报审。

（2）监理项目部编制"工程监理费付款报审表"并报审；审核施工项目部的"资金使用计划报审表""工程预付款报审表""工程进度款报审表"；审核设备材料款支付申请。

（3）业主项目部审核监理项目部上报的"工程监理费付款报审表"；审核施工项目部上报、经监理审核过的"资金使用计划报审表""工程预付款报审表""工程进度款报审表"；审核设备材料款支付申请；并通过信息系统向建设管理单位提出审核后的工程预付款、工程进度款、工程监理费付款、设备材料款支付申请。

（四）工程变更预算管理

（1）业主及参建各方通过工程变更单（代替原设计变更单、变更设计单、工程签证单、工程变更联系单等工程变更单）提出工程变更意见或申请。

（2）在工程变更时，变更技术方案审定后，设计单位编制工程变更费用预算。

（3）监理项目部负责审核工程变更费用预算。

（4）业主项目部负责审核经监理单位审核后的工程变更费用预算，若已达到重大设计变更标准，报建设管理单位审核。

（五）结算管理

（1）施工项目部按照工程结算工作计划，及时编制"工程竣工结算报审表""竣工结算工程量确认书""竣工结算书"并报审。

（2）监理项目部审核施工项目部的"工程竣工结算报审表""竣工结算工程量确认书""竣工结算书"；提出监理费结算申请。

（3）业主项目部负责制订工程结算工作计划，审核施工项目部的"工程竣工结算报审表""竣工结算工程量确认书""竣工结算书"；负责竣工结算工程量的审核、确认和上报；负责组织竣工结算，负责完成施工费、勘测设计费、监理费及其他费用的结算；负责提供申请调概或动用预备费所需的基础资料和分析材料（根据实际需要）；及时完成竣工结算报告的编制，并填报电网工程结算工作完成情况表及工程概况表，由建设管理单位整理汇总后报网省公司基建部；按照激励机制的要求，业主项目对设计（配合网省公司）、施工、监理单位进行综合评价，评价结果作为最终结算依据。

（六）竣工决算、造价分析、定额工作配合

（1）"3个项目部"积极配合配合建设管理单位财务、审计部门完成工程财务决算、审计以及财务稽核、固定资产转资工作。

（2）配合在竣工结算完成后向建设管理单位提供所辖工程造价分析基础资料，配合编制工程造价分析报告；使用电网工程负责正确概预算定额及相关计价文件，负责分析所辖工程计价资料的基础数据并报建设管理单位，负责及时向定额管理单位提供所辖项目应上缴的电力工程技术经济标准编制管理费。

第九章

工程项目管理理论前沿与实践展望

第一节　工程项目管理理论与实践发展趋势

一、国际化趋向加速

（一）标准与规范国际化接轨更广

随着全球化进程的加快，工程项目管理的国际化趋势愈发凸显。各国工程项目管理在标准和规范上逐步寻求国际化接轨。比如，国际项目管理协会（IPMA）和美国项目管理协会（PMI）制定的项目管理标准在世界范围内被广泛参考和应用。许多国家开始互相认可通用的工程建设标准，如建筑工程施工质量验收标准中的部分指标逐渐走向统一，这有助于减少跨国工程合作中的冲突和误解，提高工程管理的国际通用性和合作效率。

（二）国际协作与人才交流更加频繁

国际间的项目合作日益增多，这不仅仅局限于传统的发达国家之间，更多的新兴经济体国家也积极参与国际工程建设合作。比如，在"一带一路"倡议下，众多中国建筑企业走向共建国家参与各类基础设施建设工程，与当地企业形成多种形式的合作模式。与此同时，工程项目管理领域的国际化人才交流也在加剧，专业化的项目管理人才开始在国际间流动，他们携带不同国家和地区的先进管理经验，进一步促进了工程项目管理国际化趋势的蔓延。

二、一体化趋势显著

（一）项目管理过程一体化

工程项目管理正在朝着一体化方向发展，全寿命周期项目管理理念日益深入，它涵盖项目管理策划、项目前期准备、设计准备管理、设计管理、施工准备管理、施工管理、竣工运行阶段及运营维护阶段等项目全寿命周期，是对传统工程管理只关注某个阶段（如施工阶段）的极大补充。全寿命周期项目管理理注重目标体系优化，追求项目管理更高层次价值观念和品位；注重责任体系构建，克服传统管理短期行为和责任盲区问题；注重生命周期成本（LCC）方法应用，提高决策的科学性与合理性；注重集成思想应用，提高建设项目管理的效率与效果。

（二）项目承包方式集成化

传统对于工程某个环节的单一承包方式正在被越来越多的综合承包所取代。在建筑市场竞争越发激烈的背景下，业主更期望建筑产品的成本逐步降低、质量逐步提高，倾向于采用集成化程度高的承包模式。如"设计—施工总承包（DB）"或者"设计—采购—施工总承包（EPC）"模式的广泛应用。这两种模式均可促使项目承包者从项目的整体效益出发去优化资源配置、协调工程进度、控制工程质量和成本，而不再局限于各自负责的单一环节。比如，在 DB 模式下，设计单位和施工单位的协作更加密切，设计的可行性在施工团队的专业经验影响下得到优化提升，施工过程中因为设计变更引发的混乱和损失也得以减少，有效提高项目成功交付的概率。

三、专业化特征加强

（一）专业机构与人才增多

各类专门从事工程进度管理、成本管理、风险管理评估等的专业咨询机构不断涌现，凭借专业的知识技能体系和丰富的项目经验，为工程项目提供专业化的一对一服务。比如，一些国际知名风险咨询公司能为跨国的高风险油气勘探开发工程项目提供合适的风险应对策略建议。

同时，在人才培养方面，对应着项目管理的专业化需求，高校和职业培训机构开始侧重新知识、新技能的传授。课程设置除了通用的管理课程外，更增添了如特定工程领域专业知识以及信息化管理工具应用等针对性的课程。

（二）管理方法与技术专业化

不同类型的工程项目开始适配专业化的管理方法与技术。随着各个行业技术突飞猛进的发展，工程项目类型日益多样化，如新能源领域的太阳能电站项目建设就是新兴项目类型，要考虑电池板安装对日照角度的特殊要求、储能设备的布局优化等，既要掌握通用的项目管理方法，又要有针对该领域特定的技术管理和资源配置方案。

同时，适应工程项目管理的专业技术不断创新发展，像利用物联网技术实现工程项目施工现场设备实时监控、人员定位等精确管理手段层出不穷，不断满足复杂环境下工程项目管理的多样化需求。

四、绿色化要求更高

（一）环保水保管控更加严格

绿色发展理念深入人心，全球范围内更加注重工程绿色化建设，追求建设项目与自然环境和谐共生，极大地推动了建设理念和管控方式变革。从项目立项可研、设计施工到投产运营全过程，强化环保水保审批和监督。比如，电网工程项目在立项阶段要通过环保水保部门审核，建设过程中要接受环保水保检查监督，竣工投产时要通过环保水保验收。

（二）绿色化技术更新迭代

随着绿色发展理念、节约发展理念的不断深入，建设项目追求社会综合效益最大化达成共识。绿色建设专业技术不断创新发展，绿色规划、绿色设计、绿色施工、绿色运行技术和节地、节能、节材、节水技术不断涌现和迭代，追求建设项目环境友好、经济效益、综合能效最优化。

五、机械化程度更高

（一）机械化需求更加迫切

随着我国城市化进程不断加快，年轻一代加入工程建设施工产业工人的意愿逐渐降低，早期的"农民工"逐渐老化和减少，工程建设施工领域的产业工人日趋短缺，亟待更大范围推进机械化施工，让机械化施工成为工程建设施工主流，通过机械化代人，大幅降低施工产业工人需求，同时提升工程建设施工安全质量水平。

（二）新型技术装备应用提速

近年来，部分技术装备企业加大与各行业合作，推动施工技术装备创新升级，制造出一系列新型装备，创新了与新型装备配套的施工技术，极大地推动了工程建设领域机械化施工的进程。各行业工程建设领域新型技术装备应用加快推进，推动了以人力为主的传统施工方式逐步向以机械为主、人力为辅的新型机械化施工方式转变。

六、装配化范围更广

（一）装配化产业形成规模

近年来，国家住建部大力推动装配式施工政策出台、技术革新、产业培育、工程示范、推广应用，各行业和各地方政府积极响应，逐步培育了一大批装配式施工的设计企业、材料及配件加工企业、装备制造企业、施工企业，形成了初具规模的装配式施工产业。

（二）装配化应用全面加快

随着装配化产业发展，装配式设计方案、装配式施工材料及配件、装配式施工方式在各行业全面加快应用，极大推动了工程项目建设施工效率和安全质量水平。随着住建部相关政策、标准规范的陆续出台，装配化建设方式将会成为未来我国主要建设方式。

七、数智化进程加快

（一）人工智能加快应用

随着 chatGPT、DeepSeek 等人工智能应用的深入，逐步改变了人们对人工智能的认知，未来人工智能将会给工程建设领域带来翻天覆地的变化。

目前，人工智能在工程项目建设现场监控、缺陷识别、智慧工地、智能管控等方面应用取得了积极成效，下一步将会在工程规划、设计、施工和工程验收、过程管控等方面进行加快应用。

（二）数值化管理赋能提效

通过大模型样本数据积累、大数据分析和人工智能应用，能够对工程项目建设全过程关键流程实现"如何干"的智能提醒、"及时干"和"不能干"的智能预警、"干的怎么样"的智能分析，可以帮助新任管理人员快速上手，帮助各级管理人员及时完成业务办理，并避免问题重复发生，辅助管理人员开展智能分析，提升管理实效。

第二节　工程项目管理的理论前沿

一、伙伴关系管理理论

（一）伙伴关系管理的基本概念

伙伴关系管理（Partner Relationship Management，PRM）是一种战略性的商业实践，旨在通过建立和维护与合作伙伴之间的有效关系，促进业务增长和市场扩张。伙伴关系管理涉及将不同的实体相互链接起来，允许它们管理线索、服务请求、渠道以及营销费用共享。在新经济时代，成功的企业往往是那些善于与许多企业伙伴进行合作的企业，这些企业伙伴构成了该公司的合作性网络。

伙伴关系管理不仅是一种商业策略，更是一种企业文化和管理哲学。通过实施有效的伙伴关系管理，企业可以建立稳固的合作网络，提升市场竞争力，实现可持续发展。在工程建设领域，伙伴关系管理强调与项目相关方建立长期、互利的合作关系。

（二）伙伴关系管理的主要优势

伙伴关系管理的主要优势是形成合作共赢局面。在工程项目实施过程中，相关方众多且利益诉求多元化，包括业主、设计单位、施工单位、供应商等。通过伙伴关系管理，各方能够整合资源，形成一个协同高效的合作构架。

比如，在一项大型商业综合建筑项目里，业主希望项目按时高质量交付并控制成本，设计单位追求创新而不失实用的设计方案，施工单位关注施工期间合理的利润空间和稳定的工程进度，供应商则注重产品销售份额和货款回收及时性。建立伙伴关系管理后，可以摒弃以往各自为政、单一维度追求自身利益最大化的模式，而是从项目整体利益出发，分享信息、共担风险、共享收益。如设计单位提前向供应商了解新型建筑材料的性能和供应情况，既能满足创新设计需求，又能确保施工单位在合适的时间获取合适的材料，从而避免工期延误和成本增加，达到多赢效果。

（三）伙伴关系管理的核心理念

1. 通过教育培训与实践磨合形成合作意识

强化合作意识和合作精神的教育培训，让每一个合作单位和每个单位内每一个员工从个人利益、企业利益与合作团队整体利益一致的高度出发，形成对内、对外的合作意识和合作精神。

2. 通过整合资源计划与发展规划提升合作质效

合作各方分别定期对自己所拥有的合作资源进行清算，并制订合作资源的发展积累规划，并召集合作各方进行资源计划及发展规划的统筹整合，以有计划地配置资源、提升合作实效。通过完善协同机制，提升整合合作伙伴资源的能力。

3. 合作各方遵守合作协议并充分考虑合作伙伴利益

在合作过程之中，合作各方必须严格遵守合作协议，表现自身的合作诚意和决心，让合作者之间相互尊重、相互信任、相互理解，把合作伙伴的利益和需要置于自己思考的范围之内，避免斤斤计较于不关根本利益的小利，在合作谋划之前及实施过程中，必须充分考虑合作伙伴的具体利益要求，并站在对方的立场上，思考建立和长期巩固这种互惠共赢的伙伴关系。

二、敏捷项目管理理论

（一）敏捷项目管理的基本概念

在现代社会，工程项目外部环境变化加剧，如技术变革加速、市场需求动态演进等。敏捷项目管理通过迭代式的项目推进方式，不断调整项目计划。不是按照传统的前期长时间详细规划一次性呆板执行，而是将项目周期划分为多个短周期的迭代。每个迭代中都进行需求分析、设计、实施、测试等工作，及时响应需求变更并将变更的影响控制在一定范围内，从而确保项目始终朝着满足市场或用户需求的方向发展，实现高效的项目交付。

敏捷项目管理是应对快速变化环境的项目管理方法，强调项目的灵活性和适应性。敏捷项目管理是一种迭代式、增量式的项目管理方法，适用于应对需求不明确或易变的项目环境。它强调响应变化、团队协作、客户参与以及持续交付价值。

（二）敏捷项目管理的主要优势

敏捷项目管理的主要优势是能够快速响应市场需求，以其快速迭代的特点，采用灵活高效的管理方法，实现项目高效交付。在竞争激烈的市场中，企业需要能够迅速调整项目方向，以满足客户不断变化的需求，敏捷项目管理可以帮助企业在短时间内推出符合市场需求的产品或服务。

（三）敏捷项目管理的核心理念

1. 敏捷方法主导

敏捷方法论已然成为项目管理的主流。随着市场环境的快速变化，企业对于能够快速响应需求、高效交付项目的管理方法的需求愈发强烈。这些框架以其快速响应市场需求并推动高效迭代的特点，在项目管理流程中占据主流地位。

2. 智能化工具赋能

随着 AI 技术的广泛应用，智能化工具开始赋能项目管理。越来越多的项目管理软件集成了智能分析工具，如自动化进度追踪、风险预测及资源优化配置等。这些工具极大地提高了项目的管理效率，让项目经理能够专注于更高价值的任务决策。

3. 云平台助力协作

云平台项目管理工具将助力跨专业、跨单位、跨地域协作，使团队成员无论身处何地，都能及时了解项目进展，协同工作。

4. 优秀的领导力与团队自组织

敏捷项目管理中的项目经理重点是启发和激励团队成员，为团队营造出合作的氛围，将项目的具体工作授权给具有自我组织、自我管理及自我决策能力的项目团队，并致力于提升整个团队的能力。敏捷项目管理要求团队成员具备较高的自觉性和工作能力，类似于通用的专才，团队规模虽小但功能齐全，如每个成员都是多面手，能涉及多个领域知识与技能，团队成员自行合作解决问题。

5. 相关方的深度参与

项目相关方在敏捷项目管理中需要更频繁、深入地参与项目，平等地交流意见。这种深度参与有助于确保项目能够与组织战略目标保持一致，更好地满足客户需求，提高项目成功率。

6. 迭代式开发与增量交付

项目以迭代的方式推进，每个迭代都是一个小型的项目周期。通常安排在较短的时间内（如两周）完成一定数量的工作，每次迭代后都会产生可交付成果并进行评审。这种迭代和增量交付的方式能逐步明确项目范围、需求等，也使得产品更符合客户需求的可能性大大提高。

7. 高效的价值传递与灵活性

敏捷项目管理能够快速响应变化。在项目执行过程中，如果需求发生变更或者有新的想法出现，敏捷团队可以比较容易地接受并进行调整。而且，敏捷项目管理通过迭代交付的方式，能够在项目的早期就开始传递部分价值，而不是像传统项目管理那样要等到项目结束才能提供完整的价值交付。在面对复杂多变的项目环境时，敏捷项目管理能够快速做出反应，是一种自适应型的项目管理方法。

三、复杂项目管理理论

（一）复杂项目管理的基本概念

复杂项目管理理论是在工程项目规模不断扩大且复杂性增加的背景下应运而生的。复杂项目管理理论着重强调项目管理的复杂性和动态性，因为大型的国际工程项目可能涉及多个国家的参与方、多种技术的融合应用以及复杂多变的政治经济环境等因素。比如，大型的国际跨海大桥建设工程，参与方可能来自不同的国家和地区，包括桥梁工程技术极其发达的欧洲国家、资金丰富的中东国家以及劳动力充足的东南亚国家等。不同国家的施工标准、技术规格需要协调统一，各国物资运输、人员派遣的调度安排也要精准配合。这就需要在管理过程中考虑多方面的动态因素，关注不同参与方在不同阶段的职责权重变化、不同技术工艺的衔接接口管理以及不同政治经济局势下项目的风险应对等问题。

（二）复杂项目管理的主要优势

复杂项目管理理论的主要优势是通过注重多利益相关者的协调与合作来实现项目整体目标的优化。一方面，明确不同利益相关者如业主、供应商、施工单位、属地等的利益诉求并建立协调机制，这样能有效避免各方在实现自身利益最大化过程中产生的冲突；另一方面，在项目动态演进过程中，该理论能够及时根据各种干扰因素调整战略决策。比如，遇到国际汇率大幅波动时，可以借助成本分担等机制调整项目预算策略，使得项目实施具有更强的适应能力和抗击风险的能力。

（三）复杂项目管理的核心理念

1. 注重系统思维

统筹考虑复杂项目管理的整体性、复杂性、动态性、互联性，将项目视为一个相互关联的系统，关注系统作为一个整体的特性和行为，而不是个别部分的简单集合，承认项目中存在大量相互作用、相互依存和反馈回路的复杂性，基于项目环境、市场条件、技术进步和利益相关者期望不断变化，能够适应新的信息和情况，并做出明智的决策。

2. 坚持目标为导向

目标为导向在复杂项目管理中具有根本性的意义。复杂项目往往涉及众多的环节、人员、资源等要素，如果没有明确的目标，整个项目就会像无舵之舟，迷失方向。项目开始前，明确的目标能为项目的各个环节提供方向和标准。项目实施中，目标必须具体且可衡量、可实现，具有相关性和时间限制。

3. 统筹资源优化

统筹项目实施人力、物力、财力等多方面资源优化配置，提高项目的效率和质量。项目经理需要对现有资源进行详细评估，合理分配资源，建立资源使用的监控机制。

4. 注重风险防控

将风险管理视为项目管理中不可或缺的重要部分。项目经理需要识别潜在风险，并评估其可能性和影响，制定风险应对策略，建立风险监控机制。

5. 严格时间控制

将时间控制视为项目管理中的主线。项目经理需要制定详细的时间计划，通过时间跟踪工具，实时监控项目进展，确保各项任务按计划进行。

6. 强化团队协作

团队协作是项目管理成功的关键。项目经理需要组建一个专业、互补的团队，制定合理的激励机制，激发团队成员的积极性和创造力。

7. 坚持以人为本

在项目管理过程中，要充分认识到项目的实施离不开项目团队成员的参与，人是项目成功的关键因素。项目管理者需要关注团队成员的需求和发展，通过激发团队成员的潜力和创新能力，提升团队的工作效率和项目的质量。

8. 持续改进管理

在项目的实施过程中，总会遇到各种问题和挑战，项目管理者需要不断地学习和改进，以提高项目的效率和质量。注重系统从其经验中获得各方面知识和适应未来的能力。从成功和失败中吸取教训，不断提高其绩效。

四、跨文化管理理论

（一）跨国文化管理的基本概念

随着全球化进程，国际工程项目中不同文化背景成员的合作日益频繁，文化差异在国际工程实施中带来多方面的挑战。比如，价值观方面的差异，可能在工作分配、项目决策过程中造成冲突；沟通方式上的差异，可能在沟通效果和效率上带来影响，在项目建设过程中容易产生误解；宗教信仰和习俗上的差异，在国际项目实施过程中可能会因对当地宗教习俗的冒犯引发当地员工不满，进而影响项目顺利进展。跨文化管理理论聚焦于不同文化背景下人员之间的沟通与合作，以提高组织的适应性和竞争力。

（二）跨国文化管理的主要措施

1. 跨国文化先导培训

先导培训是跨国文化管理的有效手段。在工程团队组建前或者进入某个新的国际工程环境前，对团队成员进行文化差异及应对培训。比如，学习某个国家或地区的宗教信仰、礼仪习俗、商务往来习惯等知识。

2. 团建融入当地文化

把提高文化敏感性作为团队建设重要内容。管理层鼓励团队成员尊重不同文化背景成员的行为习惯、思维方式等，并及时调整自身沟通协作方式。比如，增强对民族文化节日的认知和尊重，如果项目中有印度团队成员，可以了解并尊重印度的重要节日安排员工的休息，或者进行相应的庆祝活动融入当地文化氛围，增进团队凝聚力和合作效果。

五、数智化管理理论

（一）数智化管理的基本概念

数智化管理是基于数字化技术和智能技术的管理方式，旨在通过技术手段提高管理效率、优化管理流程、推动创新和发展的过程。它强调利用计算机、通信、网络等技术，量化管理对象与行为，改变传统组织结构，支持员工赋权和发展能力，促进合作与服务导向的管理。

（二）数智化管理的主要优势

在工程项目管理中，大数据与人工智能技术发挥着巨大的作用。

1. 充分发挥大数据的决策支持能力

大数据技术为工程管理提供了强大的数据分析和预测能力，有助于提高决策的科学性和准确性。

2. 人工智能的自动化智能化处理优势

人工智能技术可用于项目管理中的自动化、智能化处理，提高工作效率和准确性。

3. 提高管理效率和准确性

数智化管理通过自动化工具和流程来优化和简化企业内部的各个环节，提高效率和准确性。

4. 促进信息共享和协同工作

数智化提供了各种协作工具和沟通平台，促进内部员工之间以及与外部合作伙伴之间的有效沟通和合作。

5. 推动创新和变革

数智化管理有助于推动管理创新，实现管理方式的转型和升级，从而提升企业的竞争力。

（三）数智化管理的核心理念

数智化管理是在数字化管理基础上的进一步升级，融合数据与智能的深度管理变革。

1. 数据驱动决策

（1）注重数据的全方位收集与整合。在数智化管理中，数据的来源是全方位的，包括内部各个专业和企业外部与项目管理相关的各个方面。

（2）注重深度的数据挖掘与分析。数智化管理运用高级分析技术，如数据挖掘中的关联规则算法发现不同数据元素之间的隐藏关系。

（3）注重数据为决策提供精准依据。数智化管理使得决策不再依赖于经验和直觉，而是基于大量精确数据形成的洞察。如在企业项目投资决策时，不再仅仅依靠高层管理人员的经验判断，而是可以通过数据分析评估项目的潜在收益、风险水平等多方面因素。

2. 智能化运营管理

（1）注重自动化流程处理。数智化管理强调将企业中的业务流程进行自动化处理，提高工作效率，减少人为错误。

（2）智能机器的协同工作。引入智能机器设备进行协同工作是数智化管理理念在运营中的重要体现。比如，在项目物资智能物流仓储中心，自动搬运机器人（AGV）与自动货架系统协作；在一些智能制造企业里，工业机器人与物联网设备进行协同。

（3）对运营状况的实时监控与调整。数智化管理借助智能传感器技术、物联网技术等实现对企业运营状况的实时监控。比如，在工程现场安全质量监控方面，智能监控发现安全风险、质量缺陷可以及时预警或提醒，提升现场安全质量管控智能化水平。

3. 以用户为中心的个性化体验

数智化管理应用与工程项目管理各个场景，可以利用用户数据深度洞察用户需求，根据实际管理需要定制个性化产品与服务，如数智化管理平台、智能施工机器人等，并根据用户要求进行更新迭代和全寿命周期管理。

六、工程项目全面风险管理理论

（一）工程项目全面风险管理的基本概念

风险管理在工程项目管理中始终占据关键地位。传统上，风险管理主要关注单维度的施工安全、质量风险识别与应对，现代工程项目管理已发展为全面风险管理。

工程项目全面风险管理是指识别和管控工程项目实施全过程、全方位的各类风险。不仅要识别工程施工自身所面临的安全风险、质量风险、技术风险，还要考虑工程项目建设全过程程序合规风险、费用合规风险等，还要考虑外部环境因素，如市场波动带来的材料价格变化风险、政策变动风险以及社会环境下的公众舆论风险等。在大型基础设施建设工程中，比如电网建设工程，若发生政策变动，如当前政府部门对工程环保指标要求突然提升等，会给工程进度、成本等多方面带来连锁反应。

工程项目全面风险管理要求在项目初期，运用风险矩阵、风险树等工具，对众多可能的风险进行全面识别，接着定性分析风险的原因、可能性和影响，然后定量计算风险的发生概率和损失，以此确定风险的优先级。在应对措施方面，不再是单一措施应对单一风险，而是综合考虑多种应对方案，并建立常态化、标准化的管控机制。项目实施完成后要通过风险评估全面风险管理实效，用定性和定量结合的方法，评估措施的效果并不断完善全面风险管理体系。

（二）工程项目全面风险管理的主要优势

1. 全员性

强调风险管理不仅是某个参建单位、某个专业的职责，而是需要全体参建人员全员参与的管理过程。

2. 全方位

涵盖从狭义到广义的所有风险，强化各类风险的全面识别和全方位防控。

3. 全过程

融入工程项目管理全过程的各个环节，实现风险防控措施固化到项目实施流程中，实施常态化有效防控。

4. 综合性

工程项目全面风险管理是一项综合性管理工作，要求项目管理团队每个员工都对风险管理政策、理念形成统一认识，通过培训和文化建设确保风险管理理念的深入人心，齐心协力开展全面风险识别和管控。

（三）工程项目全面风险管理的核心理念

1. 强调系统性和动态性

工程项目全面风险管理采用系统性和动态的方法进行风险控制，以减少工程实施过程中的不确定性。这意味着风险管理不是孤立的活动，而是贯穿于工程项目的整个生命周期，从立项到结束，实施全部风险的有效管控。

（1）实施全过程的风险管理。在工程的各个阶段都需要进行风险的研究与预测、过程控制以及风险评价，实行全过程的有效控制。

（2）实施全方位的风险管理。不仅要考虑安全风险、质量风险、技术风险，还要考虑市场风险、管理风险、经济风险、合规风险、政治风险、自然灾害、社会风险等多个方面。

2. 注重全面的组织措施

全面风险管理需要全面的组织措施，需要建立一个参建人员全员参与、前后连贯的管理组织体系，确保所有参与方都了解风险并参与到风险管理中来。

3. 注重合理分配风险责任

基于全面的组织体系，将风险责任在工程参与者之间进行合理的分配，每个参与者都有一定的风险责任，充分调动其对工程项目风险管理和控制的积极性和主导性。

4. 注重风险的事先分析与识别

全面风险管理强调风险的事先分析与识别，包括确定工程项目可能存在的各类风险及其范围，即分析判断"有哪些风险存在"，在此基础上逐一研究制定对应的风险防控措施，推动措施落实并实施动态化管控。

5. 依托高效的数智化管理平台

实行工程项目全过程、全方位的全面风险管理，要求广泛、持续地收集与本项目风险和风险管理相关的内外部信息，通过筛选、提炼、对比、分类、组合，形成优势信息，再将这些精炼的信息用于进行风险识别和管控，需要依赖于大数据分析和人工智能技术支撑。通过建立强大的数智化管理平台，能够实时动态识别、全面监控各种风险。

七、价值工程在工程项目中的应用

（一）价值工程的基本概念及其在工程项目中的应用

价值工程（Value Engineering）也称为价值分析，是一种通过有组织的活动对产品或服务进行功能分析的系统管理方法。其主要目的是以最低的寿命周期成本可靠地实现产品或服务的必要功能，从而提高产品或服务的价值。价值工程的核心思想是通过对选定研究对象的功能及费用分析，提高对象的价值。它不仅仅强调功能的提高或成本的降低，而是致力于研究功能与成本之间的关系，找出二者共同提高的结合点，克服只顾功能而不计成本或只考虑成本而不顾功能的盲目做法。

价值工程作为一种科学的管理方法,在工程项目管理中具有广泛的应用前景。通过功能分析和成本优化，价值工程不仅能有效控制项目成本，还能提高项目的整体价值和竞争力。未来，随着工程管理的不断发展和创新，价值工程的应用将更加深入和广泛。

价值工程在工程项目中的应用，是建设项目全寿命周期管理理论的深化和实践，强调以最低的全寿命周期成本，实现建设项目效益最大化，可以帮助项目管理者制定出更为合理的项目投资及成本控制方案，使项目投资更加精准、成本控制工作更加有效，从而提高企业的项目管理水平并降低项目建设运营成本。

（二）工程项目应用价值工程的基本原理与基本途径

价值工程的基本原理，对产品以及作业进行功能分析，通过将技术和经济相结合来达到最低的全寿命周期成本，并且实现产品和作业具有必要的功能。在工程项目中，这意味着在保证项目质量的前提下，通过功能分析和成本优化来降低工程成本或提高产品功能。

工程项目提高价值的基本途径有 5 种。

（1）提高功能，降低成本，大幅度提高价值。

（2）功能不变，降低成本，提高价值。

（3）功能有所提高，成本不变，提高价值。

（4）功能略有下降，成本大幅度降低，提高价值。

（5）提高功能，适当提高成本，大幅度提高功能，从而提高价值。

（三）工程项目应用价值工程应坚持的基本原则

1. 以顾客需求为导向

价值工程始终关注顾客的需求，以满足顾客对项目功能期望为目标，提高工程项目建设质量和整体功能质量。

2. 坚持科学决策

价值工程采用科学的方法和工具进行分析和决策，确保工程项目投资决策和成本控制方案的正确性和有效性。

3. 坚持整体优化

价值工程注重从整体上优化产品和过程，在工程项目应用价值工程，在功能实现方面，既要考虑项目局部功能，还要考虑项目整体功能；在成本控制上，要同时考虑建设成本和运行成本，实现功能与成本最佳匹配，提高综合效益。

4. 坚持持续改进

价值工程强调持续改进，通过不断地学习和实践，在工程建设领域，要不断积累工程建设管理经验和教训，并进行持续改进。

5. 坚持创新驱动

价值工程鼓励创新思维，积极寻求新的技术和方法，以适应不断变化的市场环境。

6. 注重团队协作

价值工程强调团队协作，通过跨部门、跨专业的合作，共同解决问题，实现共同目标。工程项目应用价值工程，需要搭建发展、建设、运行等跨部门、跨专业的组织体系。

第三节　电网工程项目管理实践展望

一、适应新形势深化"六精四化"，构建现代电网建设体系

（一）现代电网建设体系的基本内涵

1. 建设方式现代化

结合电网建设实际，推动现代建设技术及建设方式创新，聚焦绿色建造、智能建造等主题，加大新理念、新技术的研究与应用力度，全面升级电网工程"四化"建设（标准化、绿色化、机械化、数智化），推动电网建设方式由传统建设方式向绿色智能建造方式转变。

2. 管控手段现代化

基于人工智能等现代管理手段和基建标准化管理成果，全面升级基建专业"六精"管理，推进基建各专业、全过程、全方位数智化管控，实现流程线上化、业务数字化、管控智能化，推动基建管理方式由传统管理方式向现代管理方式转变。

3. 管理过程合规化

将依法合规要求内嵌于业务流程中，并基于数智化管控手段，针对审计、巡视、检查发现的典型问题，进行流程关键环节的智能提醒、智能预警，推动监督方式由传统督查整改方式向现代主动预防方式转变。

4. 建设质效最优化

树立全寿命周期管理理念，优化电网建设技术标准及投资决策机制，并通过现代化的建设方式、管控方式，实现工程建设全寿命周期质量最优、效益最优，大幅压降技改、大修投入及任务。

（二）全面升级基建专业"六精"管理

1. 优化专业管理职责分工

优化各层级管理定位，明晰各级管控重点。总部突出抓好理念创新引领、任务统筹安排、专业原则把控、重大技术创新、标准规范升级。省级公司落实法人管理责任，组织各建设管理单位，依法依规安全有序推进工程建设。

2. 梳理优化业务管理流程

以项目全寿命周期管理流程为主干，简化优化流程环节，强化横向协同和纵向贯通，重点消除业务流程中的盲点、卡点、堵点，将依法合规要求固化到关键

流程节点。

3. 持续深化专业"六精"管理

简化优化管理内容，大幅压降各类资料和报表，聚焦重点抓落实，为基层减负，统筹各类会议、检查、评比，提升专业管理实效。

4. 精炼优化专业考核指标

突出专业考核重点，注重数据采集客观，引导各单位把功夫下在平时，大量压降主观判定类考核内容，"硬指标"引领各单位提升"硬实力"。

5. 构建现代数智管理平台

将标准化管理业务固化到数值化管理平台，针对审计、巡视、检查发现的共性问题，实行智能提醒、智能预警，定期开展专业管理智能分析，实现业务线上走、管理数字化、管控智能化。

（三）全面升级电网工程"四化"建设

1. 推动绿色化融入标准

将近年来电网工程绿色设计、绿色施工、绿色采购、环保水保标准化等成果，统筹纳入"三通一标"等电网建设标准化成果中，让绿色化要求全面贯彻落实到标准化建设中。

2. 推动标准化全面应用

全面推进"三通一标"推广应用，同时鼓励各单位基于标准化成果、结合工程实际进行创新优化，推动标准化滚动升级。推动土建装配式预制件规模化生产、规模化应用。如基于省级送变电企业土建分公司为平台，以省为单元建设变电站装配式建设预制件加工及配送中心。深化电气一次二次设备接口统一规范，推动一二次设备现场安装即插即用。

3. 推动机械化大幅减员

统筹企业内外部资源，联合知名装备制造企业，开展电网施工关键装备升级改造，下大力攻克电网施工机器人，大幅压降地面及高空施工作业人员，为机械化班组建设创造条件。

4. 推动数智化全域赋能

基于光明电力大模型，深化人工智能和大数据技术在基建全场景的应用，做好功能建设统筹规划、数据底座统一建设、场景应用创新突破，以点带面推动电网建设方式转变，全面赋能施工作业及专业管理。

二、坚持创新为第一动力，推动技术水平和管理能力上台阶

（一）变革基建创新的体制机制

改变研究内容多杂散、研究投入低水平重复的局面，建立总部统筹谋划、工程研究院牵头、各省级公司参与的基建创新新机制。总部结合电网建设实际统筹开展基建创新规划，明确重大创新专题、基层创新方向及其实施计划，把统筹推进重大创新与积极引导基层创新结合起来，实现有效研究投入、高效成果产出、攻关限期突破、成果全面推广应用。

（二）在管理创新上聚焦破题增效

对近年来巡视、审计等发现的共性问题、重大问题进行剖析，找准原因，有针对性开展管理专题研究，推进管理体制机制创新，建立常态长效机制，避免相关问题重复发生，推进管理流程及资料简化优化，聚焦重点提升管理力度和实效。

（三）在技术创新上聚焦突破攻坚

根据电网建设变革发展实际需要，针对特高压设备关键组部件"卡脖子"技术、一二次电气设备升级、机械化施工技术装备、模块化建设相关技术、人工智能及大数据应用等，规划重大研究专项，明确牵头单位及参与单位，保障研究资源投入，确保限期取得关键突破和系列成果。

三、加强本质安全建设，守牢电网建设安全生产的基本盘

（一）有序恢复技能人才序列

下决心扭转送变电施工企业空壳化、施工作用"以包代管"局面，建立技能人才招聘、培养、使用、激励机制，打通技能人才引进及成长通道，有序恢复技能人才序列，建设技能人才梯队，提升送变电企业核心业务自主作业能力，至上保障核心业务"领着干"、应急任务"自己干"所需的骨干技能人才需要，确保能够守得住安全底线红线。

（二）抓实机械化班组建设

通过骨干技能人才培养和施工技术装备创新升级，打造线路及变电工程机械化施工班组。实现从以人为主的传统施工方式向以机械为主的现代化施工方式转变。突出重点优化机械化施工班组作业票等标准规范和"四个管住"工作机制，确保关键要求在班组层面能够有效落地。

（三）创新优化安全监督体系

统筹建设专业、安全专业对现场的安全监督业务，压降监督检查频次，提高监督检查力度，突出重点、扭住关键、一抓到底，个性问题立即改，共性问题创新机制避免重复发生。

四、统筹人工智能应用研究，变革施工作业与建设管理方式

（一）加大投入加快推进人工智能应用研究

提高人工智能应用研究紧迫性的认识，立重大专题、建立专班、加大资源投入，开展人工智能在电网建设领域应用研究规划和重大问题突破攻关，一步一个脚印、一年一个台阶，在智能机器人代人、智能管控减人提效上逐年取得重要进展。比如，基于当前基建标准化建设、标准化管理成果，加快现代电网建设大模型研究，加快数据库、样本库、逻辑库建设，加大人工智能应用场景开发应用，全面助力智能建造、智能管控。

（二）由点到面有序推动人工智能规模应用

大力开展智能施工作业、智能专业管控试点应用，总结经验和教训，务实提出改进需求，推动人工智能应用开发迭代升级，实现电网建设施工作业和专业管控全面革新和智能化升级。

五、跨专业推进价值工程应用，提升电网工程整体价值

（一）统筹企业级技术标准建设

打破技术标准规范专业条线设计发布、矛盾问题层出不穷的局面，建立企业级技术标准研究及发布新机制，组建发展、建设、运行、检修、调控等多专业联合专家组，整合各专业条线技术标准及规范，研究制定各方认同、共同执行的企业级技术标准。

（二）全面深化优化"三通一标"

基于企业级电网技术标准规范的建立，依照企业级电网建设技术标准规范，全面深化电网"三通一标"等标准化建设成果，输出各专业认同度高的电网建设项目成果。

（三）大幅压降大修技改项目投入

基于企业级的技术标准规范和"三通一标"，在变电站和线路设计年限内大幅

压降技改大修项目，降低公司电网项目全寿命周期建设成本，提升电网企业整体运营水平。对于达不到设计年限功能要求的，加大对设计单位的考核问责力度。对于施工质量达不到设计年限内安全稳定运行要求，加大对施工单位的考核问责，同时问责监理及建管单位责任。

六、积极推动成套技术输出创效，引领国际电网发展方向

（一）发挥成套优势择优开拓国际业务

充分发挥我国在电网建设项目工程设计、装备制造、建设施工、调试试验等成套输出的专业技术优势，择优拓展海外电网建设项目，推动电网领域"中国制造"走向海外、创收创新。

（二）积极引领国际电网建设发展方向

结合电网建设实践，积极主导相关技术标准规范的研究制定和发布实施工作，主导和引领国际电网建设发展方向。同时，为更好地推动我国电网建设成套技术输出创造便利条件。

工程项目管理相关法规的重点要求

第一部分　工程建设"五制"相关法规的重点要求

项目法人责任制、资本金制、招投标制、工程监理制、合同制是我国工程建设管理的重要制度。"五制"的实施，对建立和完善市场经济下的项目投资体制，促进现代企业制度的实施，构建项目管理新的组织形式有着十分重要的意义。

"五制"是一个有机的整体，项目法人责任制是先有法人，后有投资项目，通过项目法人责任制建立起投资责任的约束机制，而实行资本金制又是推行项目法人责任制的基础。工程建设项目的勘察、设计、施工应实行招投标制、工程监理制和合同制，其目的是规范建设市场，降低工程造价，提高工程质量，合理利用社会资源，是微观投资管理体制改革的重大措施。

一、项目法人责任制

项目法人责任制是指建设项目投资人必须按照法律程序和有关规定组建法人，经营性建设项目由项目法人对项目的策划、资金筹措、设计、建设实施、生产经营、归还贷款、资产增值保值和投资风险实行全过程负责的一种项目管理制度。

二、资本金制

（一）核心要求

资本金制是指在项目的总投资中，除项目法人从银行或资金市场筹措的债务性资金外，还必须拥有一定比例的项目法人实交的资本金。

（二）适用范围

2019 年国务院发布了《关于加强固定资产投资项目资本金管理的通知》（国发〔2019〕26 号），通知规定，对各种经营性投资项目，包括国有单位的基本建设、技术改造、房地产开发项目和集体投资项目试行资本金制度，投资的项目必须首先落实资本金才能进行建设。

投资项目资本金占总投资的比例，根据不同行业和项目的经济效益等因素确定，机场项目最低资本金比例维持 25%不变，其他基础设施项目维持 20%不变。其中，公路（含政府收费公路）、铁路、城建、物流、生态环保、社会民生等领域的补短板基础设施项目，在投资回报机制明确、收益可靠、风险可控的前提下，可以适当降低项目最低资本金比例，但下调不得超过 5 个百分点。实行审批制的项目，审批部门可以明确项目单位按此规定合理确定的投资项目资本金比例。实行核准或备案制的项目，项目单位与金融机构可以按此规定自主调整投资项目资本金比例。

三、招投标制

招投标制是指按照《中华人民共和国招标投标法》（以下简称《招标投标法》）第三条规定范围的项目，其勘察、设计、施工、监理以及与工程建设有关的重要设备、材料等的采购必须进行招标，即强制招标。《中华人民共和国招标投标法实施条例（2019 年）》（以下简称《招标投标法实施条例》）重点对招标范围、投标串标行为界定、评标中否决投标、投诉处理、法律责任追究等重点问题进行了明晰。

（一）招标范围和规模

1. 必须招标的范围

《招标投标法》第 3 条规定，在中华人民共和国境内进行下列工程建设项目包括项目的勘察、设计、施工、监理以及与工程建设有关的重要设备、材料等的采购，必须进行招标。

（1）大型基础设施、公用事业等关系社会公共利益、公众安全的项目。

（2）全部或者部分使用国有资金投资或者国家融资的项目。

（3）使用国际组织或者外国政府贷款、援助资金的项目。

2. 必须招标的规模标准

按照《工程建设项目招标范围和规模标准规定》，必须招标范围内的各类工程建设项目，达到下列标准之一的，必须进行招标。

（1）施工单项合同估算价在 200 万元人民币以上的。

（2）重要设备、材料等货物的采购，单项合同估算价在 100 万元人民币以上的。

（3）勘察、设计、监理等服务的采购，单项合同估算价在 50 万元人民币以上的。

（4）单项合同估算价低于第 1、2、3 项规定的标准，但项目总投资额在 3000 万元人民币以上的。

（二）招标方式

《招标投标法》规定，招标分为公开招标和邀请招标。

（三）招标组织形式

1. 自行招标

招标人具有编制招标文件和组织评标能力的，可以自行办理招标事宜，依法必须进行招标的项目自行招标的，应同时向有关行政监督部门备案。

2. 代理招标

任何单位和个人不得以任何方式为招标人指定招标代理机构，而应由招标人自行选择。

（四）招标投标的一般程序及相关规定

严格遵照招标投标的一般程序开展招投标工作。

1. 落实招标条件

招标项目按照国家有关规定需要履行项目审批手续的，应当先履行审批手续，取得批准。

《工程建设项目施工招标投标办法》（2013 年 4 月修订）进一步规定，依法必须招标的工程建设项目，应当具备下列条件才能进行施工招标：①招标人已经依法成立；②初步设计及概算应当履行审批手续的，已经批准；③有相应资金或资金来源已经落实；④有招标所需的设计图纸及技术资料。

2. 委托招标代理机构

招标人委托具备资质的招标代理机构开展具体的招标工作。

3. 编制招标文件

《工程建设项目施工招标投标办法》（2013 年 4 月修订）规定，招标文件一般包括下列内容：①招标公告或投标邀请书；②投标人须知；③合同主要条款；④投标文件格式；⑤采用工程量清单招标的，应当提供工程量清单；⑥技术条款；⑦设计图纸；⑧评标标准和方法；⑨投标辅助材料。

招标人应当在招标文件中规定实质性要求和条件，并用醒目的方式标明。

《建设工程工程量清单计价标准》（GB/T 50500—2024）中规定，全部使用国有资金投资或国有资金投资为主的建设工程施工发承包，必须采用工程量清单计价。

4. 发布招标公告或投标邀请书

招标人对外公开发布招标公告或投标邀请书。

5. 资格审查

招标人不得以不合理的条件限制或者排斥潜在投标人，不得对潜在投标人实行歧视待遇。

依法必须进行招标的项目的资格预审公告和招标公告，应当在国务院发展改革部门依法指定的媒介发布，应当使用国务院发展改革部门会同有关行政监督部门制定的标准文本。

6. 投标

投标人应当按照招标文件的要求编制投标文件。投标文件应当对招标文件提出的实质性要求和条件作出响应。

7. 开标

开标由招标人主持，邀请所有投标人参加。招标人在招标文件要求提交投标文件的截止时间前收到的所有投标文件，开标时都应当当众予以拆封、宣读。

《招标投标法实施条例》第 44 条规定，招标人应当按照招标文件规定的时间、地点开标。投标人少于 3 个的，不得开标；招标人应当重新招标。投标人对开标有异议的，应当在开标现场提出，招标人应当当场作出答复，并制作记录。

8. 评标

《招标投标法》规定，评标由招标人依法组建的评标委员会负责。评标委员会成员的名单在中标结果确定前应当保密。任何单位和个人不得非法干预、影响评标的过程和结果。

9. 中标

招标人根据评标委员会提出的书面评标报告和推荐的中标候选人确定中标人。招标人也可以授权评标委员会直接确定中标人。

中标人确定后，招标人应当向中标人发出中标通知书，并同时将中标结果通知所有未中标的投标人。

中标通知书对招标人和中标人具有法律效力。中标通知书发出后，招标人改变中标结果的，或者中标人放弃中标项目的，应当依法承担法律责任。

《招标投标法实施条例》第 54 条规定，依法必须进行招标的项目，招标人应当自收到评标报告之日起 3 日内公示中标候选人，公示期不得少于 3 日。

10. 签订合同

招标人和中标人应当依照《招标投标法》和《招标投标法实施条例》的规定签订书面合同，合同的标的、价款、质量、履行期限等主要条款应当与招标文件和中标人的投标文件的内容一致。招标人和中标人不得再行订立背离合同实质性内容的其他协议。

四、工程监理制

（一）核心要求

工程监理制是指按照我国建筑法规定，工程监理单位受业主委托，依据有关文件和法律法规、监理合同及业主与施工单位签订的相关合同，对项目实施监督管理，同时监理单位要接受行业主管部门、政府建设行政主管部门的监督管理，即工程监理制。工程监理制是国际上通行的工程项目管理模式。

工程监理制的实施由项目建设主体二元结构（即业主与施工单位）转化成三元结构（即业主、监理单位、施工单位），形成业主、监理单位、施工单位三方以经济合同为纽带，互相合作、互相制约的体制。

工程监理属于业主方项目管理的范畴，在项目管理中具有服务性、独立性、公正性、科学性的性质。

（二）适用范围

《建设工程监理规范》（GB/T 50319—2013）明确工程监理的工程范围及工作要求，监理的主要内容是工程质量控制、进度控制、投资控制、安全控制、合同管理、信息管理，协调有关单位的工作关系，简称为"四控制""两管理""一协调"。

五、合同制

合同是平等主体的自然人、法人、其他组织之间设立、变更、终止民事权利义务关系的协议。

合同制是通过合同规约了项目法人与投资方和参建方的关系，在项目管理上形成以项目法人为主体，项目法人向国家和各投资方负责，咨询、设计、监理、施工、物资供应等单位通过招标投标和履行经济合同为项目法人提供建设服务的项目建设管理模式。

合同的基本类型分为固定总价合同、成本补偿合同、单价合同。

《中华人民共和国合同法》（以下简称《合同法》）对合同的一般规定、合同的订立、合同效力、合同履行、合同变更和转让、合同权利义务终止、违约责任等方面进行了具体明确。

（一）合同法基本知识

1. 合同的订立

《合同法》第 13 条规定，当事人订立合同，采取要约、承诺方式。

要约是希望和他人订立合同的意思表示。承诺是受要约人同意要约的意思表示。要约邀请是希望他人向自己发出要约的意思表示。三者的区别在于要约和承诺是订立合同的必经阶段，具有法律约束力；要约邀请没有订立合同的意思表示，处于合同的准备阶段，而非必经阶段，没有法律约束力。比如，在建设工程招标投标活动中，招标文件是要约邀请，对招标人不具有法律约束力；投标文件是要约，中标通知书是承诺，均具有法律约束力。

2. 合同的形式

当事人订立合同，有书面形式、口头形式和其他形式。法律、行政法规规定或当事人约定采用书面形式的，应当采用书面形式。

3. 合同的内容

合同的内容，即合同当事人的权利、义务，除法律规定的以外，主要由合同的条款确定。

4. 合同的效力

依法成立的合同，自成立时生效。法律、行政法规规定应当办理批准、登记等手续生效的，依照其规定。

无效的合同或者被撤销的合同自始没有法律约束力。

5. 合同的履行

当事人应当按照约定全面履行自己的义务，并根据合同的性质、目的和交易习惯履行通知、协助、保密等义务。

6. 合同的变更

当事人协商一致，可以变更合同。法律、行政法规规定变更合同应当办理批准、登记等手续的，依照其规定。当事人对合同变更的内容约定不明确的，推定为未变更。

7. 合同的解除

合同的解除适用于合法有效的合同，无效合同、可撤销合同不发生合同解除。

（二）建设工程合同相关规定及注意事项

1. 建设工程合同的签订

《合同法》第 270 条明确规定，建设工程合同应当采用书面形式。

这里应注意，建设工程合同包括工程勘察、设计、施工合同；建设工程监理合同属于委托合同，应执行《合同法》第 21 章委托合同相关规定。

另外，建设工程合同实质上是一种特殊的承揽合同，《合同法》第 16 章 "建设工程合同" 中规定，"本章没有规定的，适用承揽合同的有关规定。"

《合同法》分则中规定的 15 种有名合同除建设工程合同外，同建设工程关系密切的相关合同，还包括承揽合同、买卖合同、借款合同、租赁合同、融资租赁合同、运输合同、仓储合同、委托合同等。

2. 无效施工合同的主要情形

《最高人民法院关于审理建设工程施工合同纠纷案件适用法律问题的解释》（以下简称《适用法律问题解释》）规定，建设工程施工合同具有下列情形之一的，应当根据《合同法》第 52 条第 5 项的规定（即违反法律、行政法规的强制性规定），认定无效：①承包人未取得建筑施工企业资质或者超越资质等级的；②没有资质的实际施工人借用有资质的建筑施工企业名义的；③建设工程必须进行招标而未招标或者中标无效的。

同时还规定，承包人非法转包、违法分包建设工程或者没有资质的实际施工人借用有资质的建筑施工企业名义与他人签订建设工程施工合同的行为无效。

3. 无效施工合同的工程款结算

《适用法律问题解释》规定，建设工程施工合同无效，但经竣工验收合格，承包人请求参照合同约定支付工程价款的，应予支持。

建设工程施工合同无效，且建设工程经竣工验收不合格的，按照以下情形分别处理：①修复后的建设工程经竣工验收合格，发包人请求承包人承担修复费用的，应予支持；②修复后的建设工程经竣工验收不合格，承包人请求支付工程价款的，不予支持。

4. 施工合同的解除

《适用法律问题解释》对建设工程施工合同的解除做了如下规定：

发包人解除施工合同的情形。承包人具有下列情形之一，发包人请求解除施工合同的，应予支持：①明确表示或者以行为表明不履行合同主要义务的；②合同约定的期限内没有完工，且在发包人催告的合理期限内仍未完工的；③已经完成的建设工程质量不合格，并拒绝修复的；④将承包的建设工程非法转包、违法分包的。

承包人解除施工合同的情形。发包人具有下列情形之一，致使承包人无法施工，且在催告的合理期限内仍未履行相应义务，承包人请求解除施工合同的，应予支持：①未按约定支付工程价款的；②提供的主要建筑材料、建筑构配件和设备不符合强制性标准的；③不履行合同约定的协助义务的。

施工合同解除的法律后果。已经完成的建设工程质量合格的，发包人应当按照约定支付相应的工程价款；已经完成的工程质量不合格的，参照本解释第3条规定处理。因一方违约导致合同解除的，违约方应当赔偿因此而给对方造成的损失。

（三）建设工程合同示范文本的使用与法律地位

《合同法》第12条规定，当事人可以参照各类合同的示范文本订立合同。

合同示范文本的作用。有助于当事人了解、掌握有关法律法规，使合同的签订合法规范，避免缺款少项和当事人意思表示不真实、不确切，防止出现显失公平和违法条款，保护当事人合法权益，保障国家和社会公共利益。

建设工程合同示范文本。国务院建设行政主管部门和国务院工商行政管理部门，相继制定了《建设工程勘察合同（示范文本）》《建设工程设计合同（示范文本）》《建设工程委托监理合同（示范文本）》《建设工程施工合同（示范文本）》《建设工程施工专业分包合同（示范文本）》《建设工程施工劳务分包合同（示范文本）》。

合同示范文本的法律地位。合同示范文本对当事人订立合同起参考作用，具有引导性、参考性，并无法律强制性。

第二部分 工程建设综合类法规的重点要求

一、中华人民共和国建筑法

1997 年 11 月 1 日第八届全国人民代表大会常务委员会第二十八次会议通过《中华人民共和国建筑法》（以下简称《建筑法》），根据 2011 年 4 月 22 日第十一届全国人民代表大会常务委员会第二十次会议《关于修改〈中华人民共和国建筑法〉的决定》修正，共 8 章 85 条，有关重点内容如下。

（一）建筑工程施工许可

建筑工程开工前，建设单位应当按照国家有关规定向工程所在地县级以上人民政府建设行政主管部门申请领取施工许可证；但是，国务院建设行政主管部门确定的限额以下的小型工程除外。按照国务院规定的权限和程序批准开工报告的建筑工程，不再领取施工许可证。

申请领取施工许可证，应当具备下列条件。

（1）已经办理该建筑工程用地批准手续。

（2）在城市规划区的建筑工程，已经取得规划许可证。

（3）需要拆迁的，其拆迁进度符合施工要求。

（4）已经确定建筑施工企业。

（5）有满足施工需要的施工图纸及技术资料。

（6）有保证工程质量和安全的具体措施。

（7）建设资金已经落实。

（8）法律、行政法规规定的其他条件。

（二）从业资格

（1）从事建筑活动的建筑施工企业、勘察单位、设计单位和工程监理单位，应当具备下列条件：①有符合国家规定的注册资本；②有与其从事的建筑活动相适应的具有法定执业资格的专业技术人员；③有从事相关建筑活动所应有的技术装备；④法律、行政法规规定的其他条件。

（2）从事建筑活动的建筑施工企业、勘察单位、设计单位和工程监理单位，按照其拥有的注册资本、专业技术人员、技术装备和已完成的建筑工程业绩等资质条件，划分为不同的资质等级，经资质审查合格，取得相应等级的资质证书后，方可在其资质等级许可的范围内从事建筑活动。

（3）从事建筑活动的专业技术人员，应当依法取得相应的执业资格证书，并在执业资格证书许可的范围内从事建筑活动。

（三）建筑工程发包与承包

（1）建筑工程发包与承包的招标投标活动，应当遵循公开、公正、平等竞争的原则，择优选择承包单位。建筑工程的发包单位与承包单位应当依法订立书面合同，明确双方的权利和义务。

（2）建筑工程造价应当按照国家有关规定，由发包单位与承包单位在合同中约定。公开招标发包的，其造价的约定，须遵守招标投标法律的规定。发包单位应当按照合同的约定，及时拨付工程款项。

（3）提倡对建筑工程实行总承包，禁止将建筑工程肢解发包。

1）建筑工程的发包单位可以将建筑工程的勘察、设计、施工、设备采购一并发包给一个工程总承包单位，也可以将建筑工程勘察、设计、施工、设备采购的一项或者多项发包给一个工程总承包单位；但是，不得将应当由一个承包单位完成的建筑工程肢解成若干部分发包给几个承包单位。

2）承包建筑工程的单位应当持有依法取得的资质证书，并在其资质等级许可的业务范围内承揽工程。禁止建筑施工企业超越本企业资质等级许可的业务范围或者以任何形式用其他建筑施工企业的名义承揽工程。禁止建筑施工企业以任何形式允许其他单位或者个人使用本企业的资质证书、营业执照，以本企业的名义承揽工程。

3）大型建筑工程或者结构复杂的建筑工程，可以由两个以上的承包单位联合共同承包。共同承包的各方对承包合同的履行承担连带责任。两个以上不同资质等级的单位实行联合共同承包的，应当按照资质等级低的单位的业务许可范围承揽工程。

4）禁止承包单位将其承包的全部建筑工程转包给他人，禁止承包单位将其承包的全部建筑工程肢解以后以分包的名义分别转包给他人。

5）建筑工程总承包单位可以将承包工程中的部分工程发包给具有相应资质条件的分包单位；但是，除总承包合同中约定的分包外，必须经建设单位认可。施工总承包的，建筑工程主体结构的施工必须由总承包单位自行完成。

6）建筑工程总承包单位按照总承包合同的约定对建设单位负责；分包单位按

照分包合同的约定对总承包单位负责。总承包单位和分包单位就分包工程对建设单位承担连带责任。

7）禁止总承包单位将工程分包给不具备相应资质条件的单位。禁止分包单位将其承包的工程再分包。

（四）建筑工程监理

（1）工程监理单位应当在其资质等级许可的监理范围内，承担工程监理业务。工程监理单位不得转让工程监理业务。

（2）建筑工程监理应当依照法律、行政法规及有关的技术标准、设计文件和建筑工程承包合同，对承包单位在施工质量、建设工期和建设资金使用等方面，代表建设单位实施监督。工程监理人员认为工程施工不符合工程设计要求、施工技术标准和合同约定的，有权要求建筑施工企业改正。工程监理人员发现工程设计不符合建筑工程质量标准或者合同约定的质量要求的，应当报告建设单位要求设计单位改正。

（3）工程监理单位与被监理工程的承包单位以及建筑材料、建筑构配件和设备供应单位不得有隶属关系或者其他利害关系。工程监理单位不按照委托监理合同的约定履行监理义务，对应当监督检查的项目不检查或者不按照规定检查，给建设单位造成损失的，应当承担相应的赔偿责任。工程监理单位与承包单位串通，为承包单位谋取非法利益，给建设单位造成损失的，应当与承包单位承担连带赔偿责任。

（五）建筑安全生产管理

（1）建筑工程安全生产管理必须坚持安全第一、预防为主的方针，建立健全安全生产的责任制度和群防群治制度。建筑工程设计应当符合按照国家规定制定的建筑安全规程和技术规范，保证工程的安全性能。

（2）建筑施工企业在编制施工组织设计时，应当根据建筑工程的特点制定相应的安全技术措施；对专业性较强的工程项目，应当编制专项安全施工组织设计，并采取安全技术措施。建筑施工企业应当在施工现场采取维护安全、防范危险、预防火灾等措施；有条件的，应当对施工现场实行封闭管理。施工现场对毗邻的建筑物、构筑物和特殊作业环境可能造成损害的，建筑施工企业应当采取安全防护措施。

（3）建设单位应当向建筑施工企业提供与施工现场相关的地下管线资料，建筑施工企业应当采取措施加以保护。有下列情形之一的，建设单位应当按照国家有关规定办理申请批准手续：①需要临时占用规划批准范围以外场地的；②可能损坏道路、管线、电力、邮电通信等公共设施的；③需要临时停水、停电、中断道路交通的；④需要进行爆破作业的；⑤法律、法规规定需要办理报批手续的其他情形。

（4）建筑施工企业的法定代表人对本企业的安全生产负责。施工现场安全由建筑施工企业负责。实行施工总承包的，由总承包单位负责。分包单位向总承包单位负责，服从总承包单位对施工现场的安全生产管理。

（5）建筑施工企业应当建立健全劳动安全生产教育培训制度，加强对职工安全生产的教育培训；未经安全生产教育培训的人员，不得上岗作业。建筑施工企业和作业人员在施工过程中，应当遵守有关安全生产的法律、法规和建筑行业安全规章、规程，不得违章指挥或者违章作业。作业人员有权对影响人身健康的作业程序和作业条件提出改进意见，有权获得安全生产所需的防护用品。作业人员对危及生命安全和人身健康的行为有权提出批评、检举和控告。

（6）建筑施工企业应当依法为职工参加工伤保险缴纳工伤保险费。鼓励企业为从事危险作业的职工办理意外伤害保险，支付保险费。

（六）建筑工程质量管理

（1）建筑工程勘察、设计、施工的质量必须符合国家有关建筑工程安全标准的要求。国家对从事建筑活动的单位推行质量体系认证制度。从事建筑活动的单位根据自愿原则可以向国务院产品质量监督管理部门或者国务院产品质量监督管理部门授权的部门认可的认证机构申请质量体系认证。经认证合格的，由认证机构颁发质量体系认证证书。

（2）建设单位不得以任何理由，要求建筑设计单位或者建筑施工企业在工程设计或者施工作业中，违反法律、行政法规和建筑工程质量、安全标准，降低工程质量。建筑设计单位和建筑施工企业对建设单位违反前款规定提出的降低工程质量的要求，应当予以拒绝。

（3）建筑工程实行总承包的，工程质量由工程总承包单位负责，总承包单位将建筑工程分包给其他单位的，应当对分包工程的质量与分包单位承担连带责任。分包单位应当接受总承包单位的质量管理。

（4）建筑工程的勘察、设计单位必须对其勘察、设计的质量负责。勘察、设计文件应当符合有关法律、行政法规的规定和建筑工程质量、安全标准、建筑工程勘察、设计技术规范以及合同的约定。设计文件选用的建筑材料、建筑构配件和设备，应当注明其规格、型号、性能等技术指标，其质量要求必须符合国家规定的标准。

（5）建筑施工企业对工程的施工质量负责。建筑施工企业必须按照工程设计图纸和施工技术标准施工，不得偷工减料。工程设计的修改由原设计单位负责，建筑施工企业不得擅自修改工程设计。建筑施工企业必须按照工程设计要求、施工技术标准和合同的约定，对建筑材料、建筑构配件和设备进行检验，不合格的不得使用。

（6）交付竣工验收的建筑工程，必须符合规定的建筑工程质量标准，有完整的工程技术经济资料和经签署的工程保修书，并具备国家规定的其他竣工条件。建筑工程竣工经验收合格后，方可交付使用；未经验收或者验收不合格的，不得交付使用。

（7）建筑工程实行质量保修制度。建筑工程的保修范围应当包括地基基础工程、主体结构工程、屋面防水工程和其他土建工程，以及电气管线、上下水管线的安装工程，供热、供冷系统工程等项目；保修的期限应当按照保证建筑物合理寿命年限内正常使用，维护使用者合法权益的原则确定。任何单位和个人对建筑工程的质量事故、质量缺陷都有权向建设行政主管部门或者其他有关部门进行检举、控告、投诉。

二、建设工程项目管理规范（2017）

中华人民共和国建设部和国家质量监督检验检疫总局 2017 年联合发布 GB/T 50326-2017《建设工程项目管理规范》，共有 19 章，有关重点内容如下。

（一）基本规定

1. 一般规定

组织应识别项目需求和项目范围，根据自身项目管理能力、相关方约定及项目目标之间的内在联系，确定项目管理目标。

组织应遵循策划、实施、检查、处置的动态管理原理，确定项目管理流程，建立项目管理制度，实施项目系统管理，持续改进管理绩效，提高相关方满意水平，确保实现项目管理目标。

2. 项目范围管理

组织应确定项目范围管理的工作职责和程序。项目范围管理的过程应包括范围计划、范围界定、范围确认、范围变更控制。组织应把项目范围管理贯穿于项目的全过程。

3. 项目管理流程

项目管理机构应按项目管理流程实施项目管理。项目管理流程应包括启动、策划、实施、监控和收尾过程，各个过程之间相对独立，又相互联系。

启动过程应明确项目概念，初步确定项目范围，识别影响项目最终结果的内外部相关方。

策划过程应明确项目范围，协调项目相关方期望，优化项目目标，为实现项目目标进行项目管理规划与项目管理配套策划。

实施过程应按项目管理策划要求组织人员和资源，实施具体措施，完成项目管理策划中确定的工作。

监控过程应对照项目管理策划，监督项目活动，分析项目进展情况，识别必要的变更需求并实施变更。

收尾过程应完成全部过程或阶段的所有活动，正式结束项目或阶段。

4. 项目管理制度

组织应建立项目管理制度。项目管理制度应包括下列内容：

（1）规定工作内容、范围和工作程序、方式的规章制度；

（2）规定工作职责、职权和利益的界定及其关系的责任制度。

组织应根据项目管理流程的特点，在满足合同和组织发展需求条件下，对项目管理制度进行总体策划。组织应根据项目管理范围确定项目管理制度，在项目管理各个过程规定相关管理要求并形成文件。组织应实施项目管理制度，建立相应的评估与改进机制。必要时，应变更项目管理制度并修改相关文件。

5. 项目系统管理

组织应识别影响项目管理目标实现的所有过程，确定其相互关系和相互作用，集成项目寿命期阶段的各项因素。

组织应确定项目系统管理方法。系统管理方法应包括系统分析、系统设计、系统实施、系统综合评价。

组织在项目管理过程中应用系统管理方法，应符合下列规定：

在综合分析项目质量、安全、环保、工期和成本之间内在联系的基础上，结合各个目标的优先级，分析和论证项目目标，在项目目标策划过程中兼顾各个目标的内在需求；

对项目投资决策、招投标、勘察、设计、采购、施工、试运行进行系统整合，在综合平衡项目各过程和专业之间关系的基础上，实施项目系统管理；

对项目实施的变更风险进行管理，兼顾相关过程需求，平衡各种管理关系，确保项目偏差的系统性控制；

对项目系统管理过程和结果进行监督和控制，评价项目系统管理绩效。

6. 项目相关方管理

组织应识别项目的所有相关方，了解其需求和期望，确保项目管理要求与相关方的期望相一致。

组织的项目管理应使顾客满意，兼顾其他相关方的期望和要求。

组织应通过实施下列项目管理活动使相关方满意：

遵守国家有关法律和法规；

确保履行工程合同要求；

保障健康和安全，减少或消除项目对环境造成的影响；

与相关方建立互利共赢的合作关系；

构建良好的组织内部环境；

通过相关方满意度的测评，提升相关方管理水平。

7. 项目管理持续改进

组织应确保项目管理的持续改进，将外部需求与内部管理相互融合，以满足项目风险预防和组织的发展需求。

组织应在内部采用下列项目管理持续改进的方法：

对已经发现的不合格采取措施予以纠正；

针对不合格的原因采取纠正措施予以消除；

对潜在的不合格原因采取措施防止不合格的发生；

针对项目管理的增值需求采取措施予以持续满足。

组织应在过程实施前评审各项改进措施的风险，以保证改进措施的有效性和适宜性。组织应对员工在持续改进意识和方法方面进行培训，使持续改进成为员工的岗位目标。组织应对项目管理绩效的持续改进进行跟踪指导和监控。

（二）项目管理责任制度

1. 一般规定

项目管理责任制度应作为项目管理的基本制度。项目管理机构负责人责任制应是项目管理责任制度的核心内容。建设工程项目各实施主体和参与方应建立项目管理责任制度，明确项目管理组织和人员分工，建立各方相互协调的管理机制。建设工程项目各实施主体和参与方法定代表人应书面授权委托项目管理机构负责人，并实行项目负责人责任制。

项目管理机构负责人应根据法定代表人的授权范围、期限和内容，履行管理职责。项目管理机构负责人应取得相应资格，并按规定取得安全生产考核合格证书。项目管理机构负责人应按相关约定在岗履职，对项目实施全过程及全面管理。

2. 项目建设相关责任方管理

项目建设相关责任方应在各自的实施阶段和环节，明确工作责任，实施目标管理，确保项目正常运行。项目管理机构负责人应按规定接受相关部门的责任追究和监督管理。项目管理机构负责人应在工程开工前签署质量承诺书，报相关工程管理机构备案。项目各相关责任方应建立协同工作机制，宜采用例会、交底及其他沟通方式，避免项目运行中的障碍和冲突。

建设单位应建立管理责任排查机制，按项目进度和时间节点，对各方的管理绩效进行验证性评价。

3. 项目管理机构

项目管理机构应承担项目实施的管理任务和实现目标的责任。项目管理机构应由项目管理机构负责人领导，接受组织职能部门的指导、监督、检查、服务和考核，负责对项目资源进行合理使用和动态管理。

项目管理机构应在项目启动前建立，在项目完成后或按合同约定解体。建立项目管理机构应遵循下列规定：

结构应符合组织制度和项目实施要求；

应有明确的管理目标、运行程序和责任制度；

机构成员应满足项目管理要求及具备相应资格；

组织分工应相对稳定并可根据项目实施变化进行调整；

应确定机构成员的职责、权限、利益和需承担的风险。

4. 项目团队建设

项目建设相关责任方均应实施项目团队建设，明确团队管理原则，规范团队运行。项目建设相关责任方的项目管理团队之间应围绕项目目标协同工作并有效沟通。项目团队建设应符合下列规定：

建立团队管理机制和工作模式；

各方步调一致，协同工作；

制定团队成员沟通制度，建立畅通的信息沟通渠道和各方共享 的信息平台。

项目管理机构负责人应对项目团队建设和管理负责，组织制定明确的团队目标、合理高效的运行程序和完善的工作制度，定期评价团队运作绩效。项目管理机构负责人应统一团队思想，增强集体观念，和谐团队氛围，提高团队运行效率。项目团队建设应开展绩效管理，利用团队成员集体的协作成果。

5. 项目管理目标责任书

项目管理目标责任书应在项目实施之前，由组织法定代表人或其授权人与项目管理机构负责人协商制定。项目管理目标责任书应属于组织内部明确责任的系统性管理文件，其内容应符合组织制度要求和项目自身特点。

（三）项目管理策划

1. 一般规定

项目管理策划应由项目管理规划策划和项目管理配套策划组成。项目管理规划应包括项目管理规划大纲和项目管理实施规划，项目管理配套策划应包括项目管理规划策划以外的所有项目管理策划内容。组织应建立项目管理策划的管理制度，确定项目管理策划的管理职责、实施程序和控制要求。项目管理策划应包括下列管理过程：

分析、确定项目管理的内容与范围；

协调、研究、形成项目管理策划结果；

检查、监督、评价项目管理策划过程；

履行其他确保项目管理策划的规定责任。

项目管理策划过程应符合下列规定：

项目管理范围应包括完成项目的全部内容，并与各相关方的工作协调一致；

项目工作分解结构应根据项目管理范围，以可交付成果为对象实施；应根据项目实际情况与管理需要确定详细程度，确定工作分解结构；

提供项目所需资源应按保证工程质量和降低项目成本的要求进行方案比较；

项目进度安排应形成项目总进度计划，宜采用可视化图表表达；

宜采用量价分离的方法，按照工程实体性消耗和非实体性消耗测算项目成本；

应进行跟踪检查和必要的策划调整；项目结束后，宜编写项目管理策划的总结文件。

2. 项目管理规划大纲

项目管理规划大纲应是项目管理工作中具有战略性、全局性和宏观性的指导文件。项目管理规划大纲宜包括项目概况、项目范围管理、项目管理目标、项目管理组织、项目采购与投标管理、项目进度管理、项目质量管理、项目成本管理、项目安全生产管理、绿色建造与环境管理、项目资源管理、项目信息管理、项目沟通与相关方管理、项目风险管理、项目收尾管理。组织也可根据需要在其中选定。

3. 项目管理实施规划

项目管理实施规划应对项目管理规划大纲的内容进行细化。项目管理实施规划应包括：

项目概况、项目总体工作安排、组织方案、设计与技术措施、进度计划、质量计划、成本计划、安全生产计划、绿色建造与环境管理计划、资源需求与采购计划、信息管理计划、沟通管理计划、风险管理计划、项目收尾计划、项目现场平面布置图、项目目标控制计划、技术经济指标。

4. 项目管理配套策划

项目管理配套策划应是与项目管理规划相关联的项目管理策划过程。组织应将项目管理配套策划作为项目管理规划的支撑措施纳入项目管理策划过程。项目管理配套策划应包括下列内容：

确定项目管理规划的编制人员、方法选择、时间安排；

安排项目管理规划各项规定的具体落实途径；

明确可能影响项目管理实施绩效的风险应对措施。

（四）采购与投标管理

1. 一般规定

组织应建立采购管理制度，确定采购管理流程和实施方式，规定管理与控制的程序和方法。采购工作应符合有关合同、设计文件所规定的技术、质量和服务标准，符合进度、安全、环境和成本管理要求。招标采购应确保实施过程符合法律、法规和经营的要求。组织应建立投标管理制度，确定项目投标实施方式，规定管理与控制的流程和方法。投标工作应满足招标文件规定的要求。项目采购和投标资料应真实、有效、完整，具有可追溯性。

2. 采购管理

组织应根据项目立项报告、工程合同、设计文件、项目管理实施规划和采购管理制度编制采购计划。采购计划应包括采购工作范围、内容及管理标准；采购信息，包括产品或服务的数量、技术标准和质量规范；检验方式和标准；供方资质审查要求；采购控制目标及措施。

采购计划应经过相关部门审核，并经授权人批准后实施。必要时，采购计划应按规定进行变更。采购过程应按法律、法规和规定程序，依据工程合同需求采用招标、询价或其他方式实施。符合公开招标规定的采购过程应按相关要求进行控制。组织应确保采购控制目标的实现，对供方下列条件进行有关技术和商务评审：

经营许可、企业资质；

相关业绩与社会信誉；

人员素质和技术管理能力；

质量要求与价格水平。

组织应制定供方选择、评审和重新评审的准则。评审记录应予以保存。

3. 投标管理

在招标信息收集阶段，组织应分析、评审相关项目风险，确认组织满足投标工程项目需求的能力。项目投标前，组织应进行投标策划，确定投标目标，并编制投标计划。

组织应依据规定程序形成投标计划，经过授权人批准后实施。组织应根据招标和竞争需求编制包括下列内容的投标文件：

响应招标要求的各项商务规定；

有竞争力的技术措施和管理方案；

有竞争力的报价。

组织应保证投标文件符合发包方及相关要求，经过评审后投标，并保存投标文件评审的相关记录。组织应依法与发包方或其代表有效沟通，分析投标过程的变更信息，形成必要记录。组织应识别和评价投标过程风险，并采取相关措施以确保实现投标目标要求。中标后，组织应根据相关规定办理有关手续。

（五）合同管理

1. 一般规定

组织应建立项目合同管理制度，明确合同管理责任，设立专门机构或人员负责合同管理工作。织应配备符合要求的项目合同管理人员，实施合同的策划和编制活动，规范项目合同管理的实施程序和控制要求，确保合同订立和履行过程的合规性。

严禁通过违法发包、转包、违法分包、挂靠方式订立和实施建设工程合同。

2. 合同评审

合同订立前，组织应进行合同评审，完成对合同条件的审查、认定和评估工作。以招标方式订立合同时，组织应对招标文件和投标文件进行审查、认定和评估。合同评审应包括合法性、合规性评审；合理性、可行性评审；合同严密性、完整性评审；与产品或过程有关要求的评审；合同风险评估。

合同内容涉及专利、专有技术或者著作权等知识产权时，应对其使用权的合法性进行审查。合同评审中发现的问题，应以书面形式提出，要求予以澄清或调整。组织应根据需要进行合同谈判，细化、完善、补充、修改或另行约定合同条款和内容。

3. 合同订立

组织应依据合同评审和谈判结果，按程序和规定订立合同。

4. 合同实施计划

组织应规定合同实施工作程序，编制合同实施计划。合同实施计划应包括合同实施总体安排、合同分解与分包策划、合同实施保证体系的建立。

合同实施保证体系应与其他管理体系协调一致。组织应建立合同文件沟通方式、编码系统和文档系统。承包人应对其承接的合同作总体协调安排。承包人自行完成的工作及分包合同的内容，应在质量、资金、进度、管理架构、争议解决方式方面符合总包合同的要求。

分包合同实施应符合法律法规和组织有关合同管理制度的要求。

5. 合同实施控制

项目管理机构应按约定全面履行合同。合同实施控制的日常工作应包括合同交底、合同跟踪与诊断、合同完善与补充、信息反馈与协调、其他应自主完成的合同管理工作。

项目管理机构应按照规定实施合同索赔的管理工作。索赔应符合下列条件：

索赔应依据合同约定提出。合同没有约定或者约定不明时，按照法律法规规定提出；

索赔应全面、完整地收集和整理索赔资料；

索赔意向通知及索赔报告应按照约定或法定的程序和期限提出；

索赔报告应说明索赔理由，提出索赔金额及工期。

（六）设计与技术管理

1. 一般规定

组织应明确项目设计与技术管理部门，界定管理职责与分工，制定项目设计与技术管理制度，确定项目设计与技术控制流程，配备相应资源。项目管理机构应按照项目管理策划结果，进行目标分解，编制项目设计与技术管理计划，经批准后组织落实。项目管理机构应根据项目实施过程中不同阶段目标的实现情况，对项目设计与技术管理工作进行动态调整，并对项目设计与技术管理的过程和效果进行分层次、分类别的评价。项目管理机构应根据项目设计的需求合理安排勘察工作，明确勘察管理目标和流程，规定相关勘察工作职责。

2. 设计管理

设计管理应根据项目实施过程，划分为项目方案设计、项目初步设计、项目施工图设计、项目施工、项目竣工验收与竣工图、项目后评价等阶段。

组织应依据项目需求和相关规定组建或管理设计团队，明确设计策划，实施项目设计、验证、评审和确认活动，或组织设计单位编写设计报审文件，并审查设计人提交的设计成果，提出设计评估报告。

项目方案设计阶段，项目管理机构应配合建设单位明确设计范围、划分设计界面、设计招标工作，确定项目设计方案，做出投资估算，完成项目方案设计任务。

项目初步设计阶段，项目管理机构应完成项目初步设计任务，做出设计概算，或对委托的设计承包人初步设计内容实施评审工作，并提出勘察工作需求，完成地勘报告申报管理工作。

项目施工图设计阶段，项目管理机构应根据初步设计要求，组织完成施工图设计或审查工作，确定施工图预算，并建立设计文件收发管理制度和流程。

项目施工阶段，项目管理机构应编制施工组织设计，组织设计交底、设计变更控制和深化设计，根据施工需求组织或实施设计优化工作，组织关键施工部位的设计验收管理工作。

项目竣工验收与竣工图阶段，项目管理机构应组织项目设计负责人参与项目竣工验收工作，并按照约定实施或组织设计承包人对设计文件进行整理归档，编制竣工决算，完成竣工图的编制、归档、移交工作。

项目后评价阶段，项目管理机构应实施或组织设计承包人针对项目决策至项目竣工后运营阶段设计工作进行总结，对设计管理绩效开展后评价工作。

3. 技术管理

项目管理机构应实施项目技术管理策划，确定项目技术管理措施，进行项目技术应用活动。项目技术管理措施应包括技术规格书、技术管理规划、施工组织设计、施工措施、施工技术方案、采购计划。

技术管理规划应是承包人根据招标文件要求和自身能力编制的、拟采用的各种技术和管理措施，以满足发包人的招标要求。项目技术管理规划应明确下列内容：

技术管理目标与工作要求；

技术管理体系与职责；

技术管理实施的保障措施；

技术交底要求，图纸自审、会审，施工组织设计与施工方案，专项施工技术，新技术的推广与应用，技术管理考核制度；

各类方案、技术措施报审流程；

根据项目内容与项目进度需求，拟编制技术文件、技术方案、技术措施计划及责任人；

新技术、新材料、新工艺、新产品的应用计划；

对设计变更及工程洽商实施技术管理制度；

各项技术文件、技术方案、技术措施的资料管理与归档。

对新技术、新材料、新工艺、新产品的应用，项目管理机构应监督施工承包人实施方案的落实工作，根据情况指导相关培训工作。

依据项目技术管理措施，项目管理机构应组织项目技术应用结果的验收活动，控制各种变更风险，确保施工过程技术管理满足规定要求。

项目管理机构应对技术管理过程的资源投入情况、进度情况、质量控制情况进行记录与统计。实施过程完成后，组织应根据统计情况进行实施效果分析，对项目技术管理措施进行改进提升。

项目管理机构应按照工程进度收集、整理项目实施过程中的各类技术资料，按类存放，完整归档。

（七）进度管理

1. 一般规定

组织应建立项目进度管理制度，明确进度管理程序，规定进度管理职责及工作要求。项目进度管理应遵循下列程序：

编制进度计划；

进度计划交底，落实管理责任；

实施进度计划；

进行进度控制和变更管理。

2. 进度计划

组织应提出项目控制性进度计划。项目管理机构应根据组织的控制性进度计划，编制项目的作业性进度计划。各类进度计划应包括编制说明、进度安排、资源需求计划、进度保证措施。

编制进度计划应根据需要选用的方法包括里程碑表、工作量表、横道计划、网络计划。

项目进度计划应按有关规定经批准后实施。项目进度计划实施前，应由负责人向执行者交底、落实进度责任；进度计划执行者应制定实施计划的措施。

3. 进度控制

项目进度控制应遵循下列步骤：

熟悉进度计划的目标、顺序、步骤、数量、时间和技术要求；

实施跟踪检查，进行数据记录与统计；

将实际数据与计划目标对照，分析计划执行情况；

采取纠偏措施，确保各项计划目标实现。

对勘察、设计、施工、试运行的协调管理，项目管理机构应确保进度工作界面的合理衔接，使协调工作符合提高效率和效益的需求。

（八）质量管理

1. 一般规定

组织应根据需求制定项目质量管理和质量管理绩效考核制度，配备质量管理资源。项目质量管理应坚持缺陷预防的原则，按照策划、实施、检查、处置的循环方式进行系统运作。项目管理机构应通过对人员、机具、材料、方法、环境要素的全过程管理，确保工程质量满足质量标准和相关方要求。

2. 质量计划

项目质量计划应在项目管理策划过程中编制。项目质量计划作为对外质量保证和对内质量控制的依据，体现项目全过程质量管理要求。

项目质量计划应包括质量目标和质量要求、质量管理体系和管理职责、质量管理与协调的程序、法律法规和标准规范、质量控制点的设置与管理、项目生产要素的质量控制、实施质量目标和质量要求所采取的措施、项目质量文件管理。

项目质量计划应报组织批准。项目质量计划需修改时，应按原批准程序报批。

3. 质量控制

项目管理机构应在质量控制过程中，跟踪、收集、整理实际数据，与质量要求进行比较，分析偏差，采取措施予以纠正和处置，并对处置效果复查。

设计质量控制流程应包括按照设计合同要求进行设计策划、根据设计需求确定设计输入、实施设计活动并进行设计评审验证和确认设计输出、实施设计变更控制。

采购质量控制流程应包括确定采购程序、明确采购要求、选择合格的供应单位、实施采购合同控制、进行进货检验及问题处置。

施工质量控制流程应包括施工质量目标分解、施工技术交底与工序控制、施工质量偏差控制、产品或服务的验证评价和防护。

项目质量创优控制宜符合明确质量创优目标和创优计划、精心策划和系统管理、制定高于国家标准的控制准则、确保工程创优资料和相关证据的管理水平。

分包的质量控制应纳入项目质量控制范围，分包人应按分包合同的约定对其分包的工程质量向项目管理机构负责。

4. 质量检查与处置

项目管理机构应根据项目管理策划要求实施检验和监测，并按照规定配备检验和监测设备。对项目质量计划设置的质量控制点，项目管理机构应按规定进行检验和监测。质量控制点可包括下列内容：

对施工质量有重要影响的关键质量特性、关键部位或重要影响因素；

工艺上有严格要求，对下道工序的活动有重要影响的关键质量特性、部位；

严重影响项目质量的材料质量和性能；

影响下道工序质量的技术间歇时间；

与施工质量密切相关的技术参数；

容易出现质量通病的部位；

紧缺工程材料、构配件和工程设备或可能对生产安排有严重影响的关键项目；

隐蔽工程验收。

5. 质量改进

组织应根据不合格的信息，评价采取改进措施的需求，实施必要的改进措施。当经过验证效果不佳或未完全达到预期的效果时，应重新分析原因，采取相应措施。

项目管理机构应定期对项目质量状况进行检查、分析，向组织提出质量报告，明确质量状况、发包人及其他相关方满意程度、产品要求的符合性以及项目管理机构的质量改进措施。

组织应对项目管理机构进行培训、检查、考核，定期进行内部审核，确保项目管理机构的质量改进。

组织应了解发包人及其他相关方对质量的意见，确定质量管理改进目标，提出相应措施并予以落实。

（九）成本管理

1. 一般规定

组织应建立项目全面成本管理制度，明确职责分工和业务关系，把管理目标分解到各项技术和管理过程。

组织管理层，应负责项目成本管理的决策，确定项目的成本控制重点、难点，确定项目成本目标，并对项目管理机构进行过程和结果的考核；项目管理机构，应负责项目成本管理，遵守组织管理层的决策，实现项目管理的成本目标。

项目成本管理应遵循下列程序包括掌握生产要素的价格信息、确定项目合同价、编制成本计划并确定成本实施目标、进行成本控制、进行项目过程成本分析、进行项目过程成本考核、编制项目成本报告、项目成本管理资料归档。

2. 成本计划

项目管理机构应通过系统的成本策划，按成本组成、项目结构和工程实施阶段分别编制项目成本计划。

3. 成本控制

项目成本控制应遵循下列程序：

确定项目成本管理分层次目标；

采集成本数据，监测成本形成过程；

找出偏差，分析原因；

制定对策，纠正偏差；

调整改进成本管理方法。

4. 成本核算

项目管理机构应根据项目成本管理制度明确项目成本核算的原则、范围、程序、方法、内容、责任及要求，健全项目核算台账。项目管理机构应按规定的会计周期进行项目成本核算。项目成本核算应坚持形象进度、产值统计、成本归集同步的原则。项目管理机构应编制项目成本报告。

5. 成本分析

成本分析内容宜包括时间节点成本分析、工作任务分解单元成本分析、组织单元成本分析、单项指标成本分析、综合项目成本分析。

6. 成本考核

组织应根据项目成本管理制度，确定项目成本考核目的、时间、范围、对象、方式、依据、指标、组织领导、评价与奖惩原则。组织应以项目成本降低额、项目成本降低率作为对项目管理机构成本考核主要指标。组织应对项目管理机构的成本和效益进行全面评价、考核与奖惩。项目管理机构应根据项目管理成本考核结果对相关人员进行奖惩。

（十）安全生产管理

1. 一般规定

组织应建立安全生产管理制度，坚持以人为本、预防为主，确保项目处于本质安全状态。组织应根据有关要求确定安全生产管理方针和目标，建立项目安全生产责任制度，健全职业健康安全管理体系，改善安全生产条件，实施安全生产标准化建设。组织应建立专门的安全生产管理机构，配备合格的项目安全管理负责人和管理人员，进行教育培训并持证上岗。项目安全生产管理机构以及管理人员应当恪尽职守、依法履行职责。组织应按规定提供安全生产资源和安全文明施工费用，定期对安全生产状况进行评价，确定并实施项目安全生产管理计划，落实整改措施。

2. 安全生产管理计划

项目管理机构应根据合同的有关要求，确定项目安全生产管理范围和对象，制定项目安全生产管理计划，在实施中根据实际情况进行补充和调整。项目安全生产管理计划应满足事故预防的管理要求，并应符合下列规定：

针对项目危险源和不利环境因素进行辨识与评估的结果，确定对策和控制方案；

对危险性较大的分部分项工程编制专项施工方案；

对分包人的项目安全生产管理、教育和培训提出要求；

对项目安全生产交底、有关分包人制定的项目安全生产方案进行控制的措施；

应急准备与救援预案。

项目安全生产管理计划应按规定审核、批准后实施。项目管理机构应开展有关职业健康和安全生产方法的前瞻性分析，选用适宜可靠的安全技术，采取安全文明的生产方式。项目管理机构应明确相关过程的安全管理接口，进行勘察、设计、采购、施工、试运行过程安全生产的集成管理。

3. 安全生产管理实施与检查

项目管理机构应根据项目安全生产管理计划和专项施工方案的要求，分级进行安全技术交底。对项目安全生产管理计划进行补充、调整时，仍应按原审批程序执行。施工现场的安全生产管理应符合下列要求：

应落实各项安全管理制度和操作规程，确定各级安全生产责任人；

各级管理人员和施工人员应进行相应的安全教育，依法取得必要的岗位资格证书；

各施工过程应配置齐全劳动防护设施和设备，确保施工场所安全；

作业活动严禁使用国家及地方政府明令淘汰的技术、工艺、设备、设施和材料；

作业场所应设置消防通道、消防水源，配备消防设施和灭火器材，并在现场入口处设置明显标志；

作业现场场容、场貌、环境和生活设施应满足安全文明达标要求；

食堂应取得卫生许可证，并应定期检查食品卫生，预防食物中毒；

项目管理团队应确保各类人员的职业健康需求，防治可能产生的职业和心理疾病；

应落实减轻劳动强度、改善作业条件的施工措施。

项目管理机构应建立安全生产档案，积累安全生产管理资料，利用信息技术分析有关数据辅助安全生产管理。项目管理机构应根据需要定期或不定期对现场安全生产管理以及施工设施、设备和劳动防护用品进行检查、检测，并将结果反馈至有关部门，整改不合格并跟踪监督。项目管理机构应全面掌握项目的安全生产情况，进行考核和奖惩，对安全生产状况进行评估。

4. 安全生产应急响应与事故处理

项目管理机构应识别可能的紧急情况和突发过程的风险因素，编制项目应急准备与响应预案。应急准备与响应预案内容应包括应急目标和部门职责、突发过程的风险因素及评估、应急响应程序和措施、应急准备与响应能力测试、需要准备的相关资源。

项目管理机构应对应急预案进行专项演练，对其有效性和可操作性实施评价并修改完善。发生安全生产事故时，项目管理机构应启动应急准备与响应预案，采取措施进行抢险救援，防止发生二次伤害。

项目管理机构在事故应急响应的同时，应按规定上报上级和地方主管部门，及时成立事故调查组对事故进行分析，查清事故发生原因和责任，进行全员安全教育，采取必要措施防止事故再次发生。组织应在事故调查分析完成后进行安全生产事故的责任追究。

5. 安全生产管理评价

组织应按相关规定实施项目安全生产管理评价，评估项目安全生产能力满足规定要求的程度。安全生产管理宜由组织的主管部门或其授权部门进行检查与评价。评价的程序、方法、标准、评价人员应执行相关规定。项目管理机构应按规定实施项目安全管理标准化工作，开展安全文明工地建设活动。

（十一）绿色建造与环境管理

1. 一般规定

组织应建立项目绿色建造与环境管理制度，确定绿色建造与环境管理的责任部门，明确管理内容和考核要求。组织应制定绿色建造与环境管理目标，实施环境影响评价，配置相关资源，落实绿色建造与环境管理措施。

项目管理过程应采用绿色设计，优先选用绿色技术、建材、机具和施工方法。施工管理过程应采取环境保护措施，控制施工现场的环境影响，预防环境污染。

2. 绿色建造

项目管理机构应通过项目管理策划确定绿色建造计划并经批准后实施。编制绿色建造计划的依据应符合项目环境条件和相关法律法规要求、项目管理范围和项目工作分解结构、项目管理策划的绿色建造要求。

绿色建造计划内容应包括绿色建造范围和管理职责分工、绿色建造目标和控制指标、重要环境因素控制计划及响应方案、节能减排及污染物控制的主要技术措施、绿色建造所需的资源和费用。

设计项目管理机构应根据组织确定的绿色建造目标进行绿色设计。施工项目管理机构应对施工图进行深化设计或优化，采用绿色施工技术，制定绿色施工措施，提高绿色施工效果。

施工项目管理机构应实施下列绿色施工活动：

选用符合绿色建造要求的绿色技术、建材和机具，实施节能降耗措施；

进行节约土地的施工平面布置；

确定节约水资源的施工方法；

确定降低材料消耗的施工措施；

确定施工现场固体废弃物的回收利用和处置措施；

确保施工产生的粉尘、污水、废气、噪声、光污染的控制效果。

建设单位项目管理机构应协调设计与施工单位，落实绿色设计或绿色施工的相关标准和规定，对绿色建造实施情况进行检查，进行绿色建造设计或绿色施工评价。

3. 环境管理

项目管理机构应进行项目环境管理策划，确定施工现场环境管理目标和指标，编制项目环境管理计划。项目管理机构应根据环境管理计划进行环境管理交底，实施环境管理培训，落实环境管理手段、设施和设备。

施工现场应符合下列环境管理要求：

工程施工方案和专项措施应保证施工现场及周边环境安全、文明，减少噪声污染、光污染、水污染及大气污染，杜绝重大污染事件的发生；

在施工过程中应进行垃圾分类，实现固体废弃物的循环利用，设专人按规定处置有毒有害物质，禁止将有毒、有害废弃物用于现场回填或混入建筑垃圾中外运；

按照分区划块原则，规范施工污染排放和资源消耗管理，进行定期检查或测量，实施预控和纠偏措施，保持现场良好的作业环境和卫生条件；

针对施工污染源或污染因素，进行环境风险分析，制定环境污染应急预案，预防可能出现的非预期损害；在发生环境事故时，进行应急响应以消除或减少污染，隔离污染源并采取相应措施防止二次污染。

组织应在施工过程及竣工后，进行环境管理绩效评价。

（十二）资源管理

1. 一般规定

组织应建立项目资源管理制度，确定资源管理职责和管理程序，根据资源管理要求，建立并监督项目生产要素配置过程。项目管理机构应根据项目目标管理的要求进行项目资源的计划、配置、控制，并根据授权进行考核和处置。

2. 人力资源管理

项目管理机构应编制人力资源需求计划、人力资源配置计划和人力资源培训计划。项目管理机构应确保人力资源的选择、培训和考核符合项目管理需求。项目管理人员应在意识、培训、经验、能力方面满足规定要求。组织应对项目人力资源管理方法、组织规划、制度建设、团队建设、使用效率和成本管理进行分析和评价，以保证项目人力资源符合要求。

3. 劳务管理

项目管理机构应编制劳务需求计划、劳务配置计划和劳务人员培训计划。项目管理机构应确保劳务队伍选择、劳务分包合同订立、施工过程控制、劳务结算、劳务分包退场管理满足工程项目的劳务管理需求。项目管理机构应依据项目需求进行劳务人员专项培训，特殊工种和相关人员应按规定持证上岗。

施工现场应实行劳务实名制管理，建立劳务突发事件应急管理预案。组织宜为从事危险作业的劳务人员购买意外伤害保险。组织应对劳务计划、过程控制、分包工程目标实现程度以及相关制度进行考核评价。

4. 工程材料与设备管理

项目管理机构应制定材料管理制度，规定材料的使用、限额领料，使用监督、回收过程，并应建立材料使用台账。项目管理机构应编制工程材料与设备的需求计划和使用计划。项目管理机构应确保材料和设备供应单位选择、采购供应合同订立、出厂或进场验收、储存管理、使用管理及不合格品处置等符合规定要求。组织应对工程材料与设备计划、使用、回收以及相关制度进行考核评价。

5. 施工机具与设施管理

项目管理机构应编制项目施工机具与设施需求计划、使用计划和保养计划。项目管理机构应根据项目的需要，进行施工机具与设施的配置、使用、维修和进、退场管理。施工机具与设施操作人员应具备相应技能并符合持证上岗的要求。项目管理机构应确保投入使用过程的施工机具与设施性能和状态合格，并定期进行维护和保养，形成运行使用记录。组织应对项目施工机具与设施的配置、使用、维护、技术与安全措施、使用效率和使用成本进行考核评价。

6. 资金管理

项目管理机构应编制项目资金需求计划、收入计划和使用计划。项目资金收支管理、资金使用成本管理、资金风险管理应满足组织的规定要求。项目管理机构应按资金使用计划控制资金使用，节约开支；应按会计制度规定设立资金台账，记录项目资金收支情况，实施财务核算和盈亏盘点。

项目管理机构应进行资金使用分析，对比计划收支与实际收支，找出差异，分析原因，改进资金管理。项目管理机构应结合项目成本核算与分析，进行资金收支情况和经济效益考核评价。

（十三）信息与知识管理

1. 一般规定

组织应建立项目信息与知识管理制度，及时、准确、全面地收集信息与知识，安全、可靠、方便、快捷地存储、传输信息和知识，有效、适宜地使用信息和知识。

信息管理内容应包括信息计划管理、信息过程管理、信息安全管理、文件与档案管理、信息技术应用管理。

项目管理机构应根据实际需要设立信息与知识管理岗位，配备熟悉项目管理业务流程，并经过培训的人员担任信息与知识管理人员，开展项目的信息与知识管理工作。项目管理机构可应用项目信息化管理技术，采用专业信息系统，实施知识管理。

2. 信息管理计划

项目信息管理计划应纳入项目管理策划过程。项目信息需求应明确实施项目相关方所需的信息，包括：信息的类型、内容、格式、传递要求。并应进行信息价值分析。项目信息编码系统应有助于提高信息的结构化程度，方便使用，并且应与组织信息编码保持一致。项目信息渠道和管理流程应明确信息产生和提供的主体，明确该信息在项目管理机构内部和外部的具体使用单位、部门和人员之间的信息流动要求。项目信息资源需求计划应明确所需的各种信息资源名称、配置标准、数量、需用时间和费用估算。项目信息管理制度应确保信息管理人员以有效的方式进行信息管理，信息变更控制措施应确保信息在变更时进行有效控制。

3. 信息过程管理

项目信息过程管理应包括：信息的采集、传输、存储、应用和评价过程。项目管理机构应按信息管理计划实施下列信息过程管理：

与项目有关的自然信息、市场信息、法规信息、政策信息；

项目利益相关方信息；

项目内部的各种管理和技术信息。

项目信息采集宜采用移动终端、计算机终端、物联网技术或其他技术进行及时、有效、准确的采集。项目信息应采用安全、可靠、经济、合理的方式和载体进行传输。项目管理机构应建立相应的数据库，对信息进行存储。项目竣工后应保存和移交完整的项目信息资料。项目管理机构应通过项目信息的应用，掌握项目的实施状态和偏差情况，以便于实现通过任务安排进行偏差控制。项目信息管理评价应确保定期检查信息的有效性、管理成本以及信息管理所产生的效益，评价信息管理效益.持续改进信息管理工作。

4. 信息安全管理

项目信息安全应分类、分级管理，并采取下列管理措施：

设立信息安全岗位，明确职责分工；

实施信息安全教育，规范信息安全行为；

采用先进的安全技术，确保信息安全状态。

项目管理机构应实施全过程信息安全管理，建立完善的信息安全责任制度，实施信息安全控制程序，并确保信息安全管理的持续改进。

5. 文件与档案管理

项目管理机构应配备专职或兼职的文件与档案管理人员。项目管理过程中产生的文件与档案均应进行及时收集、整理，并按项目的统一规定标识，完整存档。项目文件与档案管理宜应用信息系统，重要项目文件和档案应有纸介质备份。项目管理机构应保证项目文件和档案资料的真实、准确和完整。文件与档案宜分类、分级进行管理，保密要求高的信息或文件应按高级别保密要求进行防泄密控制，一般信息可采用适宜方式进行控制。

6. 信息技术应用管理

项目信息系统应包括项目所有的管理数据，为用户提供项目各方面信息，实现信息共享、协同工作、过程控制、实时管理。

7. 知识管理

组织应把知识管理与信息管理有机结合，并纳入项目管理过程。组织应识别和获取在相关范围内所需的项目管理知识。组织应确定知识传递的渠道，实现知识分享，并进行知识更新。组织应确定知识应用的需求，采取确保知识应用的准确性和有效性的措施。需要时，实施知识创新。

（十四）沟通管理

1. 一般规定

组织应建立项目相关方沟通管理机制，健全项目协调制度，确保组织内部与外部各个层面的交流与合作。项目管理机构应将沟通管理纳入日常管理计划。沟通信息，协调工作，避免和消除在项目运行过程中的障碍、冲突和不一致。项目各相关方应通过制度建设、完善程序，实现相互之间沟通的零距离和运行的有效性。

2. 相关方需求识别与评估

建设单位应分析和评估其他各相关方对项目质量、安全、进度、造价、环保方面的理解和认识，同时分析各方对资金投入、计划管理、现场条件以及其他方面的需求。

勘察、设计单位应分析和评估建设单位、施工单位、监理单位以及其他相关单位对勘察设计文件和资料的理解和认识，分析对文件质量、过程跟踪服务、技术指导和辅助管理工作的需求。

施工单位应分析和评估建设单位以及其他相关方对技术方案、工艺流程、资源条件、生产组织、工期、质量和安全保障以及环境和现场文明的需求；分析和评估供应、分包和技术咨询单位对现场条件提供、资金保证以及相关配合的需求。

监理单位应分析和评估建设单位的各项目标需求、授权和权限，分析和评估施工单位及其他相关单位对监理工作的认识和理解、提供技术指导和咨询服务的需求。

专业承包、劳务分包和供应单位应当分析和评估建设单位、施工单位、监理单位对服务质量、工作效率以及相关配合的具体要求。

项目管理机构在分析和评估其他方需求的同时，也应对自身需求做出分析和评估，明确定位，与其他相关单位的需求有机融合，减少冲突和不一致。

3. 沟通管理计划

项目管理机构应在项目运行之前，由项目负责人组织编制项目沟通管理计划。项目沟通管理计划应由授权人批准后实施。项目管理机构应定期对项目沟通管理计划进行检查、评价和改进。

4. 沟通程序与方式

项目管理机构应制定沟通程序和管理要求，明确沟通责任、方法和具体要求。项目管理机构应在其他方需求识别和评估的基础上，按项目运行的时间节点和不同需求细化沟通内容，界定沟通范围，明确沟通方式和途径，并针对沟通目标准备相应的预案。

项目管理机构应当针对项目不同实施阶段的实际情况，及时调整沟通计划和沟通方案。

项目管理机构可采用信函、邮件、文件、会议、口头交流、工作交底以及其他媒介沟通方式与项目相关方进行沟通，重要事项的沟通结果应书面确认。项目管理机构应编制项目进展报告，说明项目实施情况、存在的问题及风险、拟采取的措施，预期效果或前景。

5. 组织协调

组织应制定项目组织协调制度，规范运行程序和管理。组织应针对项目具体特点，建立合理的管理组织，优化人员配置，确保规范、精简、高效。项目管理机构应就容易发生冲突和不一致的事项，形成预先通报和互通信息的工作机制，化解冲突和不一致。各项目管理机构应识别和发现问题，采取有效措施避免冲突升级和扩大。在项目运行过程中，项目管理机构应分阶段、分层次、有针对性地进行组织人员之间的交流互动，增进了解，避免分歧，进行各自管理部门和管理人员的协调工作。项目管理机构应实施沟通管理和组织协调教育，树立和谐、共赢、承担和奉献的管理思想，提升项目沟通管理绩效。

6. 冲突管理

项目管理机构应根据项目运行规律，结合项目相关方的工作性质和特点预测项目可能的冲突和不一致，确定冲突解决的工作方案，并在沟通管理计划中予以体现。项目管理机构应对项目冲突管理工作进行记录、总结和评价。

（十五）风险管理

1. 一般规定

组织应建立风险管理制度，明确各层次管理人员的风险管理责任，管理各种不确定因素对项目的影响。

2. 风险管理计划

项目管理机构应在项目管理策划时确定项目风险管理计划。风险管理计划内容应包括：

风险管理目标、风险管理范围、可使用的风险管理方法措施工具和数据、风险跟踪的要求、风险管理的责任和权限、必需的资源和费用预算。

项目风险管理计划应根据风险变化进行调整，并经过授权人批准后实施。

3. 风险识别

项目管理机构应在项目实施前识别实施过程中的各种风险。项目风险识别报告应由编制人签字确认，并经批准后发布。项目风险识别报告应包括下列内容：

风险源的类型、数量；

风险发生的可能性；

风险可能发生的部位及风险的相关特征。

4. 风险评估

项目管理机构应按下列内容进行风险评估：

风险因素发生的概率；

风险损失量或效益水平的估计；

风险等级评估。

5. 风险应对

项目管理机构应依据风险评估报告确定针对项目风险的应对策略。项目管理机构应采取策略应对正面风险。项目管理机构应形成相应的项目风险应对措施并将其纳入风险管理计划。

6. 风险监控

组织应收集和分析与项目风险相关的各种信息，获取风险信号，预测未来的风险并提出预警，预警应纳入项目进展报告。组织应对可能出现的潜在风险因素进行监控，跟踪风险因素的变动趋势。组织应采取措施控制风险的影响，降低损失，提高效益，防止负面风险的蔓延，确保工程的顺利实施。

（十六）收尾管理

1. 一般规定

组织应建立项目收尾管理制度，明确项目收尾管理的职责和工作程序。

2. 竣工验收

项目管理机构应编制工程竣工验收计划，经批准后执行。工程竣工验收工作按计划完成后，承包人应自行检查，根据规定在监理机构组织下进行预验收，合格后向发包人提交竣工验收申请。工程竣工验收的条件、要求、组织、程序、标准、文档的整理和移交，必须符合国家有关标准和规定。发包人接到工程承包人提交的工程竣工验收申请后，组织工程竣工验收，验收合格后编写竣工验收报告书。工程竣工验收后，承包人应在合同约定的期限内进行工程移交。

3. 竣工结算

工程竣工验收后，承包人应按照约定的条件向发包人提交工程竣工结算报告及完整的结算资料，报发包人确认。工程竣工结算应由承包人实施，发包人审查，双方共同确认后支付。

工程移交应按照规定办理相应的手续，并保持相应的记录。

4. 竣工决算

发包人应依据规定编制并实施工程竣工决算。工程竣工决算书内容应包括工程竣工财务决算说明书、工程竣工财务决算报表、工程造价分析表。

5. 保修期管理

承包人应制定工程保修期管理制度。发包人与承包人应签订工程保修期保修合同，确定质量保修范围、期限、责任与费用的计算方法。承包人在工程保修期内应承担质量保修责任，回收质量保修资金，实施相关服务工作。承包人应根据保修合同文件、保修责任期、质量要求、回访安排和有关规定编制保修工作计划。

6. 项目管理总结

在项目管理收尾阶段，项目管理机构应进行项目管理总结，编写项目管理总结报告，纳入项目管理档案。

（十七）管理绩效评价

1. 一般规定

组织应制定和实施项目管理绩效评价制度，规定相关职责和工作程序，吸收项目相关方的合理评价意见。项目管理绩效评价可在项目管理相关过程或项目完成后实施，评价过程应公开、公平、公正，评价结果应符合规定要求。项目管理绩效评价应采用适合工程项目特点的评价方法，过程评价与结果评价相配套，定性评价与定量评价相结合。项目管理绩效评价结果应与工程项目管理目标责任书相关内容进行对照，根据目标实现情况予以验证。项目管理绩效评价结果应作为持续改进的依据。组织可开展项目管理成熟度评价。

2. 管理绩效评价过程

项目管理绩效评价专家应具备相关资格和水平，具有项目管理的实践经验和能力，保持相对独立性。项目管理绩效评价标准应由项目管理绩效评价机构负责确定，评价标准应符合项目管理规律、实践经验和发展趋势。项目管理绩效评价机构应按项目管理绩效评价内容要求，依据评价标准，采用资料评价、成果发布、现场验证方法进行项目管理绩效评价。组织应采用透明公开的评价结果排序方法，以评价专家形成的评价结果为基础，确定不同等级的项目管理绩效评价结果。项目管理绩效评价机构应在规定时间内完成项目管理绩效评价，保证项目管理绩效评价结果符合客观公正、科学合理、公开透明的要求。

3. 管理绩效评价范围、内容和指标

项目管理绩效评价应具有下列指标：

项目质量、安全、环保、工期、成本目标完成情况；

供方（供应商、分包商）管理的有效程度；

合同履约率、相关方满意度；

项目综合效益。

项目管理绩效评价指标应层次明确，表述准确，计算合理，体现项目管理绩效的内在特征。项目管理绩效评价范围、内容和指标的确定与调整应简单易行、便于评价、与时俱进、创新改进，并经过授权人批准。

三、建设项目档案管理规范（DA/T 28—2018）

本标准规定了建设项目（以下简称项目）文件归档与档案整理的要求和方法，对项目档案的完整性、准确性、系统性以及项目文件材料的收集、整理、归档和项目档案的整理与移交等均做了规定。相关重点内容如下：

1. 总体原则

（1）建设单位对项目档案工作负总责，实行统一管理、统一制度、统一标准。业务上接受档案行政管理部门和上级主管部门的监督和指导。

（2）建设单位与参建单位应加强项目档案管理，配备项目档案工作所需人员、经费、设施设备等各项管理资源。

（3）项目档案工作应融入项目建设，与项目建设管理同步，纳入项目建设计划、质量保证体系、项目管理程序、合同管理和岗位责任制。

（4）建设单位及各参建单位应加强项目文件过程管理，通过节点控制强化项目文件管理，实现从项目文件形成、流转到归档管理的全过程控制。

（5）项目档案应完整、准确、系统、规范和安全，满足项目建设、管理、监督、运行和维护等活动在证据、责任和信息等方面的需要。

2. 项目文件的收集

（1）项目建设过程中形成的、具有查考利用价值的各种形式和载体的项目文件均应收集齐全。

（2）建设单位应依据附录的归档范围和保管期限表，结合项目建设内容、行业特点、管理模式等特征制定符合项目实际的归档范围和保管期限表。

（3）项目文件在办理完毕后应及时收集，并实行预立卷制度。

3. 项目文件的整理

（1）项目文件应由文件形成单位或部门进行整理。整理工作包括项目文件价值鉴定、分类、组卷、排列、编目、装订等内容。

（2）项目文件整理应遵循项目文件的形成规律和成套性特点，保持卷内文件的有机联系，分类科学，组卷合理，便于保管和利用。

（3）项目文件应依据归档范围进行鉴定，确定其是否归档。

（4）项目文件应按照形成阶段、专业、内容等特征进行分类。

（5）项目文件组卷。项目前期文件、项目管理文件按事由结合时间顺序组卷，其中招标投标、合同文件按招标的标段、合同组卷，勘察设计文件按阶段、专业组卷；施工技术文件按单位工程、分部工程或装置、阶段、结构、专业组卷；信息系统开发文件按应用系统组卷；设备文件按专业、系统、台套组卷；监理（监造）文件按监理的合同标段、事由结合文种组卷；科研项目文件按科研项目（课题）组卷；生产准备、试运行、竣工验收文件按工程阶段、事由结合时间顺序组卷。卷内文件一般印件在前，定稿在后；正件在前，附件在后；复文在前，来文在后；文字在前，图样在后。

（6）项目案卷排列。项目前期文件、项目管理性文件按主题、事由排列；施工文件按综合管理、施工技术支撑、施工（安装）记录、检测试验、评定验收排列；信息系统开发文件按需求、设计、实施、测试、运行、验收排列；设备文件按质量证明、开箱验收、随机文件、安装调试、检测试验和运行维修排列；监理（监造）文件按依据性、工作性文件顺序排列；科研项目文件按开题、方案论证、研究实验、阶段成果、结题验收排列；生产准备、试运行、竣工验收文件按主题、事由排列。

（7）案卷编目、案卷装订、卷盒、表格规格及制成材料应符合 GB/T 11822 的规定。采用整卷装订的案卷，应对卷内文件连续编页号。

（8）纸质照片的整理应符合 GB/T 11821 的规定；数码照片可参照 DA/T 50 的规定。

（9）录音带、录像带等磁性载体文件的整理应符合 DA/T 15 的规定。

（10）实物档案依据分类方案按件进行整理。芯样的整理应符合行业规范规定。

4．项目文件的归档

（1）项目文件应及时归档。前期文件在相关工作结束时归档；管理性文件宜按年度归档，同一事由产生的跨年度文件应在办结年度归档；施工文件应在项目完工验收后归档，建设周期长的项目可分阶段或按单位工程、分部工程归档；信息系统开发文件应在系统验收后归档；监理文件应在监理的项目完工验收后归档；科研项目文件应在结题验收后归档；生产准备、试运行文件应在试运行结束时归档；竣工验收文件在验收通过后归档。

（2）归档文件质量应符合相关规定。

（3）施工文件组卷完毕经施工单位自查后（实行总承包的项目，分包单位应先提交总承包单位进行审查），依次由监理单位、建设单位工程管理部门、建设单位档案管理机构进行审查；信息系统文件组卷完毕后提交监理单位、建设单位信息化管理部门、档案管理机构进行审查；监理文件和第三方检测文件组卷完毕并自查后，依次由建设单位工程管理部门和档案管理机构进行审查。每个审查环节均应形成记录和整改闭环。

（4）建设单位各部门形成的文件组卷完毕，经部门负责人审查合格后，向建设单位档案管理机构归档。

（5）归档单位（部门）应按建设单位档案管理机构要求，编制交接清册（含交接手续、档案数量、案卷目录），双方清点无误后交接归档。

5．项目档案的移交

（1）竣工验收后，建设单位应按有关规定向运行管理单位及其他有关单位办理档案移交。

（2）项目档案移交时，应办理项目档案移交手续，包括档案移交的内容、数量、图纸张数等，并有完备的清册、签字等交接手续。

（3）项目电子档案的移交参照《电子档案移交与接收办法》的有关规定执行。

（4）停、缓建的项目，档案由建设单位负责保存；建设单位撤销的，项目档案应向项目主管部门或有关档案机构移交。

第三部分　工程建设安全质量类法规的重点要求

一、中华人民共和国安全生产法（2021）

《中华人民共和国安全生产法》（以下简称《安全生产法》）由中华人民共和国第九届全国人民代表大会常务委员会第二十八次会议于 2002 年 6 月 29 日通过，自 2002 年 11 月 1 日起施行，2021 年修订，共七章九十七条，有关重点内容如下。

（一）总体原则

安全生产管理，坚持安全第一、预防为主的方针。生产经营单位必须遵守《安全生产法》和其他有关安全生产的法律、法规，加强安全生产管理，建立、健全安全生产责任制度，完善安全生产条件，确保安全生产。生产经营单位的主要负责人对本单位的安全生产工作全面负责。

国家实行生产安全事故责任追究制度，依照《安全生产法》和有关法律、法规的规定，追究生产安全事故责任人员的法律责任。国家鼓励和支持安全生产科学技术研究和安全生产先进技术的推广应用，提高安全生产水平。国家对在改善安全生产条件、防止生产安全事故、参加抢险救护等方面取得显著成绩的单位和个人，给予奖励。

（二）生产经营单位的安全生产保障

1. 安全生产条件达标

生产经营单位应当具备《安全生产法》和有关法律、行政法规和国家标准或者行业标准规定的安全生产条件；不具备安全生产条件的，不得从事生产经营活动。

2. 组织保障到位

生产经营单位的主要负责人对本单位安全生产工作负有下列职责：①建立、健全本单位安全生产责任制；②组织制定本单位安全生产规章制度和操作规程；③保证本单位安全生产投入的有效实施；④督促、检查本单位的安全生产工作，及时消除生产安全事故隐患；⑤组织制定并实施本单位的生产安全事故应急救援预案；⑥及时、如实报告生产安全事故。

矿山、建筑施工单位和危险物品的生产、经营、储存单位，应当设置安全生产管理机构或者配备专职安全生产管理人员；主要负责人和安全生产管理人员，应当由有关主管部门对其安全生产知识和管理能力考核合格后方可任职。考核不得收费。

其他生产经营单位，从业人员超过 300 人的，应当设置安全生产管理机构或者配备专职安全生产管理人员；从业人员在 300 人以下的，应当配备专职或者兼职的安全生产管理人员，或者委托具有国家规定的相关专业技术资格的工程技术人员提供安全生产管理服务。

生产经营单位的主要负责人和安全生产管理人员必须具备与本单位所从事的生产经营活动相应的安全生产知识和管理能力。生产经营单位委托工程技术人员提供安全生产管理服务的，保证安全生产的责任仍由本单位负责。

3. 保障必要的资金投入

生产经营单位应当具备的安全生产条件所必需的资金投入，由生产经营单位的决策机构、主要负责人或者个人经营的投资人予以保证，并对由于安全生产所必需的资金投入不足导致的后果承担责任。

生产经营单位新建、改建、扩建工程项目（以下统称建设项目）的安全设施，必须与主体工程同时设计、同时施工、同时投入生产和使用。安全设施投资应当纳入建设项目概算。

生产经营单位应当安排用于配备劳动防护用品、进行安全生产培训的经费，必须依法参加工伤社会保险，为从业人员缴纳保险费。

4. 教育培训到位

生产经营单位应当对从业人员进行安全生产教育和培训，保证从业人员具备必要的安全生产知识，熟悉有关的安全生产规章制度和安全操作规程，掌握本岗位的安全操作技能。未经安全生产教育和培训合格的从业人员，不得上岗作业。

生产经营单位采用新工艺、新技术、新材料或者使用新设备，必须了解、掌握其安全技术特性，采取有效的安全防护措施，并对从业人员进行专门的安全生产教育和培训。生产经营单位的特种作业人员必须按照国家有关规定经专门的安全作业培训，取得特种作业操作资格证书，方可上岗作业。

5. 确保安全设施、工器具、劳保可靠

建设项目安全设施的设计人、设计单位应当对安全设施设计负责。安全设备的设计、制造、安装、使用、检测、维修、改造及报废应当符合国家标准或者行业标准。生产经营单位必须对安全设备进行经常性维护、保养，并定期检测，保证正常运转。维护、保养、检测应当做好记录，并由有关人员签字。

生产经营单位使用的涉及生命安全、危险性较大的特种设备，以及危险物品的容器、运输工具，必须按照国家有关规定，由专业生产单位生产，并经取得专业资质的检测、检验机构检测、检验合格，取得安全使用证或者安全标志，方可投入使用。检测、检验机构对检测、检验结果负责。

生产经营单位应当教育和督促从业人员严格执行本单位的安全生产规章制度和安全操作规程；并向从业人员如实告知作业场所和工作岗位存在的危险因素、防范措施以及事故应急措施。生产经营单位必须为从业人员提供符合国家标准或者行业标准的劳动防护用品，并监督、教育从业人员按照使用规则佩戴、使用。

6. 安全检查及整改

生产经营单位的安全生产管理人员应当根据本单位的生产经营特点，对安全生产状况进行经常性检查；对检查中发现的安全问题，应当立即处理；不能处理的，应当及时报告本单位有关负责人。检查及处理情况应当记录在案。

生产经营单位对承包单位、承租单位的安全生产工作统一协调、管理。两个以上生产经营单位在同一作业区域内进行生产经营活动，可能危及对方生产安全的，应当签订安全生产管理协议，明确各自的安全生产管理职责和应当采取的安全措施，并指定专职安全生产管理人员进行安全检查与协调。

（三）从业人员的权利和义务

明确了从业人员订立劳动协议与落实、接受培训、知晓劳动风险、检举安全生产问题、劳动保护、应急撤离、损害赔偿等方面的权利和义务。

（四）安全生产的监督管理

负有安全生产监督管理职责的部门对涉及安全生产的事项进行审查、验收，不得收取费用；不得要求接受审查、验收的单位购买其指定品牌或者指定生产、销售单位的安全设备、器材或者其他产品。

安全生产监督检查人员应当将检查的时间、地点、内容、发现的问题及其处理情况，做出书面记录，并由检查人员和被检查单位的负责人签字；被检查单位的负责人拒绝签字的，检查人员应当将情况记录在案，并向负有安全生产监督管理职责的部门报告。

承担安全评价、认证、检测、检验的机构应当具备国家规定的资质条件，并对其做出的安全评价、认证、检测、检验的结果负责。

（五）生产安全事故的应急救援与调查处理

生产经营单位发生生产安全事故后，事故现场有关人员应当立即报告本单位负责人。单位负责人接到事故报告后，应当迅速采取有效措施，组织抢救，防止事故扩大，减少人员伤亡和财产损失，并按照国家有关规定立即如实报告当地负有安全生产监督管理职责的部门，不得隐瞒不报、谎报或者拖延不报，不得故意破坏事故现场、毁灭有关证据。

任何单位和个人都应当支持、配合事故抢救，并提供一切便利条件，不得阻挠和干涉对事故的依法调查处理。事故调查处理应当按照实事求是、尊重科学的原则，及时、准确地查清事故原因，查明事故性质和责任，总结事故教训，提出整改措施，并对事故责任者提出处理意见。

生产经营单位发生生产安全事故，经调查确定为责任事故的，除了应当查明事故单位的责任并依法予以追究外，还应当查明对安全生产的有关事项负有审查批准和监督职责的行政部门的责任，对有失职、渎职行为的，依照本法追究法律责任。

（六）法律责任

规定了负有安全生产监督管理职责的部门及工作人员，生产经营单位及主要负责人等违反本法律要求应承担的法律责任。

二、建设工程安全生产管理条例

《建设工程安全生产管理条例》经 2003 年 11 月 12 日国务院第 28 次常务会议通过，自 2004 年 2 月 1 日起施行，共 8 章 71 条。《建设工程安全生产管理条例》是对《中华人民共和国建筑法》《中华人民共和国安全生产法》相关规定的具体明确，有关重点内容如下。

（一）总体原则

建设工程安全生产管理，坚持安全第一、预防为主的方针。建设单位、勘察单位、设计单位、施工单位、工程监理单位及其他与建设工程安全生产有关的单位，必须遵守安全生产法律、法规的规定，保证建设工程安全生产，依法承担建设工程安全生产责任。

（二）建设单位的安全责任

（1）应当向施工单位提供施工现场及毗邻区域内地下管线资料，气象和水文观测资料，相邻建筑物和构筑物、地下工程的有关资料。

（2）不得对勘察、设计、施工、工程监理等单位提出不符合建设工程安全生产法律、法规和强制性标准规定的要求，不得压缩合同约定的工期；不得明示或者暗示施工单位购买、租赁、使用不符合安全施工要求的安全防护用具、机械设备、施工机具及配件、消防设施和器材。

（3）在编制工程概算时，应当确定建设工程安全作业环境及安全施工措施所需费用。

（4）在申请领取施工许可证时，应当提供建设工程有关安全施工措施的资料。

（5）应当将拆除工程发包给具有相应资质等级的施工单位。

（6）应当在拆除工程施工 15 日前，将施工单位资质等级证明、拟拆除建筑构筑物及可能危及毗邻建筑的说明、拆除施工组织方案、堆放或清除废弃物的措施等资料报送建设工程所在地的县级以上地方人民政府建设行政主管部门或者其他有关部门备案。实施爆破作业的，应当遵守国家有关民用爆炸物品管理的规定。

（三）勘察、设计、工程监理及其他有关单位的安全责任

1. 勘察单位

（1）应当按照法律、法规和工程建设强制性标准进行勘察，提供的勘察文件应当真实、准确，满足建设工程安全生产的需要。

（2）勘察单位在勘察作业时，应当严格执行操作规程，采取措施保证各类管线、设施和周边建筑物、构筑物的安全。

2. 设计单位

（1）应当按照法律、法规和工程建设强制性标准进行设计，防止因设计不合理导致生产安全事故的发生。

（2）设计单位应当考虑施工安全操作和防护的需要，对涉及施工安全的重点部位和环节在设计文件中注明，并对防范生产安全事故提出指导意见。

（3）采用新结构、新材料、新工艺的建设工程和特殊结构的建设工程，设计单位应当在设计中提出保障施工作业人员安全和预防生产安全事故的措施建议。

（4）设计单位和注册建筑师等注册执业人员应当对其设计负责。

3. 工程监理单位

（1）应当审查施工组织设计中的安全技术措施或者专项施工方案是否符合工程建设强制性标准。

（2）在实施监理过程中，发现存在安全事故隐患的，应当要求施工单位整改，情况严重的，应当要求施工单位暂时停止施工，并及时报告建设单位，施工单位拒不整改或者不停止施工的，工程监理单位应当及时向有关主管部门报告。

（3）工程监理单位和监理工程师应当按照法律、法规和工程建设强制性标准实施监理，并对建设工程安全生产承担监理责任。

4. 为建设工程提供机械设备和配件的单位

（1）应当按照安全施工的要求配备齐全有效的保险、限位等安全设施和装置。

（2）出租的机械设备和施工机具及配件，应当具有生产（制造）许可证、产品合格证，出租单位应当对出租的机械设备和施工机具及配件的安全性能进行检测，在签订租赁协议时，应当出具检测合格证明，禁止出租检测不合格的机械设备和施工机具及配件。

5. 特殊施工装备安装单位

（1）在施工现场安装、拆卸施工起重机械和整体提升脚手架、模板等自升式

架设设施，必须由具有相应资质的单位承担。

（2）安装、拆卸施工起重机械和整体提升脚手架、模板等自升式架设设施，应当编制拆装方案、制定安全施工措施，并由专业技术人员现场监督。

（3）施工起重机械和整体提升脚手架、模板等自升式架设设施安装完毕后，安装单位应当自检，出具自检合格证明，并向施工单位进行安全使用说明，办理验收手续并签字。

6．特殊施工装备检测单位

（1）施工起重机械和整体提升脚手架、模板等自升式架设设施的使用达到国家规定的检验检测期限的，必须经具有专业资质的检验检测机构检测，经检测不合格的，不得继续使用。

（2）检验检测机构对检测合格的施工起重机械和整体提升脚手架、模板等自升式架设设施，应当出具安全合格证明文件，并对检测结果负责。

（四）施工单位的安全责任

（1）应当具备国家规定的注册资本、专业技术人员、技术装备和安全生产等条件，依法取得相应等级的资质证书，并在其资质等级许可的范围内承揽工程。

（2）单位主要负责人依法对本单位的安全生产工作全面负责。施工单位应当建立健全安全生产责任制度和安全生产教育培训制度，制定安全生产规章制度和操作规程，保证本单位安全生产条件所需资金的投入，对所承担的建设工程进行定期和专项安全检查，并做好安全检查记录。

（3）项目负责人应当由取得相应执业资格的人员担任，对建设工程项目的安全施工负责，落实安全生产责任制度、安全生产规章制度和操作规程，确保安全生产费用的有效使用，并根据工程的特点组织制定安全施工措施，消除安全事故隐患，及时、如实报告生产安全事故。

（4）对列入建设工程概算的安全作业环境及安全施工措施所需费用，应当用于施工安全防护用具及设施的采购和更新、安全施工措施的落实、安全生产条件的改善，不得挪作他用。

（5）应当设立安全生产管理机构，配备专职安全生产管理人员；专职安全生产管理人员负责对安全生产进行现场监督检查。发现安全事故隐患，应当及时向项目负责人和安全生产管理机构报告，对违章指挥、违章操作的，应当立即制止。

（6）建设工程实行施工总承包的，由总承包单位对施工现场的安全生产负总责；总承包单位应当自行完成建设工程主体结构的施工；总承包单位依法将建设工程分包给其他单位的，分包合同中应当明确各自的安全生产方面的权利、义务；总承包单位和分包单位对分包工程的安全生产承担连带责任；分包单位应当服从总承包单位的安全生产管理，分包单位不服从管理导致生产安全事故的，由分包单位承担主要责任。

（7）建设工程施工前，施工单位负责项目管理的技术人员应当对有关安全施工的技术要求向施工作业班组、作业人员做出详细说明，并由双方签字确认；垂直运输机械作业人员、安装拆卸工、爆破作业人员、起重信号工、登高架设作业人员等特种作业人员，必须按照国家有关规定经过专门的安全作业培训，并取得特种作业操作资格证书后，方可上岗作业。

（8）应当在施工组织设计中编制安全技术措施和施工现场临时用电方案，对达到一定规模的危险性较大的分部分项工程编制专项施工方案，并附具安全验算结果，经施工单位技术负责人、总监理工程师签字后实施，由专职安全生产管理人员进行现场监督。

（9）应当在施工现场入口处、施工起重机械、临时用电设施、脚手架、出入通道口、楼梯口、电梯井口、孔洞口、桥梁口、隧道口、基坑边沿、爆破物及有害危险气体和液体存放处等危险部位，设置明显的安全警示标志，安全警示标志必须符合国家标准；应当根据不同施工阶段和周围环境及季节、气候的变化，在施工现场采取相应的安全施工措施；施工现场暂时停止施工的，施工单位应当做好现场防护，所需费用由责任方承担，或者按照合同约定执行。

（10）应当将施工现场的办公、生活区与作业区分开设置，并保持安全距离；办公、生活区的选址应当符合安全性要求；职工的膳食、饮水、休息场所等应当符合卫生标准；施工单位不得在尚未竣工的建筑物内设置员工集体宿舍；施工现场临时搭建的建筑物应当符合安全使用要求；施工现场使用的装配式活动房屋应当具有产品合格证。

（11）对因建设工程施工可能造成损害的毗邻建筑物、构筑物和地下管线等，应当采取专项防护措施；施工单位应当遵守有关环境保护法律、法规的规定，在施工现场采取措施，防止或者减少粉尘、废气、废水、固体废物、噪声、振动和施工照明对人和环境的危害和污染；在城市市区内的建设工程，施工单位应当对施工现场实行封闭围挡。

（12）应当在施工现场建立消防安全责任制度，确定消防安全责任人，制定用火、用电、使用易燃易爆材料等各项消防安全管理制度和操作规程，设置消防通道、消防水源，配备消防设施和灭火器材，并在施工现场入口处设置明显标志。

（13）应当向作业人员提供安全防护用具和安全防护服装，并书面告知危险岗位的操作规程和违章操作的危害；作业人员有权对施工现场的作业条件、作业程序和作业方式中存在的安全问题提出批评、检举和控告，有权拒绝违章指挥和强令冒险作业；在施工中发生危及人身安全的紧急情况时，作业人员有权立即停止作业或者在采取必要的应急措施后撤离危险区域；作业人员应当遵守安全施工的强制性标准、规章制度和操作规程，正确使用安全防护用具、机械设备等。

（14）采购、租赁的安全防护用具、机械设备、施工机具及配件，应当具有生产（制造）许可证、产品合格证，并在进入施工现场前进行查验；施工现场的安全防护用具、机械设备、施工机具及配件必须由专人管理，定期进行检查、维修和保养，建立相应的资料档案，并按照国家有关规定及时报废。

（15）在使用施工起重机械和整体提升脚手架、模板等自升式架设设施前，应当组织有关单位进行验收，也可以委托具有相应资质的检验检测机构进行验收；使用承租的机械设备和施工机具及配件的，由施工总承包单位、分包单位、出租单位和安装单位共同进行验收，验收合格的方可使用；应当自施工起重机械和整体提升脚手架、模板等自升式架设设施验收合格之日起 30 日内，向建设行政主管部门或者其他有关部门登记，登记标志应当置于或者附着于该设备的显著位置。

（16）单位主要负责人、项目负责人、专职安全生产管理人员应当经建设行政主管部门或者其他有关部门考核合格后方可任职；应当对管理人员和作业人员每年至少进行一次安全生产教育培训，其教育培训情况记入个人工作档案。安全生产教育培训考核不合格的人员，不得上岗；作业人员进入新的岗位或者新的施工现场前，应当接受安全生产教育培训，未经教育培训或者教育培训考核不合格的人员，不得上岗作业；在采用新技术、新工艺、新设备、新材料时，应当对作业人员进行相应的安全生产教育培训。

（17）应当为施工现场从事危险作业的人员办理意外伤害保险；意外伤害保险费由施工单位支付；实行施工总承包的，由总承包单位支付意外伤害保险费；意外伤害保险期限自建设工程开工之日起至竣工验收合格止。

（五）监督管理

国务院负责安全生产监督管理的部门依照《中华人民共和国安全生产法》的规定，对全国建设工程安全生产工作实施综合监督管理；县级以上地方人民政府负责安全生产监督管理的部门依照《中华人民共和国安全生产法》的规定，对本行政区域内建设工程安全生产工作实施综合监督管理。

（六）生产安全事故的应急救援和调查处理

施工单位应当制定本单位生产安全事故应急救援预案，建立应急救援组织或者配备应急救援人员，配备必要的应急救援器材、设备，并定期组织演练；应当根据建设工程施工的特点、范围，对施工现场易发生重大事故的部位、环节进行监控，制定施工现场生产安全事故应急救援预案，实行施工总承包的，由总承包单位统一组织编制建设工程生产安全事故应急救援预案，工程总承包单位和分包单位按照应急救援预案，各自建立应急救援组织或者配备应急救援人员，配备救援器材、设备，并定期组织演练。

施工单位发生生产安全事故，应当按照国家有关伤亡事故报告和调查处理的规定，及时、如实地向负责安全生产监督管理的部门、建设行政主管部门或者其他有关部门报告；特种设备发生事故的，还应当同时向特种设备安全监督管理部门报告。接到报告的部门应当按照国家有关规定，如实上报。实行施工总承包的建设工程，由总承包单位负责上报事故。

发生生产安全事故后，施工单位应当采取措施防止事故扩大，保护事故现场。需要移动现场物品时，应当做出标记和书面记录，妥善保管有关证物。建设工程生产安全事故的调查、对事故责任单位和责任人的处罚与处理，按照有关法律、法规的规定执行。

（七）法律责任

明确了建设单位和勘察、设计、施工、工程监理等参建单位违反本条例的规定所应承担的法律责任，以及具体处罚办法。

三、生产安全事故报告和调查处理条例

《生产安全事故报告和调查处理条例》经 2007 年 3 月 28 日国务院第 172 次常务会议通过，自 2007 年 6 月 1 日起施行，共 6 章 46 条。有关重点内容如下。

（一）总体原则

根据生产安全事故（以下简称"事故"）造成的人员伤亡或者直接经济损失，事故一般分为以下等级（以下所称的"以上"包括本数，所称的"以下"不包括本数）。

（1）特别重大事故。是指造成 30 人以上死亡，或者 100 人以上重伤（包括急性工业中毒，下同），或者 1 亿元以上直接经济损失的事故。

（2）重大事故。是指造成 10 人以上 30 人以下死亡，或者 50 人以上 100 人以下重伤，或者 5000 万元以上 1 亿元以下直接经济损失的事故。

（3）较大事故。是指造成 3 人以上 10 人以下死亡，或者 10 人以上 50 人以下重伤，或者 1000 万元以上 5000 万元以下直接经济损失的事故。

（4）一般事故。是指造成 3 人以下死亡，或者 10 人以下重伤，或者 1000 万元以下直接经济损失的事故。

事故报告应当及时、准确、完整，任何单位和个人对事故不得迟报、漏报、谎报或者瞒报；事故调查处理应当坚持实事求是、尊重科学的原则，及时、准确地查清事故经过、事故原因和事故损失，查明事故性质，认定事故责任，总结事故教训，提出整改措施，并对事故责任者依法追究责任；参加事故调查处理的部门和单位应当互相配合，提高事故调查处理工作的效率；任何单位和个人不得阻挠和干涉对事故的报告和依法调查处理。

（二）事故报告

事故发生后，事故现场有关人员应当立即向本单位负责人报告；单位负责人接到报告后，应当于 1h 内向事故发生地县级以上人民政府安全生产监督管理部门和负有安全生产监督管理职责的有关部门报告。

情况紧急时，事故现场有关人员可以直接向事故发生地县级以上人民政府安全生产监督管理部门和负有安全生产监督管理职责的有关部门报告。

安全生产监督管理部门和负有安全生产监督管理职责的有关部门接到事故报告后，应当依照规定上报事故情况，并通知公安机关、劳动保障行政部门、工会和人民检察院。全生产监督管理部门和负有安全生产监督管理职责的有关部门逐级上报事故情况，每级上报的时间不得超过 2h。

报告事故应当包括下列内容：①事故发生单位概况；②事故发生的时间、地点以及事故现场情况；③事故的简要经过；④事故已经造成或者可能造成的伤亡人数（包括下落不明的人数）；⑤初步估计的直接经济损失；⑥已经采取的措施；⑦其他应当报告的情况。事故报告后出现新情况的，应当及时补报。

事故发生单位负责人接到事故报告后，应当立即启动事故相应应急预案，或者采取有效措施，组织抢救，防止事故扩大，减少人员伤亡和财产损失。事故发生后，有关单位和人员应当妥善保护事故现场以及相关证据，任何单位和个人不得破坏事故现场、毁灭相关证据。因抢救人员、防止事故扩大以及疏通交通等原因，需要移动事故现场物件的，应当做出标识，绘制现场简图并做出书面记录，妥善保存现场重要痕迹、物证。

（三）事故调查

特别重大事故由国务院或者国务院授权有关部门组织事故调查组进行调查；重大事故、较大事故、一般事故分别由事故发生地省级人民政府、设区的市级人民政府、县级人民政府负责调查。省级人民政府、设区的市级人民政府、县级人民政府可以直接组织事故调查组进行调查，也可以授权或者委托有关部门组织事故调查组进行调查；未造成人员伤亡的一般事故，县级人民政府也可以委托事故发生单位组织事故调查组进行调查。

（四）事故处理

重大事故、较大事故、一般事故，负责事故调查的人民政府应当自收到事故调查报告之日起 15 日内做出批复；特别重大事故，30 日内做出批复，特殊情况下，批复时间可以适当延长，但延长的时间最长不超过 30 日；有关机关应当按照人民政府的批复，依照法律、行政法规规定的权限和程序，对事故发生单位和有关人员进行行政处罚，对负有事故责任的国家工作人员进行处分；事故发生单位应当按照负责事故调查的人民政府的批复，对本单位负有事故责任的人员进行处理；负有事故责任的人员涉嫌犯罪的，依法追究刑事责任。

事故发生单位应当认真吸取事故教训，落实防范和整改措施，防止事故再次发生。防范和整改措施的落实情况应当接受工会和职工的监督。

（五）法律责任

明确了事故发生单位主要负责人、事故发生单位及其有关人员、事故发生单位对事故发生负有责任的、事故发生单位主要负责人未依法履行安全生产管理职责导致事故发生的、有关地方人民政府安全生产监督管理部门和负有安全生产监督管理职责的、参与事故调查的人员在事故调查中违反有关规定应承担的法律责任及处罚规定。

四、建设工程质量管理条例（2019 年修正版）

2000 年 1 月 10 日国务院第 25 次常务会议通过，2000 年 1 月 30 日起施行，2017 年第一次修订，2019 年第二次修订，共九章八十二条。有关重点内容如下。

（一）总体原则

建设单位、勘察单位、设计单位、施工单位、工程监理单位依法对建设工程质量负责。

从事建设工程活动，必须严格执行基本建设程序，坚持先勘察、后设计、再施工的原则。国家鼓励采用先进的科学技术和管理方法，提高建设工程质量。

（二）建设单位的质量责任和义务

（1）应当将工程发包给具有相应资质等级的单位，不得将建设工程肢解发包。

（2）应当依法对工程建设项目的勘察、设计、施工、监理以及与工程建设有关的重要设备、材料等的采购进行招标；必须向有关的勘察、设计、施工、工程监理等单位提供与建设工程有关的原始资料，原始资料必须真实、准确、齐全；不得迫使承包方以低于成本的价格竞标，不得任意压缩合理工期；不得明示或者暗示设计单位或者施工单位违反工程建设强制性标准，降低建设工程质量。

（3）应当将施工图设计文件报县级以上人民政府建设行政主管部门或者其他有关部门审查；施工图设计文件审查的具体办法，由国务院建设行政主管部门会同国务院其他有关部门制定；施工图设计文件未经审查批准的，不得使用。

（4）实行监理的建设工程，建设单位应当委托具有相应资质等级的工程监理单位进行监理，也可以委托具有工程监理相应资质等级并与被监理工程的施工承包单位没有隶属关系或者其他利害关系的该工程的设计单位进行监理；国家重点建设工程、大中型公用事业工程、成片开发建设的住宅小区工程、利用外国政府或者国际组织贷款和援助资金的工程、国家规定必须实行监理的其他工程必须实行监理。

（5）建设单位在领取施工许可证或者开工报告前，应当按照国家有关规定办理工程质量监督手续。

（6）按照合同约定，由建设单位采购建筑材料、建筑构配件和设备的，建设单位应当保证建筑材料、建筑构配件和设备符合设计文件和合同要求。建设单位不得明示或者暗示施工单位使用不合格的建筑材料、建筑构配件和设备。

（7）涉及建筑主体和承重结构变动的装修工程，建设单位应当在施工前委托原设计单位或者具有相应资质等级的设计单位提出设计方案；没有设计方案的，不得施工。房屋建筑使用者在装修过程中，不得擅自变动房屋建筑主体和承重结构。

（8）建设单位收到建设工程竣工报告后，应当组织设计、施工、工程监理等有关单位进行竣工验收。建设工程经验收合格的，方可交付使用。

（9）建设单位应当严格按照国家有关档案管理的规定，及时收集、整理建设项目各环节的文件资料，建立、健全建设项目档案，并在建设工程竣工验收后，及时向建设行政主管部门或者其他有关部门移交建设项目档案。

（三）勘察、设计单位的质量责任和义务

（1）从事建设工程勘察、设计的单位应当依法取得相应等级的资质证书，并在其资质等级许可的范围内承揽工程。禁止勘察、设计单位超越其资质等级许可的范围或者以其他勘察、设计单位的名义承揽工程。禁止勘察、设计单位允许其他单位或者个人以本单位的名义承揽工程。勘察、设计单位不得转包或者违法分包所承揽的工程。

（2）勘察、设计单位必须按照工程建设强制性标准进行勘察、设计，并对其勘察、设计的质量负责。注册建筑师、注册结构工程师等注册执业人员应当在设计文件上签字，对设计文件负责。

（3）勘察单位提供的地质、测量、水文等勘察成果必须真实、准确。设计单位应当根据勘察成果文件进行建设工程设计。设计文件应当符合国家规定的设计深度要求，注明工程合理使用年限。

（4）设计单位在设计文件中选用的建筑材料、建筑构配件和设备，应当注明规格、型号、性能等技术指标，其质量要求必须符合国家规定的标准。除有特殊要求的建筑材料、专用设备、工艺生产线等外，设计单位不得指定生产厂、供应商。

（5）设计单位应当就审查合格的施工图设计文件向施工单位作出详细说明。

（6）设计单位应当参与建设工程质量事故分析，并对因设计造成的质量事故，提出相应的技术处理方案。

（四）施工单位的质量责任和义务

（1）施工单位应当依法取得相应等级的资质证书，并在其资质等级许可的范围内承揽工程。禁止施工单位超越本单位资质等级许可的业务范围或者以其他施

工单位的名义承揽工程。禁止施工单位允许其他单位或者个人以本单位的名义承揽工程。施工单位不得转包或者违法分包工程。

（2）施工单位对建设工程的施工质量负责。施工单位应当建立质量责任制，确定工程项目的项目经理、技术负责人和施工管理负责人。建设工程实行总承包的，总承包单位应当对全部建设工程质量负责；建设工程勘察、设计、施工、设备采购的一项或者多项实行总承包的，总承包单位应当对其承包的建设工程或者采购的设备的质量负责。

（3）总承包单位依法将建设工程分包给其他单位的，分包单位应当按照分包合同的约定对其分包工程的质量向总承包单位负责，总承包单位与分包单位对分包工程的质量承担连带责任。

（4）施工单位必须按照工程设计图纸和施工技术标准施工，不得擅自修改工程设计，不得偷工减料。施工单位在施工过程中发现设计文件和图纸有差错的，应当及时提出意见和建议。

（5）施工单位必须按照工程设计要求、施工技术标准和合同约定，对建筑材料、建筑构配件、设备和商品混凝土进行检验，检验应当有书面记录和专人签字；未经检验或者检验不合格的，不得使用。

（6）施工单位必须建立、健全施工质量的检验制度，严格工序管理，做好隐蔽工程的质量检查和记录。隐蔽工程在隐蔽前，施工单位应当通知建设单位和建设工程质量监督机构。

（7）施工人员对涉及结构安全的试块、试件以及有关材料，应当在建设单位或者工程监理单位监督下现场取样，并送具有相应资质等级的质量检测单位进行检测。

（8）施工单位对施工中出现质量问题的建设工程或者竣工验收不合格的建设工程，应当负责返修。

（9）施工单位应当建立、健全教育培训制度，加强对职工的教育培训；未经教育培训或者考核不合格的人员，不得上岗作业。

（五）工程监理单位的质量责任和义务

（1）工程监理单位应当依法取得相应等级的资质证书，并在其资质等级许可的范围内承担工程监理业务。禁止工程监理单位超越本单位资质等级许可的范围或者以其他工程监理单位的名义承担工程监理业务。禁止工程监理单位允许其他单位或者个人以本单位的名义承担工程监理业务。工程监理单位不得转让工程监理业务。

（2）工程监理单位与被监理工程的施工承包单位以及建筑材料、建筑构配件和设备供应单位有隶属关系或者其他利害关系的，不得承担该项建设工程的监理业务。

（3）工程监理单位应当依照法律、法规以及有关技术标准、设计文件和建设工程承包合同，代表建设单位对施工质量实施监理，并对施工质量承担监理责任。

（4）工程监理单位应当选派具备相应资格的总监理工程师和监理工程师进驻施工现场。未经监理工程师签字，建筑材料、建筑构配件和设备不得在工程上使用或者安装，施工单位不得进行下一道工序的施工。未经总监理工程师签字，建设单位不拨付工程款，不进行竣工验收。

（5）监理工程师应当按照工程监理规范的要求，采取旁站、巡视和平行检验等形式，对建设工程实施监理。

（六）建设工程质量保修

（1）建设工程实行质量保修制度。建设工程承包单位在向建设单位提交工程竣工验收报告时，应当向建设单位出具质量保修书。质量保修书中应当明确建设工程的保修范围、保修期限和保修责任等。

（2）在正常使用条件下，建设工程的保修期，自竣工验收合格之日起计算，建设工程的最低保修期限如下。

1）基础设施工程、房屋建筑的地基基础工程和主体结构工程，为设计文件规定的该工程的合理使用年限。

2）屋面防水工程、有防水要求的卫生间、房间和外墙面的防渗漏，为5年。

3）供热与供冷系统，为2个采暖期、供冷期。

4）电气管线、给排水管道、设备安装和装修工程，为2年。

5）其他项目的保修期限由发包方与承包方约定。

（3）建设工程在保修范围和保修期限内发生质量问题的，施工单位应当履行保修义务，并对造成的损失承担赔偿责任。

（4）建设工程在超过合理使用年限后需要继续使用的，产权所有人应当委托具有相应资质等级的勘察、设计单位鉴定，并根据鉴定结果采取加固、维修等措施，重新界定使用期。

（七）监督管理

（1）国家实行建设工程质量监督管理制度。国务院建设行政主管部门对全国的建设工程质量实施统一监督管理。国务院铁路、交通、水利等有关部门按照国务院规定的职责分工，负责对全国的有关专业建设工程质量的监督管理。县级以上地方人民政府建设行政主管部门对本行政区域内的建设工程质量实施监督管理。县级以上地方人民政府交通、水利等有关部门在各自的职责范围内，负责对本行政区域内的专业建设工程质量的监督管理。

（2）建设单位应当自建设工程竣工验收合格之日起 15 日内，将建设工程竣工验收报告和规划、公安消防、环保等部门出具的认可文件或者准许使用文件报建设行政主管部门或者其他有关部门备案。建设行政主管部门或者其他有关部门发现建设单位在竣工验收过程中有违反国家有关建设工程质量管理规定行为的，责令停止使用，重新组织竣工验收。

（3）建设工程发生质量事故，有关单位应当在 24h 内向当地建设行政主管部门和其他有关部门报告。对重大质量事故，事故发生地的建设行政主管部门和其他有关部门应当按照事故类别和等级向当地人民政府和上级建设行政主管部门和其他有关部门报告。特别重大质量事故的调查程序按照国务院有关规定办理。任何单位和个人对建设工程的质量事故、质量缺陷都有权检举、控告、投诉。

第四部分　建设用地及环保水保类法规的重点要求

一、中华人民共和国城乡规划法（2008 年）

《中华人民共和国城乡规划法》（以下简称《城乡规划法》）由第十届全国人人常委会，于 2007 年 10 月 28 日审议通过，2008 年 1 月 1 日起施行，原《城市规划法》同时废止。相关重点内容如下。

（一）电网规划与城乡规划

电网发展规划作为城市基础设施规划的一部分被规定为城市总体规划中的强制性内容之一，必须编制，并应满足城市总体规划的要求，符合城市发展的需要（规划法第十七条）。

（二）建设项目规划相关的法律规定

1. 选址意见书

电力设施属城市基础设施主要通过土地使用权无偿划拨获取建设用地，按法律规定必须在项目核准前，应当向城乡规划主管部门申请核发选址意见书。

2. 建设用地规划许可证

以划拨方式提供国有土地使用权的建设项目，经有关部门批准、核准、备案后，建设单位应当向城市、县人民政府城乡规划主管部门提出建设用地规划许可申请，由城市、县人民政府城乡规划主管部门依据控制性详细规划核定建设用地的位置、面积、允许建设的范围，核发建设用地规划许可证。建设单位在取得建设用地规划许可证后，方可向县级以上地方人民政府土地主管部门申请用地。

以出让方式取得国有土地使用权的建设项目，在签订国有土地使用权出让合同后，建设单位应当持建设项目的批准、核准、备案文件和国有土地使用权出让合同，向城市、县人民政府城乡规划主管部门领取建设用地规划许可证。

3. 建设工程规划许可证

在城市、镇规划区内进行建筑物、构筑物、道路、管线和其他工程建设的，建设单位应当向城市、县人民政府城乡规划主管部门或者省、自治区、直辖市人民政府确定的镇人民政府申请办理建设工程规划许可证。

申请办理建设工程规划许可证，应当提交使用土地的有关证明文件、建设工程设计方案等材料。需要建设单位编制修建性详细规划的建设项目，还应当提交修建性详细规划。

二、中华人民共和国土地管理法（2019 年）

1. 建设用地的概念及审批

建设占用土地，涉及农用地转为建设用地的，应当办理农用地转用审批手续。永久基本农田转为建设用地的，由国务院批准。在土地利用总体规划确定的城市和村庄、集镇建设用地规模范围内，为实施该规划而将永久基本农田以外的农用地转为建设用地的，按土地利用年度计划分批次按照国务院规定由原批准土地利用总体规划的机关或者其授权的机关批准。在已批准的农用地转用范围内，具体建设项目用地可以由市、县人民政府批准。

在土地利用总体规划确定的城市和村庄、集镇建设用地规模范围外，将永久基本农田以外的农用地转为建设用地的，由国务院或者国务院授权的省、自治区、直辖市人民政府批准。

2. 征地的概念及方式

征地就是指取得建设用地的使用权。国有建设用地可通过有偿使用和划拨两种方式取得，电力建设工程用地主要通过划拨取得。

国家征收土地的，依照法定程序批准后，由县级以上地方人民政府予以公告并组织实施。县级以上地方人民政府拟申请征收土地的，应当开展拟征收土地现状调查和社会稳定风险评估，并将征收范围、土地现状、征收目的、补偿标准、安置方式和社会保障等在拟征收土地所在的乡（镇）和村、村民小组范围内公告至少三十日，听取被征地的农村集体经济组织及其成员、村民委员会和其他利害关系人的意见。多数被征地的农村集体经济组织成员认为征地补偿安置方案不符合法律、法规规定的，县级以上地方人民政府应当组织召开听证会，并根据法律、法规的规定和听证会情况修改方案。拟征收土地的所有权人、使用权人应当在公告规定期限内，持不动产权属证明材料办理补偿登记。县级以上地方人民政府应当组织有关部门测算并落实有关费用，保证足额到位，与拟征收土地的所有权人、使用权人就补偿、安置等签订协议；个别确实难以达成协议的，应当在申请征收土地时如实说明。相关前期工作完成后，县级以上地方人民政府方可申请征收土地。

经批准的建设项目需要使用国有建设用地的，建设单位应当持法律、行政法规规定的有关文件，向有批准权的县级以上人民政府自然资源主管部门提出建设用地申请，经自然资源主管部门审查，报本级人民政府批准。

建设单位使用国有土地，应当以出让等有偿使用方式取得；但是，下列建设用地，经县级以上人民政府依法批准，可以以划拨方式取得：

国家机关用地和军事用地；

城市基础设施用地和公益事业用地；

国家重点扶持的能源、交通、水利等基础设施用地；

法律、行政法规规定的其他用地。

乡（镇）村公共设施、公益事业建设，需要使用土地的，经乡（镇）人民政府审核，向县级以上地方人民政府自然资源主管部门提出申请，按照省、自治区、直辖市规定的批准权限，由县级以上地方人民政府批准；其中，涉及占用农用地的，依照本法的规定办理审批手续。

三、建设项目用地预审管理办法（2016 年）

2001 年 7 月 25 日国土资源部发布了《建设项目用地预审管理办法》，2004 年、2008 年、2016 年先后修订三次。相关重点内容如下。

1. 建设项目用地预审制

建设项目用地预审，是指国土资源主管部门在建设项目审批、核准、备案阶段，依法对建设项目涉及的土地利用事项进行的审查。核准制适用于企业不使用政府性资金投资建设的重大项目、限制类项目，电力建设项目主要是需核准项目。

2. 分级预审管理

需人民政府或有批准权的人民政府发展和改革等部门审批的建设项目，由该人民政府的国土资源主管部门预审。需核准和备案的建设项目，由与核准、备案机关同级的国土资源主管部门预审。

3. 申请用地预审材料

申请用地预审的项目建设单位应当提交下列材料：

（1）建设项目用地预审申请表；

（2）建设项目用地预审申请报告，内容包括拟建项目的基本情况、拟选址占地情况、拟用地是否符合土地利用总体规划、拟用地面积是否符合土地使用标准、拟用地是否符合供地政策等；

（3）审批项目建议书的建设项目提供项目建议书批复文件，直接审批可行性研究报告或者需核准的建设项目提供建设项目列入相关规划或者产业政策的文件。

四、中华人民共和国环境保护法（2014 年）

现行的《中华人民共和国环境保护法》是由中华人民共和国第七届全国人民代表大会于 1989 年 12 月 26 日颁布施行，2014 年修订。相关重点内容如下。

1. "三同时"要求

建设项目中防治污染的设施，应当与主体工程同时设计、同时施工、同时投产使用。防治污染的设施应当符合经批准的环境影响评价文件的要求，不得擅自拆除或者闲置。

2．环境影响报告书

对依法应当编制环境影响报告书的建设项目，建设单位应当在编制时向可能受影响的公众说明情况，充分征求意见。负责审批建设项目环境影响评价文件的部门在收到建设项目环境影响报告书后，除涉及国家秘密和商业秘密的事项外，应当全文公开；发现建设项目未充分征求公众意见的，应当责成建设单位征求公众意见。

电网建设项目核准前，必须对建设项目产生的污染和对环境的影响作出评价，经环境保护行政主管部门批准，计划部门方可批准建设项目设计任务书。

（1）接受委托为建设项目环境影响评价提供技术服务、具体从事建设项目环境影响评价工作的机构，应当具备国家环保总局发布的《建设项目环境影响评价资格证书管理办法》规定的相应质，方可从事环境影响评价服务。

（2）建设项目的环境影响报告书应当包括的内容有：①建设项目概况；②建设项目周围环境现状；③建设项目对环境可能造成影响的分析、预测和评估；④建设项目环境保护措施及其技术、经济论证；⑤建设项目对环境影响的经济损益分析；⑥对建设项目实施环境监测的建议；⑦环境影响评价的结论。

（3）建设项目的环境影响评价文件经批准后，建设项目的性质、规模、地点、采用的生产工艺或者防治污染、防止生态破坏的措施发生重大变动的，建设单位应当重新报批建设项目的环境影响评价文件；建设项目的环境影响评价文件自批准之日起超过5年，方决定该项目开工建设的，其环境影响评价文件应当报原审批部门重新审核。

3．水土保持方案

应当编制水土保持方案的电网建设项目，建设单位在水土保持方案未经水保行政主管部门批准前，不得开工建设，建设项目主体工程和附属配套工程以及前期建设工程均不得开工建设。

4．防治污染的设施

（1）建设项目中，防治污染的设施必须与主体工程同时设计、同时施工、同时投产使用。

1）在城市范围内，建筑施工噪声应当符合《中华人民共和国环境噪声污染防治法》规定的建筑施工环境噪声排放标准。

2）对环境有污染的固体废物收集、贮存、运输、利用、处置应当满足《中华人民共和国固体废物污染环境防治法》规定。

（2）防治污染的设施必须经原审批环境影响报告书的环境保护行政主管部门验收、原审批水土保持方案的水土保持行政主管部门验收合格后，该建设项目方可投入使用。

附录 B

工程设计各专业技术管控要点

第一部分　常规工程（750kV 及以下）

一、电气一次专业

（一）电气主接线

（1）各电压等级电气主接线应满足电网智能变电站通用设计有关要求。

（2）变电站的电气主接线，应根据变电站在电力系统中的地位，综合考虑变电站的规划容量、负荷性质、连接元件数、配电装置特点、设备制造能力等因素，以满足供电可靠、运行灵活、检修方便、便于扩建、投资合理、节省占地为原则，通过技术经济比较后确定。

（3）对于气体绝缘开关设备（Gas-Insulated Switchgear，GIS）和混合气体绝缘开关设备（Hybrid Gas-Insulated Switchgear，HGIS），宜简化接线型式，减少元件数量。

（4）对于终端变电站，应在满足可靠性要求前提下简化接线型式，采用线路变压器组或桥形接线。

（5）对于一个半断路器接线（也称 3/2 接线），当变压器台数超过两台时，其他几台变压器可不进串、直接经断路器接母线。

（二）短路电流计算及主要设备选择

1. 短路电流计算

（1）短路电流应按照变电站远景的系统阻抗进行计算，主变压器的并列条件应按照系统确定的最大运行方式考虑。

（2）根据各电压侧的系统阻抗、主变压器的阻抗，换算成标幺值，算出各母线三相短路电流及单相短路电流。

（3）相应应用于设备选择再算出短路电流冲击值、热稳定值、入地电流值。

2. 主要设备选择

（1）主要一次设备应采用智能变电站一次通用设备，规范技术参数、电气一次接口、二次接口、土建接口。

（2）导体及主要设备选择要体现技术先进性、安全可靠性、节能环保、经济合理性，要按全寿命建设理念，符合工程系统条件、适应环境条件、减少规格品种、便于检修、便于工程扩建。

（3）在满足系统条件运行的情况下，应加大无功补偿装置分组容量，减少分组数量。

（4）一次设备宜高度集成测量、控制、状态监测等智能化功能。智能终端、合并单元与一次设备本体采用一体化设计，取消冗余回路，简化元器件配置，设备本体与智能控制柜之间宜采用预制电缆连接，以减少现场接线、调试工作量。

（5）在满足可靠性和运维方便的条件下，积极推动节能环保设备的工程应用。

（三）绝缘配合及过电压保护

（1）考虑电网中操作过电压、雷电过电压、谐振过电压，确定各级电压电气设备绝缘水平。

（2）通过雷电侵入波计算，配置配电装置的避雷器保护。

（3）考虑平行线路回路感应电压、感应电流确定出线隔离开关的形式。

（4）根据站址所在地区的污秽情况，计算外绝缘爬电比距。对高海拔地区的工程，设备外绝缘水平、空气间隙、布置尺寸进行海拔修正。

（四）电气总平面布置及配电装置

（1）全面应用电网智能变电站通用设计，在此基础上，结合工程实际，合理优化总平面布置，减小变电站占地面积。

（2）变电站各个功能区域应划分明确、布置紧凑，电气工艺连接流畅合理。

（3）变电站大门及道路的设置应满足主变压器、预制舱式二次组合设备、大型装配式预制件等整体运输条件。

（4）除 8 度及以上地震烈度地区外，户外配电装置不宜采用软母线普通中型配电装置，宜采用管母中型或软母线改进半高型配电装置。

（5）户内变电站设计应统筹规划电缆布置，避免设置整层、大面积的电缆夹层。

（6）户内配电装置通道设置应充分考虑设备运输、安装、试验、检修、扩建、更换等情况，合理确定建筑层高、跨度。

（7）配电装置采用 GIS 设备、架空出线时，可考虑采用双层出线、三角形出线等布置形式，压缩配电装置横向尺寸。

（8）户外变电站宜利用配电装置附近空余场地，就近布置预制舱式二次组合设备。

（五）站用电及照明

1. 站外电源方案

（1）站外电源方案应与初步设计文件同时提交评审。设计深度同初步设计深度要求。有必要时，站外电源应提供多方案比较。

（2）站用电系统应保证全站供电可靠，扩建检修方便、经济合理。

（3）站用变压器容量应考虑全站主变压器冷却、开关设备电动机构负荷、二次设备等生产系统的负荷，还应考虑照明、暖通、消防等辅助生产的负荷。

2. 电气照明

电气照明应根据不同的布置方式及场合，采用配照合理、检修方便、经济合理的照明方式。

（六）防雷接地

对新建变电站原则上不考虑采用室温硫化硅橡胶涂料（Room Temperature Vulcanizing，RTV）或电力设备专用室温硫化硅橡胶涂料（Power Room Temperature Vulcanizing，PRTV）；对扩建工程确需采用时，只计列本次扩建设备涂料费用。

接地设计应提供站址各层土壤电阻率报告、地下水和土壤性质报告；根据规程要求提供接地相关计算。根据变电站土壤电阻率和腐蚀性情况，提出接地材料选择、接地装置的设计及接触电动势和跨步电动势计算结果。需要采取的降阻、防腐、隔离措施方案及其方案间的技术经济比较。

（七）电缆敷设

根据一次电缆、二次电缆、光缆的数量和路径设计站区电缆构筑物型式及尺寸、电缆/光缆敷设方式。

电缆/光缆及其构筑物采取防火和阻燃措施。

（八）智能变电站一次设备

智能变电站是指采用可靠、经济、集成、节能、环保的设备与设计，以全站信息数字化、通信平台网络化、信息共享标准化、系统功能集成化、结构设计紧凑化、高压设备智能化和运行状态可视化等为基本要求，能够支持电网实时在线分析和控制决策，进而提高整个电网运行可靠性及经济性的变电站。

1. 智能高压设备

智能高压设备是具有测量数字化、控制网络化、状态可视化、功能一体化和信息互动化等技术特征的高压设备，由高压设备本体、集成于高压设备本体的传感器和智能组件组成。

2. 电子式互感器

电子式互感器由连接到传输系统和二次转换器的一个或多个电流或电压传感器组成，用于传输正比于被测量的量，供测量仪器、仪表和继电保护或控制装置。

3. 电子式电流互感器

在正常适用条件下，电子式电流互感器的二次转换器的输出实质上正比于一次电流，联结方向正确时接近于已知相位角。

4. 电子式电压互感器

在正常适用条件下，电子式电压互感器的二次电压实质上正比于正确时接近于已知相位角。

5. 智能组件

智能组件即智能高压设备的组成部分，由测量、控制、监测、保护、计量等全部或部分智能电子装置（IED）集合而成，通过电缆或光缆与高压设备本体连接成一个有机整体，实现和/或支持对高压设备本体或部件的智能控制，并对其运行可靠性、控制可靠性及负载能力进行实时评估，支持电网的优化运行。通常运行于高压设备本体近旁。

6. 智能终端

智能终端可以与一次设备采用电缆连接，也可以与保护、测控等二次设备采用光纤连接，实现对一次设备（如断路器、隔离开关、主变压器等）的测量、控制等功能。

7. 合并单元

合并单元是用以对来自二次转换器的电流和/或电压数据进行时间相关组合的物理单元。合并单元可以是互感器的一个组成件，也可以是一个分立单元。

8. 智能电子设备

智能电子设备（IED）包含一个或多个处理器，为有一个或多个特定环境中特定逻辑接点行为且受制于其接口的装置；可接收来自外部源的数据，或向外部发送数据，或进行控制，如电子多功能仪表、数字保护、控制器等。

9. 设备状态监测

设备状态监测即通过传感器、计算机、通信网络等技术，及时获取设备的各种特征参量并结合一定算法的专家系统软件进行分析处理，可对设备的可靠性作出判断，对设备的剩余寿命作出预测，从而及早发现潜在的故障，提高供电可靠性。

10. 传感器

传感器是高压设备的状态感知元件，用于将设备某一状态参量转变为可采集的信号。如 SF_6 压力传感器、变压器油中溶解气体传感器等。

二、电气二次专业

（一）系统继电保护（以 220kV 为例）

1. 线路保护配置原则

（1）每回 220kV 线路应配置双套完整的、独立的能反映各种类型故障、具有选相功能全线速动保护，终端负荷线路也可配置一套全线速动保护，每套保护均具有完整的后备保护。

（2）每一套 220kV 线路保护均应含重合闸功能，两套重合闸均应采用一对一起动和断路器控制状态与位置起动方式，不采用两套重合闸相互起动和相互闭锁方式。

（3）线路主保护、后备保护均起动断路器失灵保护。

（4）对 50km 以下的 220kV 线路，宜随线路架设 OPGW 光缆，配置双套光纤分相电流差动保护，有条件时，保护通道宜采用专用光纤芯。

（5）对同杆并架双回线路应架设光纤通道，宜配置双套分相电流差动保护。

（6）对电缆线路以及电缆与架空混合线路，每回线路宜配置两套光纤分相电流差动保护，同时应配有包含过负荷报警功能的完整的后备保护。

（7）双重化配置的线路主、后保护的交流电压回路、电流回路、直流电源、开关量输入、跳闸回路、信号传输通道均应完全独立没有电气联系。

（8）双重化配置的线路保护每套保护只作用于断路器的一组跳闸线圈。

2. 远方跳闸配置原则

220kV 终端负荷线路，负荷侧为单元接线方式的应配置双套单向远方跳闸保护，负荷侧为发信端，电源侧为收信端。220kV 发变组单元接线方式的线路应配置双套双向远方跳闸保护。远跳保护宜采用一取一经就地判别方式。

3. 保护组屏原则

每回 220kV 线路保护按 1 面组屏（柜）。

4. 母线保护及断路器失灵保护配置原则

（1）220kV 变电站的 220kV 母线按远景配置双套母线保护。

（2）双重化配置母线保护的 220kV 双母线按远景配置双套失灵保护，失灵保护功能宜含在每套母线保护中。

（3）双母线接线的失灵保护应与母线保护共用出口，双重化配置的母线保护（含失灵保护功能）每套保护只作用于断路器的一组跳闸线圈。

（4）对主变压器单元，220kV 母线故障且变压器高压侧断路器失灵时，除应跳开失灵断路器相邻的全部断路器外，还应跳开本变压器连接其他侧的断路器，失灵电流再判别和延时应由母线保护实现。

5. 故障录波器配置原则

（1）220kV 变电站内，宜按电压等级配置故障录波装置分别记录线路电流、电压、保护装置动作、断路器位置及保护通道的运行情况等。主变压器 3 侧录波信息应统一记录在一面故障录波装置内。

（2）在分散布置的变电站内，按保护小室配置故障录波装置，不跨小室接线，适当考虑远景要求。

6. 故障测距系统配置原则

（1）对于大于 80km 的长线路或路径地形复杂、巡检不便的线路，应配置专用故障测距装置。

（2）宜采用行波原理、双端故障测距装置，两端数据交换宜采用 2Mbit/s 通道。

（3）每套行波故障测距装置可监测 1～8 条线路。

（4）保护及故障录波信息管理子站系统。

（5）220kV 变电站保护及故障录波信息管理子站功能整合在计算机监控系统。

（二）调度自动化（以 220kV 为例）

1. 远动系统设备配置

（1）变电站按无人值班设计。站内应配置相应的远动通信设备，且应冗余配置，远动与计算机监控系统合用 I/O 测控单元。

（2）远动信息采取"直采直送"原则，直接从 I/O 测控装置获取远动信息并向调度端传送。远动通信设备直接从计算机监控系统的测控单元获取远动信息并向调度端传送，站内自动化信息需相应传送到远方监控中心。

2. 电能量计量系统

变电站内设置一套电能量计量系统子站设备，包括电能计量装置和表、电能量远方终端（或传送装置）等。贸易结算用关口 220、110kV 结算用电能计量装置配置准确度等级、型号、规格相同的主、副电能表，考核用关口电能计量点可按单电能表配置。

3. 调度数据网

变电站宜一点就近接入相关电力调度数据网，条件许可时可两点接入。配置 1 套调度数据网接入设备，包括交换机、路由器等。

4. 二次系统安全防护

二次系统的安全防护应遵循《电力二次系统安全防护规定》（电监会 5 号令）及《电力二次系统安全防护总体方案》（电监安全〔2006〕34 号）和《变电站二次系统安全防护方案》的有关要求。

5. 相量测量装置

220kV 变电站原则上不配置相量测量装置，确需配置的，由当地调度部门根据电网动态监测需要，提出配置要求。

（三）系统及站内通信（以 220kV 为例）

1. 光纤通信

（1）220kV 变电站光纤通信电路的设计，应结合各网省公司、地市公司通信网规划建设方案和工程业务实际需求进行。

（2）220kV 变电站应至少配置 2 级传输网设备，分别接入省、地通信传输网。

（3）光纤通信传输干线电路速率为 2.5G～10Gbit/s，支线电路速率宜为 155M～622Mbit/s。

（4）对于没有迂回光缆路由的同塔双回线路，宜架设双光缆。

（5）入城光缆和网、省、地共用光缆，应增加光纤配置芯数。

（6）220kV 线路保护迂回路由不宜采用 110kV 以下电压等级的架空普通光缆。

2. 站内通信

（1）220kV 变电站不开设通信用电力载波通道；当保护只有一路独立光纤通道时，宜可配置一路保护专用高频通道。

（2）不设置调度程控交换机。

（3）可根据需求配置一套综合数据网设备。

（4）通信系统不设独立的视频监控和环境监控。

（5）通信电源系统一般采用 2 套独立的 DC/DC 转换装置。

（四）一体化监控系统（以 220kV 为例）

（1）变电站监控系统的设备配置和功能要求按无人值班设计。

（2）全站配置 1 套基于《电力自动化通信网络和系统》（DL/T 860，还包括 DL/Z）标准的自动化系统。站控层 MMS、GOOSE 网络采用双星型以太网；220kV 过程层采用星型双网，110（66）kV 过程层网络除主变压器外采用星型单网，GOOSE、SV 共网传输；10～35kV 不设过程层网络，GOOSE 报文直接通过站控层网络传输。

（3）站控层配置 2 套主机兼操作员站；配置Ⅰ区和Ⅱ区数据通信网关机各 2 套；配置数据服务器、综合应用服务器、Ⅲ/Ⅳ区数据通信网关机各 1 套。全站配置 1 套网络报文记录及分析装置。220kV 及主变压器各侧测控装置单套配置，其他 110（66）kV 采用保护测控集成装置、单套配置。

（4）过程层设备按本期规模和按电气单元配置。220kV 及主变压器高压侧智能终端、合并单元冗余配置；主变压器中压侧及其他 110（66）kV 采用智能终端和合并单元集成装置，主变压器中、低压侧冗余配置，其他单套配置。

（5）操作闭锁、无功投切和小电流接地选线功能由计算机监控系统实现，并实现顺序控制、智能告警及分析决策、设备状态可视化等高级功能。

（五）元件保护及自动装置（以 220kV 为例）

1. 主变压器保护配置原则

（1）220kV 主变压器微机保护按双重化配置电气量保护和一套非电气量保护。

（2）采用 2 套完整、独立并且是安装各自屏（柜）内的保护装置，每套保护均配置完整的主、后备保护，宜选用主后备保护一体装置。

（3）2 套变压器保护的交流电流、直流电源以及用于保护的隔离开关的辅助接点、切换回路应相互独立。

（4）2 套完整的电气量保护的跳闸回路应与断路器的两个跳圈分别一一对应，非电量保护的跳闸回路同时作用于断路器的两个跳闸线圈。

（5）主变压器非电量保护应设置独立的电源回路和出口跳闸回路。

（6）一般每台 220kV 主变压器保护组 2 面屏（柜）。

2. 自动装置

（1）根据变电站接线的需要配置微机型自投切装置。一般 35（10）kV 母线分段断路器和装有专用备用变压器配置微机型自投切装置。

（2）无功自动投切功能宜由监控系统实现。

（3）35（10）kV 小电流接地选线一般由监控系统实现。

（4）根据系统要求配置微机型低频减载装置，35（10）kV 线路一般采用一体化装置中的自动低频减载功能，也可独立设置。

（六）直流及 UPS 电源系统（以 220kV 为例）

（1）采用一体化电源系统。

（2）操作直流系统采用 220V 或 110V 电压。

（3）应装设 2 组蓄电池，宜采用阀控式密封铅酸蓄电池，蓄电池容量按 2h 事故放电时间考虑。

（4）充电装置宜采用高频开关充电装置，配置 2 套，模块按 $N+1$。

（5）220kV 变电站配置一套交流不停电电源系统（UPS）主机冗余配置。

（6）配置 2 套通信用 DC/DC 装置，容量按 4h 事故放电时间考虑。

（7）直流设备布置：直流主柜布置于二次设备室。直流分电柜应布置于该直流负荷中心，布置于二次设备室或继电器小室。

（七）其他二次系统（以 220kV 为例）

（1）全站时间同步系统配置原则，设置一套全站公用时间同步系统。主时钟双重化配置，支持北斗系统和 GPS 标准授时信号。站控层设备采用 SNTP 对时方式，间隔层、过程层设备采用 IRIG-B 码对时。

（2）配置 1 套智能辅助控制系统，实现图像监控、火灾报警、消防、照明、采暖通风、环境监测等系统的智能控制；配置 1 套设备状态监测系统。辅助控制系统及设备状态监测后台整合至综合应用服务器。

（八）二次设备的布置及组柜

（1）二次设备一般采用集中布置方式。设置 1 个二次设备室，布置二次设备、通信设备及交直流电源柜，如采用户内配电装置，采用相应间隔层设备分散布置方式。也可根据配电装置布置设置继电器小室。二次设备室为单层建筑。

（2）间隔层设备按间隔集成组柜。每台主变压器保护和测控装置共组 3 面柜；

220kV 每回路保护装置、测控装置、过程层交换机共组 1 面柜；110（66）kV 每两回路保护测控装置、过程层交换机共组 1 面柜；智能终端、合并单元布置在配电装置就地智能控制柜；10～35kV 多合一装置安装在开关柜。

三、通信专业

通信的目的是传送信息。即把信息源产生的信息（语言、文字、数据、图像等）快速、准确地传到收信者。

通信系统主要由信源、信宿、传输介质和收信、发信设备 5 部分组成。

（一）光缆

（1）新建 220kV 及以上变电站至调度端应具备两条独立路由的光缆。

（2）新建 110/66kV 变电站至调度端至少应具备一条独立路由的光缆。

（3）应结合电网近期规划，综合考虑确定 220、110kV 线路 OPGW 光缆建设方案。按照在通信网络中的位置合理确定光缆芯数。

（4）应利用新建/改建 220、110kV 线路架设 OPGW 光缆或随线路开断/改接将线路上已有 OPGW 光缆 π 型接入或改接入变电站。已有光缆 π 型接入时不应中断现有光缆上承载的通信电路，应提出过渡方案。更换地线架设 OPGW 光缆应核实线路是否具备停电条件及杆塔荷载是否满足要求。

（5）具备条件的 110kV 变电站，可利用新建、改建 110kV 线路或 35kV 线路架设 OPGW/ADSS 光缆，形成 110kV 变电站的双光缆路由。

（6）对于 50km 以下短线路，可采用双光缆，对于没有迂回路由的同塔双回线路，宜架设双光缆。只有两回线路进出的终端变电站应架设双光缆。

（7）风电场送出新建 220kV 线路，线路保护采用光差保护的，可以同塔架设 2 根 OPGW 光缆，非采用光差保护的，可以架设 1 根 OPGW 光缆。

（8）新建主干 OPGW 光缆芯数，35、110、220kV 及以上电压等级应分别不少于 36、48、72 芯，采用专用纤芯传输保护信号的线路，应适当增加光缆芯数。入城光缆或网、省、地共用光缆应适当增加光纤芯数。

（9）电铁牵引站至系统的新建的两个单回 220kV 线路，其中重要线路上应架设 1 根 OPGW 光缆，光缆芯数宜为不小于 48 芯。从两个 220kV 变电站引出的线路两条线路可分别架设 1 根 OPGW 光缆。

（10）新建 OPGW 光缆光纤规格主要采用 G.652 型。

（11）进入变电站的引入光缆，应选择非金属光缆。

（二）光通信电路

（1）光通信电路建设应符合"光缆共享、电路分层"的原则。

（2）应按照在系统中的位置及相应的通信规划进行工程中光通信电路的建设设计。

（3）光通信电路传输容量应符合通信规划，并与已有网络保持一致。干线光通信电路传输容量宜为 2.5G～10Gbit/s，支线电路速率宜为 622M～2.5Gbit/s。

（4）220kV 及以上变电站内应至少具备两套独立的光通信设备，一套省网设备，一套地区网设备。

（5）110/66kV 变电站原则上配置单套同步数字体系（Synchronous Digital Hierarchy，SDH）光通信设备。

（6）一回线路的 2 套保护全部复用光通信设备时，两路主保护应分别经由不同的光通信设备传输。每套光通信设备可按最多传送 8 套线路保护信息考虑。

（7）原则上 220kV 及以上线路应具备一路直达光缆通道。220kV 及以上线路的保护通道应尽可能少利用 110/66kV 线路上的光缆通道组织迂回，避免利用入城光缆、普通光缆、ADSS 光缆等组织保护通道。

（8）在现有光通信设备增加接口板时应注意核实设备是否具备插槽位置。新建光通信设备应明确是采用 10G/2.5G/622Mbit/s 平台的光传输设备。

（9）链路型的光通信电路在线路"π"/改接时应注意核实有无通信过渡的问题。

（10）新建光通信电路原则上不配置网管系统，纳入现有网管系统统一考虑。

（11）原则上新建光通信电路时钟同步纳入已有数字同步系统。

（12）光通信中继距离较长时，应有详细的中继距离计算及保护通道传输时延计算。

（三）系统调度程控交换机

（1）原则上新建无人值守 220kV 变电站不配置调度程控交换机。配置调度交换机的变电站，该交换机兼作站内通信使用，并配置 2Mbit/s 接口接入系统调度程控交换网。

（2）变电站调度电话主要采用脉冲编码调制（Pulse Code Modulation，PCM）方式解决。220、110kV 变电站可根据调度关系，配置至调度端的 PCM 设备。

（3）变电站应装设一部公网电话。

（四）数据通信网

（1）应根据数据通信网总体设计在变电站内配置接入设备或汇聚设备。

（2）设计中应明确数据通信网设备的类型，接入设备或汇聚设备。

（3）设计中应明确综合数据网对端接入点，接入方式（承载在 SDH 设备上，还是光纤直连），接口速率，对端是否需要扩容等。

（五）通信电源

（1）220、110、66kV 变电站应采用站内一体化电源系统供电，配置 2 套或 1 套独立的 DC/DC 变换装置。

（2）蓄电池的容量应满足远期设备负荷要求。

（六）通信机房

（1）220kV 变电站通信机房与主控室合并使用，220kV 以上变电站可设置独立的通信机房，机房屏位应预留充足。

（2）通信设备的动力和环境监测应与全站视频安全监视系统统一考虑，不独立设置。

四、线路专业

（一）线路路径选择

（1）确定新建变电站是否明确进出线位置、方向、与已建和拟建线路的相互关系以及远近期过渡方案（核实新建站是否具备远期出线规划，出线规划线路走向长度应不小于 2km）。

（2）初设路径应提出两个以上的可行路径方案，对于城镇规划指定路径或改接、π 型接线等短线路，根据工程情况可提出一个可行方案。并评审路径协议是否完整、有效。工程预审时应核实设计文件路径协议是否完整，如有缺漏，应督促在评审会议召开前提供，对无法提供的项目建议推迟评审。重要协议指对线路路径方案有颠覆性影响的协议，一般涉及城建规划、国土、军事、文物、交通、矿产、水利、林业等单位。

（3）对比路径方案是否与可研路径基本一致，并在此基础上是否进行了优化设计。当路径方案变化较大时，要求设计说明原因，并提供相应的协议。

（4）结合全寿命周期设计理念，综合考虑电网结构、线路长度、地形地貌、城镇规划、环境保护、交通条件、施工和运行等因素，对推荐路径方案的技术先进性、经济合理性进行评价。进行线路路径方案的优化评审，尽量减小曲折系数。

（5）控制线路长度，控制转角数量，铁塔数量根据地形比例加权平均计算平均档距确定。

（6）控制线路长度，初设线路长度原则上不能超过可研批复长度：①长线路（30km 以上，下同）路径长度裕度控制在 2%左右；②较长线路（10～30km，下同）控制在 3%；③较短线路（5～10km，下同）控制在 5%以内；④短线路（5km 及以下，下同）控制在 8%以内。

（7）杆塔数量根据地形比例加权平均计算平均档距确定。路径拥挤地段平均耐张段长度及平均档距按以下控制：①110kV 线路平均耐张段长不小于 1km，平均档距不小于 250m；②220kV 线路平均耐张段长不小于 1.5km，平均档距不小于 320m；③220、500kV 线路平均耐张段长不小于 2km，平均档距不小于 380m；④750kV 线路平均耐张段长不小于 3km，平均档距不小于 420m。

（8）工程采用多回路单侧挂线、钢管杆时，核实铁塔型式选择支撑性文件或专题报告。

（9）核定走廊清理工程量、房屋拆迁面积和结构类型、重要交叉跨越数量，电力线、通信线、广播线、各类管线的移改规模，林区长度、树木砍伐及跨越数量，厂矿企业移改规模及数量。工程预审时，对于走廊清理工程量较大的工程应督促建设管理单位在评审会议召开前提供支撑性材料。

（10）核定地形比例。

1）线路通道。核实通道清理工程量，核实房屋拆迁面积和结构类型，重要交叉跨越数量，电力线、通信线、广播线、各类管线的移改规模，林区长度、树木砍伐及跨越数量，厂矿企业移改规模及数量。当征地拆迁及设施移改规模较大、费用较高时，核实是否具备专题报告，核实专题报告的内容是否符合电网输变电工程初步设计内容深度规定（征地拆迁及重要跨越补充规定）中的要求。

2）控制转角数量。以路径图转角数量为基准（含独立耐张段），平地线路实际转角数量应不超过基准数量的 10%～20%，山区线路可根据实际情况增加部分 0°耐张。

（二）气象条件

（1）根据设计提供的气象台资料、周边其他已运行线路设计经验以及当地风压图，分析气象条件取值的合理性。

（2）设计基本风速取值应以沿线气象台站的资料及实际运行经验和调查情况为基础，根据电压等级，按规程规范要求的重现期考虑。建筑规范中的风压换算值，可作为参考。

（3）覆冰厚度取值应以各省公司冰区划分图为参考，并结合设计单位的现场调查资料及附近线路的运行经验。覆冰严重地区大多以海拔作为划分冰区的重要依据。

（4）核实路径所经地区最高气温、最低气温、年平均气温、雷暴日数和土壤冻结深度。

（5）加强对线路沿线风灾、冰灾、雷害等自然灾害调查论述的评审。设计应调查沿线已建成线路运行情况（风灾、冰灾、雷害、沙尘、舞动等），必要时专项论述。

（6）加强对线路沿线微地形、微气象情况调查描述的评审，设计应明确是否需要采取加强或避让措施。

（三）导地线

1．导线选型

核定导线型号及规格、采用分裂导线的分裂根数，导线最高设计运行温度，安全系数，分裂间距和排列方式等。主要考虑以下因素：系统要求的输送容量，工程特点，如高海拔、重冰区、大气腐蚀等因素，不同材料结构的电气和机械特性比选，采用年费用最小法进行的综合技术经济比较。

（1）新建线路一般推荐使用常规导线及国家电网推广 3 种节能导线。

（2）对于碳纤维、殷钢、铝基陶瓷等造价较高的特殊芯导线原则上只应用于改造线路工程中。

（3）新建线路应用耐热铝合金等增容导线时应经详细的技术经济比较后确定。

如不符合上述条件又无专题论证的项目，建议推迟该项目评审，相关依据、论证充分后再进行评审。

2．核定地线选型

主要考虑以下因素：系统通信、导地线配合和地线热稳定等要求，如采用良导体地线时，应论证其必要性并进行技术经济比较，如采用 OPGW 光缆，应论证其选型及分流地线。为避免工程改接线、π 型接线时更换地线，可适当加大地线截面。

（1）OPGW 光缆复合地线选型除满足热稳定要求和导地线配合原则外，还应考虑 OPGW 的抗雷击性能，220kV 及以上线路 OPGW 外层单丝采用铝包钢绞线且直径不宜小于 3.0mm。

（2）OPGW 及其分流线热稳定计算用短路电流持续时间的设计取值比较分散，取值统一：一般 500kV 线路取 0.2～0.25s，220kV 线路取 0.25～0.3s。

（3）对于两根地线均为钢绞线的热稳定计算用短路电流持续时间，取 0.15～0.25s。

3．核定机械电气特性

核定导线和地线（含 OPGW 光缆）的机械电气特性、最大使用张力、平均运行张力。

4．核定防振措施、间隔棒型式及布置方式

核定导线和地线的防振措施、间隔棒型式及布置方式。结合工程具体情况或当地舞动发生记录核定舞动区范围及等级。根据舞动区等级划分，核实采取的防舞措施。

5．核定导地线换位及换相

（1）按规程规定 100km 以上线路要进行导线换位。长度超过 200km 的线路换位次数宜按线路参数平衡度的计算结果来确定。

（2）核定两端和中间变电站相序，对于 π 型接线线路，核实 π 型接入后线路长度是否需要换位。对于根据变电站相序要求仅需进行换相的工程，建议利用变电站出口的终端塔换相，以节省工程投资。

（3）核定地线是否换位及换位方式。

6．核定导线对地和交叉跨越距离

（1）原则上按照国家标准及行业标准相关规定执行，对于地方有特殊要求的，应提供相应的依据性文件。

（2）核定树木跨越的主要原则。

（3）核实线路工程安装或预留防舞装置时，是否校验了导线安全系数及对地和交叉跨越距离。

（四）绝缘配合、绝缘子及金具

（1）应参照电力系统污区分级与外绝缘选择标准的有关规定，并结合各省最新污区分布图等调查及分析，根据邻近线路运行经验，结合污秽发展情况。核实

工程污区划分和爬电比距是否合理。根据《国网基建部关于加强新建输变电工程防污闪等设计工作的通知》（基建技术〔2014〕10 号）有关要求，现有 b 级提高一级按照 c 级配置，统一爬电比距不小于 35mm/kV；现有 c 级提高一级按照 d 级配置，统一爬电比距不小于 44mm/kV；现有 d 级污区按照上限配置，统一爬电比距 50.4mm/kV；现有 e 级污区统一爬电比距不小于 53mm/kV。

（2）绝缘子选型。原则上尊重各地设计、运行习惯，一般来讲 220kV 及以下电压等级的输电线路，耐张及悬垂绝缘子均可选用瓷质、玻璃及合成绝缘子；220kV 及以上线路耐张绝缘子一般不采用合成绝缘子。

（3）应结合目前绝缘子的生产制造能力、价格及物料库，合理核定耐张绝缘子的强度等级与联数的配合。如 3×300kN 与 2×400kN 进行技术经济比较。

（4）绝缘子片数选择的核定。一般情况下按泄漏比距法，若有各污区绝缘子的等值附盐密度、附灰密度，并有长串绝缘子污秽试验成果等确切资料，宜按污耐压法。并综合考虑操作过电压、雷电过电压、覆冰严重地区的冰闪、海拔等因素。

（5）新建工程原则上不采用防污闪涂料。

（6）对于高海拔地区，应重点关注空气间隙取值的海拔修正。

（7）结合全寿命周期设计理念，评价设计单位采用新材料的可行性及经济分析。

（8）核定悬垂、耐张绝缘子串采用型式、布置方式、机械强度。

（9）核实金具通用设计的应用情况，所用模块和应用率，未采用通用设计的原因。

（10）核实节能金具的使用情况。

（11）核实线路经过舞动区时，绝缘子串型及金具的方案。

（五）防雷和接地

（1）核实设计对沿线雷电活动情况和附近已有线路的雷击跳闸率的调查分析。

（2）核实地线布置型式和保护角，以及档距中央导线与地线间的最小距离，对雷电活动较多地区应采取的相应措施。220kV 及以上电压等级的双回输电线路原则上采用 0°保护角。

（3）核定铁塔接地装置型式，评审特殊地区（高土壤电阻率地区、强雷电活动地区等）的接地设计方案，高土壤电阻率地段采取的降阻措施，降阻措施应环保、经济合理。

（4）核实地线绝缘的使用地段和绝缘方式、绝缘子片数和联数、间隙取值。

（5）核定新规划铁塔的电气间隙圆图。

（六）铁塔

（1）铁塔规划。原则上采用电网通用设计塔型。

1）平地直线塔宜按照 3 塔系列规划，山地宜按照 4 塔系列规划，另应根据工程建设场地的实际情况增加直线转角塔、跨树、跨线等特殊塔型。

2）耐张转角塔一般宜划分为 0°～20°、20°～40°、40°～60° 及 60°～90°，共 4 个角度系列。

3）杆塔的规划应区分平地（含河网泥沼）和山区（含丘陵、山地和高山大岭），山区杆塔应按全方位长短腿设计，平地杆塔按照平腿设计。

4）铁塔的规划应区分平地（含河网泥沼）和山区（含丘陵、山地和高山大岭），山区铁塔应按全方位长短腿设计，平地铁塔按照平腿设计。

5）I 型直线塔设计水平档距原则上不超过线路平均档距的 10%。

（2）核定带间隙圆图的新塔塔型规划。

（3）线路经过舞动区时，应核定铁塔荷载、铁塔型式、铁塔构造及防松措施等方面的方案。

（4）结合运行经验和沿线灾害调查，核实局部地段防强风倒塔方案。

（5）铁塔钢材一般采用 Q235、Q345 钢和 Q420 钢（寒冷地区高强钢），《钢结构设计标准（附条文说明[另册]）》（GB 50017—2017）中考虑低温脆断问题，提高了钢材选用的标准。

（6）铁塔采用特殊材料或需做试验时，应提供相应的专题报告、支撑性文件，并有相应的费用支出依据性文件。

（7）通过以下 6 个方面核实铁塔单重的合理性：①国网通用设计塔型的单重水平；②同样设计条件下新老规程增加幅度的比例；③相同设计条件，国内其他地区的单重水平；④相似设计条件，铁塔重量增量按照导地线荷载增量的 50% 控制；⑤计算重量与绘图重量的比值，直线塔不得超过 1.4、转角塔不得超过 1.5；⑥采用铁塔计算软件核实设计单位铁塔荷载、计算模型、计算结果的正确性。

（8）核定铁塔单公里指标。铁塔单公里指标总体参照电网通用造价指标、限额设计、典型工程资料汇编、年度造价报告、其他同类工程指标水平等。

（9）铁塔受拉螺栓及位于横担、顶架等易振动部位的螺栓采取防松措施。2、3 级舞动区的铁塔连接螺栓均采用防松措施。自地面以上 8.0m 范围内铁塔螺栓采用防卸措施，全方位长短腿时，范围以短腿为准。

（10）对于铁塔需要采取特殊防腐措施和登塔设施，核实设计单位的专题分析，重点从运行经验、工程量、操作性 3 个方面综合考虑。

（11）塔基数量原则上以地形比例加权平均后核定单公里塔基数量。

1）Ⅰ型直线塔使用数量占直线塔数量比例一般小于 40%；

2）常规 220kV 长线路工程，山区 2.4 基/km，平地 2.8～3.1 基/km；

3）常规 500kV 长线路工程，山区 2.0 基/km，平地 2.4～2.8 基/km；

4）跨越较少、路径较好的线路二型直线塔比例较大，跨越和障碍较多往往一型直线塔比例较大。

（12）转角塔塔型和数量可根据路径图的实际路径的转角大小和转角次数确定。

1）跨越铁路、高速公路时采用独立耐张段设计，耐张塔应与前后耐张段统筹考虑，可采取耐—直—直—直—耐的方式，独立耐张段长度不应大于 2km。

2）实际常规 220kV 线路工程中转角塔高度以 21～24m 为主，直线塔以 30～33m 为主，跨越林区的铁塔高度一般为 39m，跨越 110kV 的 220kV 铁塔高度取 110 铁塔全高外加 15m 且该塔宜采用 SZK 塔。

3）实际常规 500kV 线路工程中转角塔高度以 30～33m 为主，直线塔以 39～42m 为主，跨越林区的铁塔高度一般为 51～54m，跨越 220kV 的 500kV 铁塔高度取 220 铁塔全高外加 28m 且该塔宜采用 SZK 塔。

（七）基础

1. 收集地质、水文资料

设计提交初设资料须包括水文报告和地质报告，或初步设计说明书基础章节对沿线水文和地质情况有详细描述，应包括以下内容：①沿线地形地貌特征的描述；②沿线地层岩性及其分布特征、各层土的物理力学指标；③沿线地下水的埋藏深度及最高地下水位，初步判定其对杆塔基础有无腐蚀性，并提出相应的防护措施建议；④沿线不良地质区确定并提出线路通过局部不良地质区时的处理意见；⑤沿线积水区/淹没区的范围（并勾绘于路径图中）、积水深度和持续时间等；⑥沿线跨河、通航情况。

2．基础型式选择

（1）沿线地下水位较高或接近地表，铁塔基础应采用开挖类基础。110kV 及以下电压等级建议采用刚性台阶基础，220、500kV 宜采用板式基础，对于 500kV 直线塔评审时可建议采用斜柱板式基础，如基础作用力较大（如同塔四回路，630 导线的转角塔等）可考虑选用灌注桩基础。

（2）沿线地下无水，铁塔基础优先采用原状土基础，如沿线以砂土为主不能掏挖成型时采用开挖类基础。

（3）沿线山区植被茂密，需采用原状土基础。山区岩石未风化或中等风化，可考虑部分岩石锚杆基础、岩石嵌固基础，岩石风化严重须采用掏挖基础，对于塔位地势陡峭需考虑部分人工挖孔桩基础。

（4）基础作用力较小如直线钢管杆基础优先选用刚性台阶基础，基础作用力较大如三、四型转角钢管杆宜选用灌注桩基础。季节性河流可在河滩立塔，河滩立塔宜采用灌注桩基础。

（5）对采空区、流沙、软弱地基、多年冻土、盐渍土等不良地质条件，选择适宜的处理措施和基础型式。

（6）核实基础材料的种类、强度等级。

（7）如需设置护坡、挡土墙和排水沟等辅助设施时，应审核设置方案和对环境的影响。

（8）土石方量原则上不超过混凝土量的 8～12 倍。

（9）原则上以地形比例加权平均后核定单公里基础混凝土和基础钢材量为准，并结合耐张塔比例、跨树塔比例、特殊基础型式等综合考虑。

3．基础防腐

（1）开挖式基础应设垫层，垫层可根据腐蚀性等级采用 C20 混凝土或其他耐腐蚀材料。

（2）基础表面应根据腐蚀介质的性质和作用程度及工程重要性确定是否做防护及选用防护措施。一般弱腐蚀地区表面可不做防护，中腐蚀及强腐蚀地区的开挖基础表面及其垫层顶面全部采用防腐蚀涂层进行防护，掏挖基础、人工挖孔桩基础和灌注桩基础在地面以下 500mm 及地面露出部分涂刷表面防腐涂层。

（3）防腐材料可采用环氧沥青、沥青胶泥涂层、改性 HCPE、聚合物水泥砂浆、聚合物水泥浆。

（4）中、强腐蚀地区基础混凝土中可加入粉煤灰、磨细矿渣、硅灰等矿物掺合料；Cl^- 强腐蚀地区的基础混凝土中应添加钢筋阻锈剂，其品种和用量可根据 Cl^- 不同含量，通过电化学试验确定；SO_4^{2+} 腐蚀介质的中腐蚀地区采用中抗硫酸盐水泥，强腐蚀地区采用高抗硫酸盐水泥。对于在硫酸盐-氯盐复合腐蚀环境下混凝土不建议采用高抗硫酸硅酸盐水泥，建议添加矿物质掺合料（粉煤灰、矿渣等）。

（5）在充分论证技术措施能够满足防腐蚀性能的前提下，可采用低强度等级的混凝土，以降低施工难度和工程造价。

（6）对于强腐蚀地区承载力低的塔位应结合现场情况采用"浅埋高垫"、基坑换填、外套玻璃钢模板等基础防腐方案。

（7）在进行方案比选时应考虑防腐材料的使用年限及运行期间维护措施的相应成本。

4．基础尺寸

（1）地下水位较高或接近地表，220、500kV 基础埋置深度宜在 3m 左右，不宜太深，基础底板尺寸不能存在相碰现象。

（2）掏挖基础、人工挖孔桩基础主柱尺寸宜大于 900mm。

（3）人工挖孔桩基础和灌注桩基础的深度参照地质柱状图，桩端需放置在稳定持力层上。

（4）山区基础实际露头尺寸不是固定数值，每一种塔型基础初设要根据计算露头细化计算。

（5）灌注桩基础承台长宽取 $5d$（d 为单桩直径），承台厚度取 $1.2\sim1.5d$，立柱高度结合淹没深度和地脚螺栓长度考虑，立柱宽度参考铁塔塔脚板宽度尺寸设计。

5．基础材料量

基础工程量和线路电压等级、风速、覆冰、导线和地线等有密切关系，以下仅列举常规线路（风速 30m/s，JL1/G1A-400/35 型钢芯铝绞线，每相双分裂）的单公里混凝土和钢筋用量。

（1）无水、可塑为主的长线路工程，220kV 单回路和双回路混凝土单公里指标分别为 70m³ 和 90m³，钢筋单公里指标分别为 6t 和 8t。

（2）有水、软塑为主的长线路工程，220kV 单回路和双回路混凝土单公里指标分别为 90m³ 和 110m³，钢筋单公里指标分别为 8t 和 10t。

（3）500kV 线路工程基础量一般为 220kV 线路工程的 1.8～2.2 倍。

（4）人工挖孔桩和掏挖基础护壁深度以中等风化岩石层考虑，护壁量宜按主体混凝土 15%考虑。

（5）山区护坡、挡土墙和排水沟尽量通过深埋和避让，评审时酌情考虑少量排水沟和挡土墙的量。

6. 特殊地基处理

（1）湿陷性黄土的处理。

1）桩基础。解决湿陷性黄土地基的重要方法之一。主要用于湿陷土层深度大、湿陷等级高，地基处理无法满足要求，或者采用一般基础后地基处理深度较大，施工费用高的塔位。尤其是大转角耐张塔，因为耐张塔基础作用力较大，并且为长期荷载作用，当塔位地质情况较差时，应考虑采用桩基础穿透湿陷性土层。

2）灰土垫层。在土中混合一定比例的石灰后，再分层铺土并（夯）压实，处理后的土层作为地基的受力垫层。在确定垫层的宽度和厚度时，应根据地基的湿陷性等级、建筑物类别、基础面积、基底压力等因素综合考虑。垫层的质量受其压实系数控制，当垫层厚度不大于 3m 时，其压实系数不小于 0.95，当垫层厚度大于 3m 时，其压实系数不宜小于 0.97。垫层的土料应就地取材。灰土垫层的配比一般为 2：8 或 3：7。垫层法处理湿陷性黄土厚度从基础底面起一般为 1～3m，比较适合线路基础施工。

（2）采空区的处理。

1）采厚比 $H/m>80$。基础一般采用加长地脚螺栓丝扣的方法处理，基础一旦出现不均匀沉降，可通过调整地脚螺栓垫板进行扶正，地脚螺栓的外露丝扣长度一般应加 150～200mm。

2）采厚比 $30<H/m<80$。一般直线塔基础可考虑直柱板式加连梁基础或柔性大板基础，转角塔其作用力较大，建议采用柔性大板基础，同时加长地脚螺栓。

3）采厚比 $H/m<30$。采空区不宜进行送电线路建设，除非塌陷已经完成，地基土已稳定，否则应和国土资源部门协商，留设保安煤柱。

4）采厚比不大时，基础底面设置一钢筋混凝土大板，混凝土大板上下配筋，以抵抗不均匀沉降在大板上产生的弯矩，为方便基础顶推就位，减小摩阻力，在大板与基础之间铺设砂卵石垫层。

（八）电缆工程

（1）在预审时应核实支撑性文件、投资分配及方案比较论述。如没有，应督促建设管理单位在评审会议召开前提供，对无法提供的项目建议推迟评审。

（2）预审时对于没有电缆截面选择计算依据的项目，应督促建设管理单位在评审会议召开前提供，对无法提供的项目建议推迟评审。评审时应审核电缆截面选择的计算依据。

（3）电缆敷设方式的选择及预留回路应提供相应的专题论述、支撑性文件及经济比较。

（4）核定电缆预留长度、电缆中间接头、终端头、避雷器、交叉互联、各类工井等的数量。

（5）电缆支架一般采用角钢支架。对于其他材质的支架应提供经济比较论述，如没有或理由不充分，则应审定为角钢支架。

（九）大跨越工程

（1）大跨越设计必要时可单独列为一单项工程或初步设计文件单列一卷。

（2）大跨越初步设计阶段跨越段路径的测量、水文、地质条件和塔位、塔高等应达到施工图设计深度。

（3）大跨越路径应结合全线路径进行多方案综合技术经济比较后提出推荐方案。重点对推荐路径方案和跨越点进行评审。

（4）进一步评审大跨越段采用的设计和验算气象条件，以及地震烈度等。

（5）大跨越导地线除满足一般线路段要求外，评审还应包括考虑允许载流量、塔高、基础、施工与制造等因素后进行的导线截面方案论证，精确法进行的导地线力学计算，导地线的振和防舞动措施及相关费用等内容。

（6）进一步评审按雷击塔顶校验大跨越塔的耐雷水平，按绕击校验大跨越的防雷保护设计。

（7）根据不同塔头布置型式、导地线方案，考虑被跨越江河湖海的通航情况等因素，并结合各种塔高的技术经济比较，对推荐的塔型和塔高方案进行审核。

（8）审核地震、洪水冲刷等对基础的影响和防护措施。

（9）审核试桩立项报告及费用计列。

（10）核定电梯、爬梯、自动升降设施、脚钉登塔设施方案。

（11）核定辅助设施设计，包括航空障碍标识、施工和运行维护电源、其他辅助设施等。

五、土建专业

（一）总布置

1. 核查协议落实情况

在可行性研究阶段需要取得的主要协议包括国土、规划、地矿、环保、水利、水务、文物、林业、交通、军事和通信等设施、外引电源等。在初步设计评审时，要进一步审核上述协议的落实情况或是否发生变化。

2. 关于变电站代征地问题

审核项目建设单位对代征地面积的控制，征地范围原则上按照围墙（护坡、挡墙）外 1m 确定，严格禁止随意扩大征地范围。

3. 总体规划和站址位置

（1）核实站址地理位置及与城镇规划和公共设施的关系。

（2）应说明站址地理位置，所在地的省市、区县、乡镇街道的名称，站址位置与城市的相互位置关系。

（3）站址坐标位置确定是否合理，能否充分利用地形地貌，使拆迁工程量最小，工程建设难度最少。

（4）概述场地地形地貌（如山丘、水域、最高最低标高、坡度等）；描述场地内原有土地情况（农田、坡地、林地、水塘等），原有植被、沟渠、水塘、输电线路、通信设施、市政基础设施（如输气、输水管线等）、民房、坟墓等建（构）筑物和拆迁等情况。

（5）扩建条件是否具备、出线方向是否合理等。

（6）站外交通运输及公路的引接是否合理。

4. 土建总平面布置

（1）变电站总平面布置应按最终规模进行规划设计，不宜堵死扩建的可能。满足工艺布置合理前提下，节约占地并结合自然地形布置，尽量减少土（石）方量。

（2）是否充分地利用了站址及其周边的地形地貌，辅助建筑与生产建筑采用联合建筑，不单设站前区，重要设备及建筑是否布置在工程地质条件较好的区域等。

（3）设计针对设计提出的各方案进行技术经济比较论证，提出推荐方案。

（4）应说明各级配电装置、主变压器及主控通信室（楼）的布置方位。

（5）建（构）物防火间距应符合相关设计规程。

（6）应说明进站道路的引入方向及长度。

（7）道路宽度、转弯半径应满足主变压器等大件运输和消防要求。

（8）应明确管沟选型、截面尺寸及地下管线的布置方案。

（9）说明站区场地及屋外配电装置场地地面的处理方式。

5. 竖向布置

（1）站区竖向布置是否按地形、地质、地理环境因地制宜的原则，紧凑布置、节约用地。

（2）应说明竖向布置方式（平坡式或阶梯式）、场地坡度、站内主要生产建筑及配电装置设计标高等。

（3）对于阶梯式布置，其台阶划分、高度等应考虑工艺及道路坡度、交通贯通要求。

（4）设计挡土墙或护坡方案应经过充分论证；对位于山区或丘陵地带的变电站，应对山区回填、边坡、挡土墙的方案进行充分论证。

（5）场地标高应符合相应电压等级变电站的洪涝标准。

（6）站区标高高于最高洪水位及内涝水位时，土方自平衡，尽量减少土方量。

（7）站区标高低于最高洪、涝水位时，可采取购土垫高或其他防洪措施。应明确防、排洪措施是否安全、经济、合理，并注意与当地防、排洪系统的协调。

（8）应说明场地地表雨水的排放方式（散排、明沟或暗管）等。

（9）站区排水系统布置设计应合理经济。

6. 地基处理

（1）应描述相应的工程地质勘察报告及其主要内容，包括地基液化判别、地基湿陷等级等。

（2）工程地质和水文地质简况、地基土冻胀性和融陷情况，着重对场地的特殊地质条件分别予以说明。

（3）审核专题报告（如地基处理等）的内容和深度是否满足要求，报告方案是否合理可行。如遇软弱地基和特殊地基时，宜进行地基处理方案的技术经济分析；若采用桩基时，应说明桩的类型、桩端持力层及进入持力层的深度。

（4）应根据具体工程的地质条件，确定合理的地基处理方案。

7. 道路

（1）站区道路规划应合理，满足大件运输、设备检修及消防的要求。

（2）应根据场地地质情况确定站内道路结构型式。

（3）应根据区域气候条件和碎石采购情况，确定采用绿化或碎石地坪。

8. 电缆沟

根据地质情况确定电缆沟结构形式采用砖沟和混凝土电缆沟。电缆沟过道路的方式应合理。

（二）建筑物

1. 设计原则

（1）建筑应充分体现变电站工业性设施的特点。

（2）变电站的建筑物宜按最终规模一次建成，个别工程的保护小室可根据布置情况分期建设。

（3）站内最终规划总建筑面积应符合相关规定确定的标准。

2. 建筑方案

（1）应说明各建筑物名称、建筑类别和耐火等级、建筑面积、层数、层高。

（2）主要建筑物宜有较好朝向和风向、避开不良地质构造。

（3）建筑设计方案应做到功能分区明确，布局合理，立面设计简洁，便于施工和维护等。建筑及出口布置满足消防要求。

（4）下放至配电装置间隔的继电器保护小室的设计尺寸其宽度和高度应满足与配电装置距离的要求，并应采取适当屏蔽措施。

3. 建筑装修标准

（1）装修设计应符合电网输变电工程"两型三新一化"建设技术要求。严格控制装修标准，严禁采用高档装饰材料和复杂工艺。

（2）外装修采用瓷砖贴面或涂料，采取外墙保温节能措施，铝合金窗，外门采用防火防盗门。

4. 建筑结构

（1）建筑物结构安全等级、设计使用年限、抗震设防烈度等应符合相关规程。

（2）主建筑物结构选型、楼面、屋面结构方案，抗震布置和抗震措施是否合理。

（3）对其他生产建筑物的建筑布置、结构选型进行评审，核实其是否满足工艺运行要求及结构设计的合理性。

5. 建筑物基础

根据建筑物结构选型、站址自然条件及设计主要技术数据，确定主要建筑物的基础形式和埋置深度。

（三）构筑物

1. 构、支架

（1）架构、设备支架等构筑物应根据变电站的电压等级、规模、施工及运行条件、当地的气候条件等选择合适的结构。

（2）屋外构、支架的布置方案和选型应合理。

（3）构架梁柱的连接方式应明确。

（4）构、支架的防腐方式等应合理。

（5）核实计算条件和计算模型，截面选择是否满足要求。

（6）根据构筑物结构选型、站址自然条件确定构筑物的基础形式和埋置深。

2. 主变压器防火墙

（1）根据变电站主变压器的外形尺寸确定防火墙的长、高尺寸及结构形式。

（2）防火墙结构选型应合理。

（3）防火墙外形尺寸、防火应满足规程要求。

（4）防火墙上构架设置应合理。

3. 配电装置场地

应说明采用碎石铺设或简易绿化的合理性。

（四）暖通、水工、消防

1. 暖通

（1）应根据采暖热负荷等条件及当地特点，选择合理的采暖系统形式及采暖设备。

（2）应根据空调冷、热负荷，选择合理的空调系统及设备。

（3）需要通风的设备房间，应选择合理的通风系统的形式及通风设备。

（4）重点核实站内各建筑物的暖通方案、负荷计算、设备选型是否合理。

2. 水工

（1）给水。

1）供水水源。确定取水方案。当采用自来水管网供水时，应说明供水干管的方位、接管管径、能提供的水量与水压；当采用深井取水时，应说明水源的水质、水文及供水能力，取水方式及净化处理工艺和设备选型等。个别缺水地区还需确定施工用水解决方案。

2）供水系统。确定站内给水系统、用水量计算是否正确，主要设备选择是否合理经济。

（2）排水。

1）站内排水。确定站区排水方式及设备选择是否合理适用。当采用有组织排水时，应合理设置站区排水系统，包括生活污水处理，雨水量计算和排放方式，变压器事故排油系统。

2）站外排水。当排入城市管道或其他外部明沟时应说明管道、明沟的大小、坡向，排入点的标高；当排入水体（江、河、湖、海等）时，还应说明对排放的要求。

3．消防

（1）核实各建（构）筑物之间的防火间距、消防车道布置情况及设计标准。

（2）核实站区建（构）筑物耐火等级及火灾危险性分类，各建（构）筑物灭火器设置情况。

（3）核实主变压器及其他油浸设备消防方式和电缆防火措施等。

（4）根据建（构）筑和电气设施性质确定保护等级及系统组成；火灾探测器、报警控制器、手动报警按钮、控制柜等设备的选择应符合火灾报警与消防联动控制要求。

（5）当需要设消防给水系统时，应结合生活用水，选择合理的水源。核实消防用水量计算、蓄水池和消防泵选择是否合理，消防管网布置是否合理等。

（五）大件运输配套土建

1．交通运输条件

说明站址地区公路、铁路运输条件，水运（含海运）通航情况。包括公路、铁路技术等级、河流海域通航季节、船舶吨位、码头位置及装卸条件，曾经运输过的大件、重件情况。

2．设备运输参数

说明主变压器等大件设备的运输外形尺寸、单件运输重量、件数、可能的制造厂家，对运输的要求及应注意的问题。

3．大件设备运输方案

应说明大件设备运输路线和运输方案优化（含公路、铁路、水运、码头及装卸等设施），需要采取的特殊措施（如桥涵加固、拆迁、修筑便道等情况），所涉及有关单位的书面意向。

（六）环境保护及水土保持

（1）变电站设计应注意保护环境，应充分考虑环境的要求，尽量与周围环境相协调。

（2）为了保护变电站周围的植被和环境，变电站总布置除最大限度地压缩占地外，还要在技术上采取多种措施，利用竖向设计、阶梯布置等，以减少土石方、挡墙和护坡等工程量。

（3）核实生产废水、生活污水处理措施能否达标。

（4）核实防噪声措施。

（5）核实电辐射能否满足要求。

（6）核实水土保持方案能否满足要求。

（七）其他

（1）劳动安全卫生部分应审核防火、防爆、防化学、防电伤、防暑、防寒、防噪声等措施。

（2)评审中应注意核实概算中与土建专业相关的工程量是否与技术方案一致，是否合理。

（3）核实临时施工道路的合理性。

第二部分　特 高 压 工 程

一、土建专业

（一）总图布置

（1）站址选择除应符合现行行业标准《220kV～750kV 变电站设计技术规程》（DL/T 5218—2012）有关站址选择的规定外，还应结合±800kV 换流站的工艺特点，根据电力系统规划、国土空间城乡规划、污秽情况、水源、交通运输、土地资源、环境保护和接地极极址等的要求，通过技术经济比较和经济效益分析确定。

（2）站址不宜选择在大气严重污秽地区或严重盐雾地区应避开各类严重污染

源。当完全避开严重污染源有困难时，换流站应处于严重污染源的主导风向上风侧，并应对污染源的影响进行评估。

（3）应合理规划换流变压器广场区域布置，应尽量减少换流变压器广场上牵引环、雨水井、排油井的数量，事故油池等设施不应放置在广场区域。

（4）应对电缆沟进建筑物与散水交汇处的处理进行精细化设计，避免散水被沟道分割；电缆沟及其盖板应避免与电缆沟周边建构筑物位置冲突。

（5）站内的检修通道应充分考虑运行单位检修和巡检的实际情况，隔离开关、接地开关、电压互感器（TV）、避雷器设备区域应设计硬化检修通道；应在隔离开关、避雷器、落地箱、直流开关及其绝缘平台、分压器、电流互感器（TA）等设备四周设置操作地坪，所有操作地坪通过巡视小道就近与电缆沟盖板或道路接通，平抗围栏、直流滤波器围栏硬化地面加宽 0.8m 兼做巡视小道。

（6）室内、室外电缆沟均应考虑排水措施，室外电缆沟排水采用沟中沟工艺，沟底设置集水坑。室内电缆沟应设集水坑，集水坑内应考虑排水措施。

（7）场地排水方式应采用"场地放坡＋雨水下水道"的排水方式。场地设计综合坡度为 0.5%～2%。有可靠排水措施时，可小于 0.5%，但应大于 0.3%。

（二）建筑部分

（1）严寒地区建筑物宜采用非承重墙体砌块自保温、结构与保温一体化、预制保温外墙板等墙体自保温技术。

（2）综合楼、继电器室、主控楼、辅控楼等建筑物屋面宜采用 3%结构找坡混凝土屋面；GIS 室、备品库、阀厅等建筑物屋面宜采用钢结构坡屋面；备品库建筑物屋面宜采用轻钢屋架坡屋面。

（3）全站建筑色彩设计应遵循简洁、明快、大方、协调、统一的原则，建议方案为：阀厅、GIS 室、继电器室、空冷保温室等彩钢板围护建筑物外墙采用 RAL6033；内墙采用 RAL9001，屋面采用 RAL7045，色带采用 RAL7045；钢梁（柱）防火涂料采用 RAL9001，建筑物外门采用 RAL7045；同时优化全站建筑物外墙彩钢板色带宽度，继电器室等小型建筑与阀厅等高大建筑可采用两种带宽规格。

（4）综合楼、车库等站前区建筑物宜采用保温一体板装饰方案，其他生产区主控楼、辅控楼、阀厅、GIS 室、备品库等宜采用压型钢板外墙装饰方案。

（5）阀厅、阀冷却设备室地面应采用自流平地面，并满足阀厅车通行重载、耐磨、防火要求；备品库应采用耐磨地面；控制楼控制室宜采用地砖或防静电地板，控制楼设备室宜采用防静电地板地面，控制楼内供阀厅升降车进出的通道采用重载自流平地面，其他房间室内地面宜采用防滑地砖等。空冷棚采用广场砖地面。GIS 室宜采用细石混凝土耐磨地面。

（三）结构部分

（1）换流站建筑物、构筑物的地基基础设计应符合国家现行标准《建筑地基基础设计规范》（GB 50007—2011）和《变电站建筑结构设计技术规程》（DL/T 5457—2012）有关规定，地基基础设计等级应符合表 8.3.1A 的规定。

（2）阀厅、户内直流场、GIS 室、备品备件库、空冷棚等建筑钢结构节点连接方式应采用螺栓连接，尽量减少焊接。同时，钢结构节点螺栓连接方式也应考虑由于钢构件制作环境温度与现场安装环境温度差导致的构件热胀冷缩产生的现场钢构件组装、安装等施工困难问题。

（3）GIS 室应设置 2 台 10t 行吊，如 GIS 室长度超过 300m 时，可设置 4 台行吊。

（四）水工部分

（1）雨水井、检查井严禁设置在道路上、巡视小道上、散水及坡道上且不宜设置在轨道广场上；如必须设置在轨道广场上，必须采用承重型。

（2）穿越建构筑物基础或外墙的管道或沟道应预留套管，管道与套管净空用柔性防水材料封堵，以防止建筑物沉降损坏管道。

（3）消防管网应设置合理的隔离阀门，便于在消防管网渗漏时逐段排查漏点，同时能够在对管网没有影响或很小的影响下隔离漏点。

（4）寒冷地区综合水泵房（消防及生活水）应设计保温措施，避免出现管道冻裂的情况。

（5）每个阀组的外水冷系统应配备独立的供水管道，避免 1 根供水水管故障影响多个阀组运行。

二、电气一次专业

（一）主接线

（1）交流开关场接线应符合国家现行标准《1000kV 变电站设计规范》（GB 50697—2011）和现行行业标准《220kV～750kV 变电站设计技术规程》（DL/T

5218—2012）的有关规定。

（2）站用电系统接线应按三回相对独立电源设置，并应从站内、站外各引接一回，另一回引接点应根据技术经济比较后确定且至少有一回应从站内交流系统引接。

（3）直流部分电气主接线应满足所需要的各种运行方式的要求，并同时还应满足实现以下功能的要求。

1）每极或换流单元优先采用 12 脉动换流器接线，如果由于设备供货的限制或分期建设的需要，可采用多个换流器串联或并联的接线方式。

2）为检修而对换流站内直流输电系统一极、一个换流单元或一个换流器进行隔离并接地。

3）若非绝对需要并且在不危及所连系统的稳定时，切除故障极、换流器或换流单元进行检修，应不影响健全极、换流器或换流单元的输送功率，

4）远距离直流输电系统两个极中的任何一极单极运行，从大地回路切换到金属回线或从金属四线切换到大地回路，若非绝对需要并且在不危及所连系统的稳定时不应中断或降低直流输送功率。从切换开始到完成的时间一般应不大于 60s。

5）为了检修而对一组直流滤波器组进行连接、断开及接地，不应中断或降低直流输送功率

6）为了检修而对旁路开关进行隔离及接地，不应中断或降低直流输送功率。

7）其他特殊接线方式，如需要时采用的融冰接线方式。

（二）换流站过电压保护、绝缘配合及防雷接地

（1）换流站过电压保护应符合现行国家标准《±800kV 高压直流换流站设备的绝缘配合》（GB/T 28541—2012）和《交流电气装置的过电压保护和绝缘配合设计规范》（GB/T 50064—2014）国家现行标准。

（2）换流站绝缘配合应符合《绝缘配合　第 2 部分：使用导则》（GB/T 311.2—2013)和《绝缘配合　第 3 部分：高压直流换流站绝缘配合程序》（GB/T 311.3—2017）、《高压直流换流站绝缘配合导则》DL/T 605 及《交流电气装置的过电压保护和绝缘配合》（DL/T 620—1997）的有关规定。

（3）换流站的直击雷防护与接地设计应符合《交流电气装置的过电压保护和绝缘配合设计规范》（GB/T 50064—2014）、《交流电气装置的接地设计规范》（GB/T 50065—2011）、《交流电气装置的过电压保护和绝缘配合》（DL/T 620—1997）和

《交流电气装置的接地》DL/T 621 的有关规定。

（三）换流站设备外绝缘设计

（1）换流站交流侧设备外绝缘参考统一爬电比距应根据污区分布图确定的站址污秽等级，按照现行国家标准《污秽条件下使用的高压绝缘子的选择和尺寸确定　第 2 部分：交流系统用瓷和玻璃绝缘子》（GB/T 26218.2—2010）和《污秽条件下使用的高压绝缘子的选择和尺寸确定　第 1 部分：定义、信息和一般原则》（GB/T 26218.1—2010）中的有关规定确定。

（2）换流站直流侧设备外绝缘设计应符合下列规定：直流极母线设备的套管宜采用复合绝缘型，爬电比距可按瓷质套管爬电比距的 75% 选择。

（四）配电装置布置

（1）换流变压器断面应详细标注设备、支架等中心线之间的距离，标注断面总尺寸；断面应标注管型母线的标高、设备安装支架高度，需要时标注设备高度；断面应标注各种必要的安全净距。

（2）针对阀厅电气设备，应重点审核各相设备名称、相序和安装单位号；要求表示各种必要的安全净距；充气式穿墙套管安装图应表示气体压力控制装置。

（3）避雷器的泄漏电流表/计数器应布置在易于运行人员观测的地方，宜尽量统一避雷器表计的安装高度。避雷器的防爆口不应指向泄漏电流表方向。

（4）平波电抗器、PLC 电抗器等干式电抗器构架、接地不应形成金属闭环。

三、电气二次专业

（1）依据系统研究对控制保护系统功能/性能的要求、换流站主设备的配置、换流站布置以及各相关分系统或设备的性能，以及工程可靠性和可用率要求、工程运行方式和检修的要求等因素，合理设计换流站控制保护系统的总体结构。对于单个直流工程，一般控制系统功能分层结构为站级、极级、换流器级。

（2）直流站控系统应根据工程主回路设计确定站控系统的功能范围。对于背靠背换流站，两端的站控可以合为一体设计。站控系统中，交流场部分通常应按间隔配置；直流场部分包括换流变压器进线、阀厅和直流场，一般按极配置；直流双极公用部分应另设屏柜。

（3）直流极控系统通常完成向本极提供闭环控制的控制指令，包括换流器的触发或闭锁指令、运行指令值、产生同步等距触发脉冲，以及完成换流变压器分接头控制、换流器无功控制的计算功能，并产生所需的极/换流器运行参数。极控系统按照单极配置，应根据换流站主回路设计、主设备性能要求，以及系统动态性能研究结论，确定单极、双极控制策略及其主要控制参数范围。

（4）二次线专业的屏柜统一规划布置，各继电器小室、计算机室及极控保护室布置屏位要留有足够的备用，不仅要考虑最终规模的要求，还要考虑扩建的可能。

（5）计算机监控系统的配置要求，与监控厂家的配合，其他辅助系统、直流系统、保护等的接口配合。

（6）两套控制/保护装置的电源及信号电源应取自对应的直流段（取自不同蓄电池组供电的直流母线段），非电量保护单独提供一路电源。

（7）两套保护装置的交流电流、交流电压应分别取自互感器互相独立的绕组；其保护范围应交叉重叠，避免死区。非电量保护跳闸节点和模拟量采样不宜经过中间元件转接，应直接接入控制保护系统或直接接入非电量保护屏。

（8）换流阀冷却控制保护系统至少应双重化配置，并具备完善的自检和防误动措施。作用于跳闸的内冷水传感器应按照三套独立冗余配置，每个系统的内冷水保护对传感器采集量按照"三取二"原则出口。控制保护装置及各传感器电源应由两套电源同时供电，任一电源失电不影响控制保护及传感器的稳定运行。当阀冷保护检测到严重泄漏、主水流量过低或者进阀水温过高时，应自动闭锁换流器以防止换流阀损坏。